2013年江苏沿海沿江

发展研究报告集

主　编　成长春　周威平

副主编　陈长江　冯　俊

苏州大学出版社

图书在版编目(CIP)数据

2013年江苏沿海沿江发展研究报告集 / 成长春,周威平主编. —苏州:苏州大学出版社,2014.10
ISBN 978-7-5672-1088-2

Ⅰ.①2… Ⅱ.①成… ②周… Ⅲ.①区域经济发展—研究报告—南通市—文集②社会发展—研究报告—南通市—文集 Ⅳ.①F127.533-53

中国版本图书馆CIP数据核字(2014)第221919号

2013年江苏沿海沿江发展研究报告集

成长春　周威平　主编

责任编辑　刘一霖

苏州大学出版社出版发行
(地址:苏州市十梓街1号　邮编:215006)
苏州恒久印务有限公司印装
(地址:苏州市友新路28号东侧　邮编:215128)

开本 700 mm×1 000 mm　1/16　印张 18　字数 313 千
2014年10月第1版　2014年10月第1次印刷
ISBN 978-7-5672-1088-2　定价:42.00元

苏州大学出版社营销部　电话:0512-65225020
苏州大学出版社网址　http://www.sudapress.com

目录

第一编

“长三角”与江苏发展研究

江苏沿海地区生产性服务业发展与中心城市功能提升

从国家战略层面推进江苏沿海开发的核心任务之一,就是要以“城市中心性”的提升为导向,进一步增强连云港、盐城和南通三个中心城市在区域经济发展中的对外服务功能,强化其在区域发展中的辐射带动作用。由于生产性服务业是当今体现区域中心城市对外服务功能强弱的核心门类,江苏沿海地区三个中心城市应在各自所取得的生产性服务业发展成就基础上,紧抓江苏沿海开发和“长三角”一体化发展国家战略机遇,通过优化区域分工、强化产业集聚、深化体制改革等途径,努力解决当前生产性服务业发展中存在的总量不大、结构不优、科技创新不够等问题,大幅提升生产性服务业的经济规模与质量效益,显著增强中心城市在区域经济发展中的对外服务功能。

一、生产性服务业的内涵及其外延的界定

所谓生产性服务业(又称生产者服务业),一般是指以提供市场化的中间投入服务为主导的行业。这些行业提供的服务具有经营性和可贸易性,但它们并不是直接提供给消费者用来满足最终需求的,而是提供给其他商品和服务的生产者用来满足中间需求,发挥着中间功能。

在已有研究中,生产性服务业的上述内涵已在国内外得到基本认可,但对生产性服务业外延的界定仍然存在一些分歧。考虑到分析中数据资料的可获得性,本文主要参照《北京市生产性服务业统计分类标准》,将生产性服

务业按照业务活动的特点划分为流通服务、信息服务、金融服务、商务服务和科技服务五大类别。它们主要涉及《国民经济行业分类》(GB/T 4754—2002)国家标准中的交通运输、仓储和邮政业,批发与零售业,信息传输、计算机服务和软件业,金融业,租赁和商务服务业,科学研究、技术服务和地质勘查业等六大行业门类(参见表1)。需要说明的是,上述六大行业门类所提供的服务并非全部为生产性服务,如金融业也提供面向消费者的服务,交通运输业中的旅客运输业、批发与零售业中的零售业主要也是面向消费者,但由于数据资料所限,故本文在以下现状分析中,若未做特别说明,将直接利用《中国城市统计年鉴》中六大行业门类的数据来近似代替生产性服务业的统计数据,这在一定程度上会导致有关数据分析结果偏高。

表1　生产性服务业类别及涉及的行业门类

生产性服务业类别	涉及的行业门类
流通服务	交通运输、仓储和邮政业(F),批发和零售业(H)
信息服务	信息传输、计算机服务和软件业(G)
金融服务	金融业(J)
商务服务	租赁和商务服务业(L)
科技服务	科学研究、技术服务和地质勘查业(M)

二、大力发展生产性服务业是江苏沿海地区城市功能提升的必然要求

国家发改委2009年8月颁发的《江苏沿海地区发展规划》明确提出,为增强江苏沿海地区服务带动中西部地区发展的能力,应着力推动形成“三极、一带、多节点”的空间布局框架,将其建设成我国东部地区重要的经济增长极和辐射带动能力强的新亚欧大陆桥东方桥头堡。其中的“三极”即是指要以连云港、盐城和南通三个中心城市为极点,促进生产要素集聚,注重发展高技术产业,提升服务业发展水平,增强现代城市功能,提升对周边地区的辐射带动能力。

江苏省委、省政府2011年制订的《江苏沿海开发五年（2011—2015年）推进计划》中也明确部署，要按照江苏沿海开发国家战略中将连云港建设成国际性海港城市、盐城建设成现代化工商城市、南通建设成“长三角”北翼经济中心的定位要求，加速人口和产业集聚，推进港口、港城和临港产业协调发展，做强中心城市，提高集聚辐射带动能力。

由此可见，从国家战略层面推进江苏沿海开发的核心任务之一，就是要以提升中心城市的对外服务功能为导向，在城市功能定位和产业选择方面进行有效引导与选择，进一步增强连云港、盐城和南通三个中心城市在区域经济发展中的对外服务功能，强化其在区域发展中的辐射带动作用。

由于生产性服务业既可在其向周边地区输出服务过程中成为城市的基本经济活动，又可凭借其中间投入特性而成为促进城市其他产业跨越发展的重要助推器，因此，大力发展生产性服务业，是推进江苏沿海地区中心城市功能加快提升的必然要求。

（一）大力发展生产性服务业，是增强城市辐射功能的迫切需要

中心城市对外主导功能的改善与强化是城市能级水平提升的关键，而生产性服务业的发展则是提升城市能级水平的重要产业支撑。生产性服务业发展水平的高低已成为衡量中心城市辐射带动功能强弱的重要标志。在一个城市的政治功能和交通功能等相对稳定的情况下，经济功能就成为这个城市外向性经济功能的主要决定因素。生产性服务业所提供的服务是促进现代城市与周边地区乃至全国、全球之间的经济联系，这些经济活动能够促进中心城市综合性经济部门与腹地之间的垂直和水平联系，发挥区域性交通枢纽和区域商品批发中心对腹地交通组织和商品流通的作用，为腹地提供科技、金融、信息、咨询等服务功能。因此，大力发展生产性服务业，有利于增强江苏沿海地区中心城市的集聚与辐射功能，有利于拓展中心城市区域性和跨区性的经济功能。

（二）大力发展生产性服务业，是推进经济转型升级的迫切需要

实现经济转型升级是新时期江苏沿海开发的战略任务。将江苏沿海地区建设成我国东部地区重要的经济增长极，一方面要在新形势下以科学发展观为指导，转变经济发展方式，提升自身的区域竞争力，实现经济的长期可持续发展；另一方面要通过改造传统产业结构、走新型工业化道路、构建现代产业体系等途径，实现产业结构的高度化，并提升自身在全球价值链中的地位和对外服务能力。作为现代服务业的重要组成部分，生产性服务业具有高科技含量、高渗透性、高附加值、高产业带动力、高开放度、低资源消耗、低环境污染等特征，发展生产性服务业能够细化和深化专业化分工，降低社会成本，提高资源配置效率，是转变经济发展方式的重要途径。大力发展生产性服务业，有利于推动江苏沿海地区经济增长向集约节约、环境友好型转变，有利于推动形成以高新技术为主导、服务经济为主体、先进制造业为支撑、现代农业为基础的现代产业体系。

（三）大力发展生产性服务业，是提升城市创新能力的迫切需要

发展生产性服务业有利于增强江苏沿海地区中心城市的创新能力。生产性服务业是人力资本、知识资本和技术资本进入生产过程的桥梁，生产企业的良性发展离不开生产性服务业的有力支撑。连云港、盐城、南通三个中心城市各类生产性服务业的快速发展，可为生产企业尤其是制造业企业的自主创新提供必要的配套服务与支持。首先，通过信息、研发等生产性服务，可以推动企业的技术创新；其次，通过品牌策划、品牌推广、产品营销等生产性服务，可以推动企业自主品牌产品的形成与发展；第三，通过金融担保、风险投资、设备租赁等生产性服务，可以减轻企业自主创新的投资压力与风险。因此，大力发展生产性服务业，有利于提高地方企业的创新能力与创新效率，从而推动中心城市创新能力建设。

（四）大力发展生产性服务业，是承接国际产业转移的迫切需要

国际产业转移既是发达国家调整产业结构、实现全球战略的重要手段，也是发展中国家改造和调整产业结构、实现产业升级和技术进步的重要途径。目前，国际生产性服务业正在加速向发展中国家转移。比如，伴随着金融机构前后台业务的逐渐分离，许多跨国金融机构的后台业务开始了“离岸化”，并呈现出由欧美向亚太地区加速转移的趋势。江苏沿海开发的重要任务之一，就是要加快高端服务要素集聚，做大做强生产性服务业，增强自身的服务能级和水平，在更高层次上参与区域经济分工与合作。为此，江苏沿海地区应充分利用自身区位优势明显、发展环境优越等有利条件，紧抓国际资本转移机遇，积极承接国际生产性服务业转移，大力推动生产性服务业实现跨越发展。

三、江苏沿海地区中心城市生产性服务业发展现状分析

近年来，江苏沿海地区三个中心城市在加快工业发展的同时，着眼于提升城市综合经济实力，积极鼓励和支持生产性服务业加快发展，提升了生产性服务业在信息带动、节能降耗、技术进步等关键环节上的服务效应，增强了生产性服务业对转方式、调结构的助推功能。与此同时，三大中心城市在生产性服务业发展中存在的问题也比较突出，制约着其进一步加快发展。

（一）主要成就

自国家"十一五"规划纲要做出了拓展生产性服务业的重大决策后，江苏沿海地区各地政府紧紧围绕国家战略部署，认真贯彻落实《国务院关于加快发展服务业的若干意见》（国发〔2007〕7 号）的指示精神，先后制定和实施了一系列有利于促进生产性服务业发展的政策举措。有利的政策环境促进了江苏沿海地区生产性服务业的快速发展。

1. 生产性服务业的发展规模逐步扩大

由于缺少连云港、盐城、南通三个中心城市生产性服务业所涉及的六大行业增加值的历年完整数据，故本文选择《中国城市统计年鉴》中按行业分组的城市市区生产性服务业涉及的六大行业的单位从业人员合计数的变化情况，来说明江苏沿海地区中心城市生产性服务业发展规模的变动情况（见图 1）。

从图 1 可以看出，南通和连云港两市的市区，其生产性服务业单位从业人员的数量，在 2007—2011 年的五年间总体上呈现出逐步增加的趋势；盐城市的市区，其生产性服务业单位从业人员的数量，虽然在 2009 年和 2010 年有略微下降，但 2011 年又开始呈现出增加的趋势。综合而言，江苏沿海地区三个中心城市的生产性服务业的发展规模呈逐步扩大趋势。

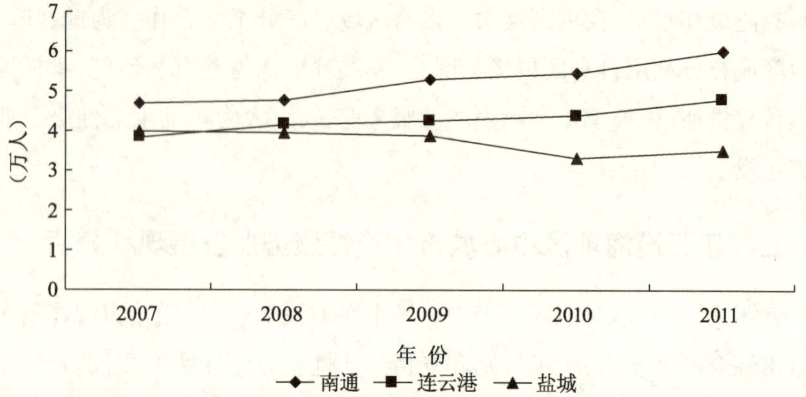

图1　2007—2011年江苏沿海三市市区生产性服务业单位从业人员数量变化趋势图

2. 生产性服务业中部分行业的中心性较强

本文以按行业分组的单位从业人员数作为基础数据，利用区位商法对某城市市区生产性服务业涉及的行业在全国地级以上城市市区中的行业中心性进行测度和比较分析，由此得到的2007—2011年江苏沿海三市市区的生产性服务业相关行业区位商的测度结果如表2、表3、表4所示。相关原始数据来自2008—2012年度《中国城市统计年鉴》。

表2　2007—2011年南通市市区生产性服务业相关行业区位商变化情况表

行　　业	2007年	2008年	2009年	2010年	2011年
交通运输、仓储和邮政业	1.28	1.18	0.89	0.87	1.06
信息传输、计算机服务和软件业	0.89	0.84	0.62	0.59	0.57
批发和零售业	0.67	0.65	0.55	0.58	0.53
金融业	1.64	1.74	1.42	1.38	1.44
租赁和商业服务业	0.63	0.61	0.42	0.50	0.57
科学研究、技术服务和地质勘查业	0.47	0.42	0.32	0.31	0.37

表 3　2007—2011 年连云港市市区生产性服务业相关行业区位商变化情况表

行　业	2007 年	2008 年	2009 年	2010 年	2011 年
交通运输、仓储和邮政业	1.90	1.73	1.66	1.71	1.66
信息传输、计算机服务和软件业	1.01	0.77	0.75	0.69	0.71
批发和零售业	0.73	0.85	0.85	0.95	0.90
金融业	1.29	1.35	1.27	1.17	1.16
租赁和商业服务业	0.41	0.25	0.26	0.25	0.35
科学研究、技术服务和地质勘查业	0.67	0.63	0.59	0.59	0.68

表 4　2007—2011 年盐城市市区生产性服务业相关行业区位商变化情况表

行　业	2007 年	2008 年	2009 年	2010 年	2011 年
交通运输、仓储和邮政业	0.93	0.93	0.68	0.72	0.76
信息传输、计算机服务和软件业	1.13	0.95	1.08	0.94	0.90
批发和零售业	1.72	1.42	0.97	0.99	0.90
金融业	1.56	2.06	2.45	1.84	1.98
租赁和商业服务业	0.60	0.48	0.44	0.39	0.46
科学研究、技术服务和地质勘查业	0.47	0.28	0.26	0.29	0.33

从表 2、表 3、表 4 中可以看出，2007—2011 年的五年间，江苏沿海三市市区金融业的区位商都大于 1，表明三市市区的金融业在全国地级以上城市中都具有较强的中心性，金融业是江苏沿海三个中心城市共同的基本经济活动。除金融业以外，连云港与南通的交通运输、仓储和邮政业都具有较强的中心性，盐城的批发和零售业也具有一定的中心性，它们是各自城市重要的基础部门。

3. 生产性服务业集聚发展态势良好

自 2007 年江苏省开展现代服务业集聚区创建工作以来，江苏沿海三市积极开展省、市级现代服务业集聚区创建工作，加快建设了一批特色鲜明、主业突出、功能完善、与生产相配套的生产性服务业集聚区。

南通充分发挥区位、资源、特色产业等比较优势，合理布局建设市区生产性服务业集聚区，努力将生产性服务业集聚区建设成市区服务经济发展的先导区、服务业集聚发展的主体区、现代服务业与先进制造业融合发展的示范区。主要建设内容包括：以南通综合保税区、南通空港产业园、南通火车站站北物流园、南通火车站东站物流园等为支撑的现代物流集聚区，以南通国际软件产业园等为支撑的软件与服务外包集聚区，以新城金融集聚区为支撑的金融服务集聚区，以上海市北高新（南通）科技城、南通高新技术创业中心、崇川科技创业园等为支撑的科技服务集聚区以及以新城中央商务区、开发区能达商务区、市北新城核心商务区、通州新城商务区、市开发区品牌商业集聚区、市开发区星湖街区等为支撑的商务商贸服务集聚区。

盐城为实现城市和产业互动发展，努力改善城市形象，创新性地以集聚开发或组团开发的形式，将城市功能提升和服务业集聚区建设融为一体。如今，盐城已拥有盐城现代物流集聚区、盐城汽车及零部件生产服务业集聚区、城西南现代物流集聚区、盐城聚龙湖商务服务业集聚区、盐城国际软件和服务外包产业集聚区等 7 家省级服务业集聚区。同时，盐城市还将按照“产城融合”的要求，计划到 2015 年，在 11 个省级以上开发区都配套建设 1 个市级以上服务业集聚区，以做粗、拉长开发区产业链，降低生产成本，提升产业竞争力，推动制造业与服务业相互支撑、融合发展。

近年来，连云港市紧密围绕“一老三新四组团两轴线一环”城市框架，不断加快市区生产性服务业集聚区建设步伐，重点打造方案包括：连云新城依托商务核心区、企业总部建设总部经济集聚区；新海新区围绕服务创新型企业建设科技创业服务业集聚区，围绕商业办公和金融服务建设“新海湖”金融商务集聚区；南部新城在市区北边建设形成生产型服务业集聚区；等等。

（二）存在问题

江苏沿海地区三个中心城市生产性服务业发展在取得显著成就的同时，也存在着一些亟待解决的问题。无论是在总量上还是在结构上，都还需要持续性大踏步发展。

1. 占比不高

由于缺少中心城市生产性服务业所涉及的六大行业增加值的完整数据，本文采用南通、盐城、连云港三市全市生产性服务业中六大行业增加值的数据作为替代，借以概略反映三个中心城市生产性服务业增加值在第三产业和 GDP 中的占比情况。根据统计分析（见表 5），南通、盐城、连云港三市 2011 年全市生产性服务业增加值在第三产业增加值中的比重和在 GDP 中的比重均低于全省平均水平。南通、盐城、连云港三市全市生产性服务业增加值在第三产业增加值中的比重分别比全省平均水平低 2.23、8.74 和 6.88 个百分点，在全市 GDP 中的比重分别比全省平均水平低 3.25、6.11 和 4.70 个百分点。

表 5　2011 年南通、盐城、连云港三市全市与江苏全省生产性服务业增加值占比情况比较

	地区	交通运输、仓储和邮政业	信息传输、计算机服务和软件业	批发和零售业	金融业	租赁和商业服务业	科学研究、技术服务和地质勘查业	生产性服务业合计
生产性服务业增加值在第三产业增加值中占比（%）	南通	9.84	3.22	26.90	10.84	6.58	1.17	58.55
	盐城	10.68	3.77	27.32	5.50	3.48	1.29	52.04
	连云港	14.85	3.65	20.65	9.27	4.13	1.35	53.90
	江苏	10.21	4.37	25.63	12.48	5.72	2.38	60.78
生产性服务业增加值在 GDP 中占比（%）	南通	3.79	1.24	10.36	4.18	2.53	0.45	22.55
	盐城	4.04	1.43	10.33	2.08	1.32	0.49	19.69
	连云港	5.81	1.43	8.08	3.63	1.62	0.53	21.10
	江苏	4.33	1.85	10.88	5.29	2.43	1.01	25.80

数据来源：根据江苏、南通、盐城、连云港 2012 年统计年鉴中有关数据计算而得。

2. 结构不优

在生产性服务业所包含的行业中，交通运输、仓储和邮政业以及批发和零售业两个行业一般被划分到传统服务业之列；信息传输、计算机服务和软件业，金融业，租赁和商务服务业，科学研究、技术服务和地质勘查业这四个行业一般被划分到新兴服务业之中。传统服务业在经济运行中起着很重要的作用，但新兴服务业在其创新性、运行效率等多方面都比传统服务业有着更大的优势。表5中的数据表明，在生产性服务业涉及的六大行业门类中，三市各行业增加值在全市第三产业和GDP中的占比高于全省平均水平的主要集中在传统服务业领域，如盐城、连云港的交通运输、仓储和邮政业以及南通、盐城的批发和零售业，而在新兴服务业领域，只有南通的租赁和商业服务业略高于全省平均水平。由此可见，当前南通、盐城、连云港三市生产性服务业中新兴服务业的发展相对滞后，新兴服务业中的四大行业的占比与全省平均水平相比，总体上还有一定差距。

3. 科技创新不够

当前江苏沿海地区三个中心城市生产性服务业的知识密集程度较低，生产性服务业发展缺乏足够的技术和人才支撑。三个中心城市的科研机构相对较少，层次较低，科技人才缺乏，生产性服务业研发投入有限，技术水平不高，缺乏有影响力、市场竞争力的本土服务品牌企业，多数企业只能提供一些位于知识和技术服务链低端的产品和服务，信息化应用程度也不高，与发达国家和地区的生产服务企业作为先进知识和技术的主要研发者、使用者和传播者的水平相比还相去甚远。

4. 与制造业发展不协调

近年来，江苏沿海地区三个中心城市先进制造业基地建设不断取得新的进展，对生产性服务业的需求不断加大。但长期以来，江苏沿海地区三个中心城市工业企业“大而全”“小而全”的发展模式以及生产性服务业综合规划和一些重点行业专项规划的缺乏，严重制约了生产性服务业的发展。尽管近年来生产性服务业发展速度较快，但总体来看，江苏沿海地区三个中心城市的生产性服务业发展相对滞后、发育不足，不能为先进制造业的发展提供强有力的支撑。目前，江苏沿海地区三个中心城市的产业结构中存在着强工业弱服务业、强生活性服务业弱生产性服务业的不协调现状，生产性服务业与制造业发展之间的不均衡性较为明显。

四、大力发展生产性服务业、提升江苏沿海地区中心城市功能的对策

当前,世界经济已经进入服务经济时代,我国也已进入服务业加快发展和升级的关键时期,特别是其中的生产性服务业更是进入了黄金发展期,未来发展空间巨大。同时,新时期江苏又好又快推进"两个率先"和江苏沿海地区打造辐射带动能力强的新亚欧大陆桥东方桥头堡的战略任务,不仅给江苏沿海地区中心城市生产性服务业发展提出了更高的要求,而且为其提供了更为广阔的市场。为此,今后一段时期,江苏沿海地区三个中心城市应以科学发展观为统领,按照国家加快转变经济发展方式和推进生产性服务业大发展的战略部署,紧密围绕江苏沿海开发国家战略要求,大幅提升生产性服务业的经济规模与质量效益,加快促进生产性服务业发展成江苏沿海地区中心城市经济高效、高辐射发展的主导行业,显著增强中心城市在区域经济发展中的对外服务功能。

(一)统一思想认识,健全规划体系

首先,强化产业发展意识。江苏沿海地区三个中心城市要加强对发展生产性服务业重要性的认识,将生产性服务业的发展提高到强化城市辐射力、加快制造业产业和企业升级、培育经济新的增长点、促进经济和社会协调发展、全面建设和谐社会的高度上来,在全区上下营造大力发展生产性服务业的浓厚氛围。其次,制订产业发展规划。三个中心城市要结合自身区位、资源和特色产业优势,从经济转型升级和国家战略确定的城市发展定位要求出发,统筹制订好各自生产性服务业的发展规划,尽快形成以生产性服务业综合规划为统领,以物流服务、金融服务、商务服务、信息服务、科技服务等重点行业规划和生产性服务业人才发展等专项规划为支撑,以其他行业规划、专项规划为补充的生产性服务业规划体系,力求用科学规划引领江苏沿海地区中心城市生产性服务业健康、快速发展。

(二)明确发展重点,优化区域分工

在现代产业分工中,生产性服务业与现代制造业之间的融合发展趋势

越来越显著。江苏沿海地区三个中心城市应在推进"长三角"一体化发展的框架内,将自身生产性服务业发展的现实基础和制造业发展的实际需求相结合,明确各自生产性服务业发展重点,完善区域产业分工协作体系。南通应充分发挥靠江、靠海、靠上海的独特优势,按照建设"长三角"北翼经济中心的发展定位以及建设以海洋装备、精细化工为主的先进制造业基地和综合性物流加工基地的实际需要,加快推进"长三角"北翼区域金融中心、商务会展中心、信息生产和交换中心以及科技创新中心建设。盐城应按照建设成为沿海地区现代工商城市的定位要求,结合新能源产业、新能源汽车产业等战略性新兴产业发展的现实需要,加快推进"长三角"北翼商务商贸中心建设,加快发展科技服务业。连云港应紧抓国家东、中、西区域合作示范区建设机遇,围绕建设综合性交通枢纽、以重化工为主的临港产业基地和国际性海港城市的现实需求,在改造提升传统服务业的基础上,加快推进"长三角"北翼区域国际航运物流中心建设,加快发展信息服务业,大力提升新亚欧大陆桥东桥头堡功能。

(三)强化产业集聚,加快平台建设

要按照产业集中、发展集约、资源共享、功能互补的要求,立足现有生产性服务业集聚区发展基础,围绕进一步增强江苏沿海地区中心城市集聚和辐射功能的发展目标,做大做强一批龙头带动型生产性服务业集聚示范区,重点培育一批高成长型新兴服务业集聚区,优化提升一批特色型市级生产新服务业集聚区,推进服务产业集聚、服务企业集中和服务功能集成,全面提升中心城市生产性服务业集聚区发展水平,不断扩大集聚区在区域及国内的品牌影响力。同时,要大力加强公共服务平台建设,重点推进电子信息服务平台、电子商务平台、科技创新服务平台、产品设计和质量检测平台、金融服务平台等的建设,形成一批骨干企业和示范项目。

(四)深化体制改革,营造良好环境

深入学习中国(上海)自由贸易试验区在扩大服务业开放方面的制度创新精神,进一步放宽服务领域市场准入,积极鼓励和支持各类资本进入法律、行政法规没有明令禁入的生产性服务领域,激发各类服务主体活力。对新兴生产性服务行业，凡法律法规没有禁止的，允许各类经济主体经营，并积极试行登记注册；对设立一般性服务业企业，其营业场所、投资人资格、业务范围等方面的条件要依国家有关规定按最宽要求办理。大力推进政务信息公开、政府部门间信息共享和行业信用记录建设，加快建立全市社会信用体系。加快推进现代物流、商务服务等行业的标准化工作，积极支持国家级、省级服务业标准化示范项目建设，大力提升生产性服务业的标准覆盖率。

（五）出台政策措施，加大扶持力度

三个中心城市应通过制定财政、税收、金融、土地等方面的相关扶持政策，综合运用贷款贴息、经费补助、奖励、税收优惠、风险投资等多种方式，加大对生产性服务业发展的扶持力度，大力促进生产性服务业在关键领域和薄弱环节取得新的突破。凡国内外大型企业以及有影响力的中介服务机构到中心城市设立企业总部（或地区总部）、结算中心、研发中心、数据中心、业务处理中心、采购中心、物流配送中心和分销中心等项目，要优先安排进驻规划建设的对应集聚区，优先安排建设用地，并在经认定后从财政上给予一次性落户奖励。逐步消除服务业与工业、不同所有制企业在用水、用电、用气等方面的不合理价格政策差异，清理并减少服务领域的各类收费，取消不合理收费项目。同时，要加大政府采购服务力度，充分释放政府服务需求对生产性服务市场的拉动效应，积极探索推进信息安全、云计算、物联网等新型服务业态的政府采购工作。

（六）加强组织领导，完善工作机制

一是完善中心城市服务业发展联席会议制度，加强部门协作与配合，充分发挥各自职能作用，及时研究解决生产性服务业发展中遇到的问题和困难。二是发挥中心城市行业协会商会的作用，加快建立政府委托授权机制，积极探索实行向行业协会和其他社会组织购买服务。同时要加强行业协会和其他社团组织自律管理，规范服务行为，建立信用记录，促进行业协会和其他社团组织提高公信力和服务能力。三是按照科学发展观要求，将生产性服务业发展指标列入中心城市落实科学发展观评价指标体系，作为完善干部考核的重要依据。四是完善生产性服务业的统计核算工作，保证定期形成全面反映中心城市生产性服务业规模、结构、效益等状况的统计数据，及时掌握生产性服务业的发展变化情况，从而为江苏沿海地区中心城市生产性服务业发展政策的制定以及发展状况的研究与分析提供依据。

南通大学商学院　杨凤华

（本研究报告为2012年江苏沿海沿江发展研究院招标课题《江苏沿海地区生产性服务业发展与城市中心性提升问题研究》研究成果）

江苏借力上海自贸区加快经济转型升级的建议

中国(上海)自由贸易试验区被称为中国第二轮改革开放实验田,对中国未来的经济发展和制度改革都有重要的意义。江苏省毗邻上海市,近年经济一体化发展使得双方经济依赖度极大。上海自贸区提供了江苏制造业转型升级和外向型经济提升的重大机遇,同时也会对江苏高端要素和产业产生一定的虹吸效应。本文从差异化和错位化的角度,对江苏省应对上海自贸区提出了初步的建议。

一、上海自贸区简介

2013 年 8 月 22 日,国务院正式批准设立中国(上海)自由贸易试验区。上海自由贸易试验区(简称上海自贸区)的设立,对江苏当前的经济发展和深化改革意义非凡。从上海自贸区的功能来看,自贸区不仅有助于提升我国的消费能力和出口能力,而且有助于提升人民币的国际地位以及减少对美元的依赖,有助于打破国际 TPP 协议和 TTIP 协议所形成的对中国新一轮的贸易封锁。上海自贸区要想获得成功,关键是投资、金融方面的制度改革,因此上海自贸区又担负着国内改革排头兵的重任。

从制度改革的层面来看,上海自贸区主要涉及投资制度、贸易制度、金融制度三个方面的改革。从投资制度来看,主要是要实现从原来的审批制度到自贸区的备案制度和负面清单制度的改革;从贸易制度来看,要从保税区原来的货物自由进出,扩展到自贸区的允许货物、人员、资本、货币的自由进出;从金融制度来看,主要包括利率市场化改革和汇率市场化改革。其中金融市场化改革是上海自贸区改革的核心和难点所在,因为利率市场化和汇率市场化改革会导致国内外热钱问题以及一系列严重后续后果产生。但是,如果金融市场化改革不能取得突破,那么上海自贸区就难以获得最后的成功。

二、上海自贸区对江苏省的影响

上海自贸区对"长三角"竞合格局的影响是什么呢?上海自贸区将使得上海作为开放窗口和服务中心的龙头效应进一步增强,而周边城市的产品制造基地功能也将得到强化,类似于香港与"珠三角"城市圈的"前店后厂"关系。香港是世界最大的自由贸易区之一,服务业高度发达,国际资本高度集聚。而"珠三角"则是产品制造基地,利用香港这一服务平台迅速走向世界,香港在"珠三角"企业走向世界的过程中起到了主要的桥梁促进功能。现在的上海自贸区政策使得上海有了与香港比肩的底气,与上海毗邻的江苏省也有了在更广阔平台上发展的可能性。

江苏作为上海近邻省份(尤其是苏州市和南通市,直接比邻上海),面临重大机遇,同时也有挑战。具体如下:

第一,上海自贸区将为江苏的外贸出口带来新机遇。外贸出口是江苏经济发展中的突出亮点。上海口岸是江苏出口产品的重要通道,上海自贸区建设对江苏外贸出口是一大利好:① 上海自贸区建设将简化国际贸易流程,缩短货物运转时间,增加贸易效率,大大降低贸易成本;② 上海自贸区的人民币可自由兑换,利率市场化离岸金融业务将降低出口企业的汇兑成本和金融成本,同时降低外贸企业的汇率风险;③ 有利于进一步降低江苏的国际物流成本。上海自贸区建设将提升江苏贸易便利化水平,降低进出口物流的成本。

第二,上海自贸区将为江苏企业国际化发展提供重要机遇。上海自贸区依托制度和区位优势,立足高度开放的承载和容纳能力,以及不断完善的面对全球服务的基础设施,将会吸引大量国际高端要素进入。① 上海自贸区将吸引大量高端外资服务企业进来，只要能利用好这些国际服务，江苏企业不但能获得技术溢出效应，还能够掌握海外并购的专业知识、先进的国际经营管理经验和投资国的文化及法律，降低企业海外投资和并购及经营的风险。② 为江苏企业获得国际市场信息和参与国际合作提供了便利。上海自贸区将吸引更多的国际贸易企业和国际中介服务进驻，这使得江苏企业进入国际市场的信息搜寻成本大幅度降低，进入国际市场的距离大大缩短。

第三，有利于江苏制造企业的转型升级。科学发展和转型升级是江苏经济发展的内在主线。上海自贸区则提供了江苏产业转型升级的最重要平台。① 上海自贸区内国际高端要素的集聚，使得江苏制造业的发展和转型升级更容易获得国际技术、国际人才、国际创新资本、国际金融中介等高端要素的支持。② 有助于培育江苏本土的具有全球化视野和强烈的创新意识，掌握本专业国际范围内最新知识，熟悉国际惯例，具有较强的跨文化沟通能力的高级人才。③ 上海自贸区在管理、贸易等方面的政策优势和平台作用，有利于江苏引进国外先进技术，加快产业和企业的技术升级步伐，尤其是围绕新能源、新材料、电子电器等行业，有针对性地扩大先进装备及前沿技术的进口，加快推动产业高端化升级。④ 有助于培育具有全球化理念，熟悉国际市场、国际运营，勇于创新的江苏本土企业，培养企业从追求依靠低端要素转向依靠高级要素投入来构建高端国际竞争能力，从而将推动江苏企业从全球贸易发展升级为全球资本市场发展。

第四，上海对江苏的"溢出效应"将更加显著。一方面，上海自贸区将吸引国际贸易、国际金融等国际企业规模化集聚，而其中一些服务企业必须要有临近的制造基地与之相配套，这就可能引起新一轮国际产业转移，这种转移的目的地很可能是上海周边城市；另一方面，上海自贸区的建设必将加重上海区域范围内的要素稀缺度，进一步推动上海的土地、劳动力、交通等有形要素成本大幅度上升，这将对一些要素依赖型企业造成打击，预计将会有新一波产业从上海向外围城市梯度转移。江苏作为与上海距离最近的省份，承接产业转移有着独特的成本和资源优势。

第五，会对江苏的生产性服务业（包括各种外贸、信息、金融等产业）形成虹吸效应,导致高端人才、高端企业以及企业中的高端部门向上海流动。上海自贸区内的一系列制度改革和优惠政策无疑会进一步吸引江苏的高端服务业尤其是进出口服务业向上海规模化集聚。

三、江苏省应对上海自贸区的相关建议

面对上海自贸区带来的机遇和挑战,江苏和浙江各省市都在积极应对。浙江省委、省政府以及浙江企业界将应对重点放在了跨境金融方面。浙江省认为,在全球产品贸易市场中浙江企业可以开拓的空间已经不大,浙江省外向型经济转型升级的方向必然要从国际产品市场转移到国际资本市场,进行国际资本的兼并、收购、重组,这是下一步浙江经济"走出去"的主要目标。而要在国际资本舞台上进行运作,核心和关键点是掌握国际投融资平台资源,因此浙江省政府层面以及企业层面均将自贸区的跨境金融中心功能视为最重要的对接点,并以此出台了一些对策措施。应该说浙江省应对上海自贸区的战略选择非常有远见,聚焦点也选得非常准。

江苏省是外向型经济大省,目前正处于转型升级的关键期。针对上海自贸区这一影响重大而深远的国家制度改革,江苏应该通过差异化、配套化来继续深化江苏与上海自贸区的经济一体化,同时借助上海自贸区来实现制造业转型升级以及外向型经济深度发展。

(一)城市发展错位对接

要进行城市定位并进行对接,首先城市定位应该差异化。在自贸区背景下,上海自贸区凭借极其优惠的政策和制度,今后必然成为服务业的高端集聚区,尤其是贸易服务业。江苏并不具备相似的政策条件,江苏今后的产业目标应该是借助上海自贸区这一平台建设国际高端制造业集聚区,并以制造为中心建立各种研发服务基地。

深圳的城市发展围绕香港进行了差异化的定位。香港的城市定位围绕贸易展开并向生产延伸,深圳的城市经济功能则围绕技术创新和生产制造展开。香港定位为国际港口航运中心、国际市场分析中心、国际接订管理中心、业务洽谈中心、国际设计中心、样品展示中心、进出口贸易中心、国际金

融中心、快速物流中心、国际会计法律中心等；深圳定位为高新技术产业研发孵化中心、国际制造基地、生产指挥中心、人才培训中心、国际会展中心及面向国内的产品开发中心、国内企业总部、国内区域金融中心、区域物流与仓储运输中心、国内会计和法律服务中心、中国南方文化产业基地、香港国际服务业的重要扩展基地和后台服务基地、跨国公司总部延伸基地。错位发展使得双方有互利共赢的基础，港、深在错位发展中一体化态势非常明显。

(二) 产业发展差异化对接

1. 服务业要具有差异化发展的战略思想

上海今后的生产性服务业重心会偏向贸易服务业，江苏省的生产性服务业应该以生产和研发服务业为主。香港服务业占相对优势，深圳制造业和高新技术产业占相对优势。但深圳自己的生产性服务业发展也很好，原因就是差异化。香港的服务业围绕着国际贸易展开，包括专业服务、贸易服务、金融服务、物流业，而深圳的服务业围绕生产过程展开，主要是信息服务业和技术服务业。即便在同一服务领域也有明显差别，例如在高新技术服务业领域内，香港在科技信息、科技融资、产品设计和实验设备上具有明显优势，而深圳则围绕研发和生产过程展开，在技术研发、成果转化、企业孵化、产品制造服务方面具有明显优势，两地服务业的差异互补性非常强。

2. 制造业要充分利用机遇进行转型升级

一是要抓住机遇促进制造业转型升级。① 按照国际自贸区的经验，上海自贸区将会吸纳更多的进口资源，江苏应该用足用好各级进口贴息资金政策，推进江苏企业技术装备水平的迅速提升。② 其次，鼓励战略性新兴产业的企业抢抓自贸区建设的机遇，积极引进国际人才、资本、技术等资源，大幅度降低企业引入国际资源尤其是国际技术的成本和障碍，建立技术引进专项资金，大力鼓励制造业引进国际高端要素和技术。③ 鼓励本土制造业通过国际资本市场的兼并收购重组获得国际高级要素和全球营销网络，建立本土企业全球化发展鼓励机制和支持基金。④ 拓展企业尤其是民营企业海外投资并购的融资渠道，利用自贸区内国际私募股权投资基金、并购投资基金、风险投资基金，鼓励运用票据融资、融资租赁及债券融资等多元化手段，降低企业融资成本和风险，为本地企业“走出去”提供融资支持和中介服务，掌控国际高级要素和全球营销网络，最终掌控全球产业价值链。

二是要推动一些主导性产业在国际市场中占领主导地位。江苏作为上海的近邻省份，有着土地、资源环境、空间方面的良好优势，可以为上海自贸区创造更加广阔的纵深腹地空间。江苏要以现代制造业为抓手，与上海形成错位竞争态势，培养承接上海乃至全球产业转移的能力，为上海提供配套产业基地，积极引导上海自贸区内的国际、国内企业在江苏设立制造业基地。江苏应以先进制造业配套服务为发展方向，要借力自贸区内的产业金融、现代物流和国际商务服务增强江苏主导产业的系统化优势，形成主导产业的全球竞争力。

三是要大力促进出口产业结构优化。上海自贸区的政策优势为江苏加快出口产业结构优化步伐提供了机遇。首先，加快开发出口支柱产业集群，进一步加强品牌意识，努力实现出口产品和出口企业向“中高端化”结构转型。其次，加快发展服务贸易，推进出口发展基础建设，打好产业布局基础，加快推进出口功能性平台建设，大力推进出口市场多元化。

（三）制度和理念上的对接

体制机制活力以及创新能力是决定一个地区经济发展水平以及潜力的关键要素和最终保障。上海自贸区将对周边城市产生改革示范效应。江苏的体制机制创新可以从以下几个方面展开探索：① 借鉴自贸区“负面清单管理模式”，改革江苏内外投资管理体制。大幅度放宽外资准入门槛，做好全面实施外资准入前国民待遇加负面清单管理模式的准备工作。全面推行民间投资非禁即入原则，鼓励民间投资主体以多种方式投资市政建设、社会事业等行业；② 扩大开放服务业利用外资领域，推进金融、教育、文化、医疗等服务业领域有序开放，放开育幼养老、建筑设计、会计审计、商贸流通、电子商务等服务业领域外资准入限制。③ 借鉴自贸区加快政府职能转变的新做法，推进投资审批流程再造。精简审批事项，严格依法设定、实施、清理、规范行政审批事项，推进“阳光审批”“网上审批”。④ 有序推进负面清单之外投资项目由核准制改为备案制，实行国民待遇。推进政府管理由注重事先审批转为注重事中、事后监管，建立一口受理、综合审批和高效运作的服务模式，完善信息网络平台，实现不同部门的协同管理机制。⑤ 全面梳理金融、商贸、文化等服务领域的审批事项，优化审批程序，大幅提高产业落地建设效率。⑥ 高度关注上海自贸区行政管理体制改革的进程，特别是多部门协同管理机制、行业综合性评估机制、信息公开机制、投资者权益有效保障机制、知识产权纠纷调解援助机制和集中统一的市场监管综合执法体系等方面的改革举措进展，率先形成与国际投资、贸易通行规则相衔接的基本制度框架。

（四）外向型经济上，要借力上海自贸区努力再上一个新台阶

全面提升江苏开放经济水平，实现开放型经济再上一个新台阶。上海自贸区带来的最大机遇在于国际贸易和出口，这无疑给江苏省提供了从“出口大省”向“出口强省”转变的最有利契机。江苏省近年来出口增长很快，但是呈现显著的“大而不强”的特征，尚未形成在国际市场中具有核心优势的出口产业和企业。江苏应利用上海自贸区政策的优势，加快出口产业结构优化步伐，积极推动江苏企业在国际资本舞台上的作用，推动江苏企业在国际上实施兼并、收购、重组业务，推动江苏企业通过资本运作在国际上做大做强，推动江苏出现一些全球领导性企业。

南通大学江苏沿海沿江发展研究院　陈长江

南通建设“长三角”北翼经济中心的关键问题及对策思考

南通打造“长三角”北翼经济中心城市，其核心和关键是极化和扩散的中心城市功能的实现。阻碍南通市在“长三角”北翼区域中实现极化扩散功能的因素，一是城市承载力较弱，二是中心城区综合服务能力不强，三是产业高度对中心城市功能支撑作用不足，四是“长三角”北翼区域内城市群关联度较低。南通要实现中心城市的极化扩散功能，一方面需要进一步提升南通城市圈的区域综合服务能力，打造自身的极化和集聚扩散功能；另一方面是需要在继续向南对接的同时，强化苏中融合和向北联动合作，在区域城市群联动发展和共同繁荣中促进自身又好又快发展。

一、南通建设“长三角”北翼经济中心的关键问题

区域经济中心城市是区域中经济发达、功能完善、能够渗透和带动周边区域经济发展的行政社会组织和经济组织的统一体。“长三角”北翼经济中心是国务院和江苏省首次从“长三角”北翼区域整体的角度出发对南通市发展提出的发展定位，这一点也是“长三角”北翼经济中心目标区别于南通市此前发展目标的一个基本不同之处。

评价一个城市是否已经建成区域经济中心的主要指标，是这个城市对区域内其他城市的辐射带动力的大小。有一些城市在区域经济中占比非常

大，但是并不是区域经济中心城市（如克拉玛依、班加罗尔等城市）。区域经济中心城市与区域经济占比较大城市的主要区别在于是否具有辐射带动能力。

综上所述，南通市建设“长三角”北翼经济中心，关键问题是极化和扩散这一中心城市功能的形成。南通市通过极化和扩散来辐射带动“长三角”北翼地区城市群，从而推动了北翼地区的经济一体化、协调化和融合化发展。

二、宁波建设“长三角”南翼经济中心的经验借鉴

2009年宁波市宣布已经基本建成经济发达、综合服务功能完善、对周边地区辐射和带动力强劲的“长三角”南翼区域性经济中心城市。通过相关对比可以看出，南通与“长三角”南翼经济中心城市的差距不仅体现在规模、总量上，更重要的是在功能上。若论区域经济占比，南通已经与宁波具有了相似的区域地位。但是在区域综合服务、产业规模化和高端化、核心基础设施方面，南通与宁波的差距还非常大。

从宁波市10年建设历程来看，经济中心城市的成长不仅依赖于自身的集聚能力和竞争优势的建设，也必须依托于周边腹地的支持。周边腹地城市的发展与经济中心城市的高效服务之间互为依存、相互促进、共同发展。南通建设“长三角”北翼经济中心一方面需要提升自身区域综合服务能力，打造自身的极化和集聚扩散功能，另一方面还需要在继续向南对接和融入的同时，向北向西拓展，实现协调联动。

三、南通实现经济中心城市功能的现实条件和支撑基础

从中心城市功能形成的角度来看，南通的优势是交通区位条件不断改善，经济规模在区域中占比较大（南通在“长三角”北翼区域经济中占比约21%，大于宁波市在“长三角”南翼地区经济中18%的占比）。但同时也有一些现实的劣势：① 综合服务水平低。差异化和服务化的产业体系是区域经济中心城市辐射带动能力的主要途径。而南通是一个典型的工业化城

市，服务业规模小、占比低，2012年末服务业占比40%，服务业相对低端，传统服务业占据服务业70%以上。② 城市承载力不强。中心城市是辐射带动的承载基础，南通市城区面积约为118平方千米，一般情况下区域经济中心城市的辐射范围最大能达到中心城市的20~40倍，而南通中心城区目前最大辐射半径约为39千米（南通市城区之外4720平方千米），这个辐射半径显然难以满足作为"长三角"北翼区域经济中心城市这一要求。③ 与北翼腹地城市群的关联度相对较低。南通市与"长三角"核心区上海的经济综合联系强度达到51%，与苏州达到39%，但是与"长三角"北翼的扬州、泰州、盐城、淮安等城市的经济综合联系强度均在10%以下。南通与"长三角"北翼其他城市经济联系强度较弱的主要原因是产业同构化。在产业同构化的情况下，南通与"长三角"北翼其他城市的竞争关系大于协作关系，现实利益决定了经济一体化和融合化难以展开。

在此现实约束下，南通要实现区域经济中心城市的极化和扩散功能，应该有以下三个基础功能作为支撑：首先是成为区域交通枢纽中心，为要素聚集和扩散提供基础条件；其次是成为承担上海、苏南地区向苏北辐射扩散和服务的转接中心，利用自身特殊区位在南北区域之间形成一个强有力的传导枢纽；三是成为面向区域的综合服务中心，通过特色服务途径来影响和带动北翼城市群。

四、南通实现"长三角"北翼经济中心城市功能的路径

要实现"长三角"北翼经济中心城市的极化和扩散功能，一方面需要南通进一步提升南通城市圈的中心功能，增强区域综合服务能力；另一方面，也需要在继续向南对接和融入的同时，强化苏中融合，并大力拓展向北的联动合作。

1. 建设面向区域腹地的立体化综合交通枢纽和区域信息平台

（1）完善现代化立体交通网络体系，建设综合运输枢纽。大力发展对外交通，推进南通与"长三角"核心城市以及北翼城市之间沟通的综合交通网络体系建设；迎接高铁时代到来，加快区域城市间轨道基础设施一体化，

打造“长三角”北翼区域性铁路枢纽和中转中心;发展立体交通体系,加强区域性交通服务功能建设;积极参与辐射“长三角”北翼腹地重大交通工程的向上争取、规划研究、建设运营;加速推进北翼区域的交通智能化,实现快速、安全、可靠和经济、舒适的目标。

(2) 构筑资源共享、功能互补、协调发展的区域信息网络。加强周边城市群(扬州、泰州、盐城、淮安等市)规划、产业等动态信息资源的开发、整合和利用。

2. 创新“长三角”北翼城市群协调合作联动的体制和机制

(1) 创新南通都市圈内部的联动机制。南通都市圈本身要形成层级合理的联动协作机制:一是深化市场机制作用,二是创新区域政府间协调机制,三是探索利益共享机制和利益平衡机制,四是发展异地开发区联建机制,五是建立跨区域的集约利用资源、合理分担成本、生态适当补偿机制。

(2) 建立强有力的区域城市群协调机制。一是要建立高层领导会晤机制;二是要完善各级部门的定期会商制度;三是要完善区域性行业协会,鼓励和扶持非政府合作;四是要强化民主监督,预防因追求局部利益和短期利益导致的“囚徒困境”问题。

(3) 以“同城效应”为目标,加快推进苏中城市群政策和制度一体化,强化与北翼腹地城市的联动合作。克服各自为政的倾向,联手制定与协调各地产业、财政、贸易政策等;协调招商引资、土地批租、外贸出口、人才流动、技术开发、信息共享等方面的竞争政策,着力营造一种区域经济发展无差异的政策环境;加快区域性要素市场合作。

(4) 继续强化与“长三角”核心区的对接与融合。作为“长三角”北翼腹地城市群接轨“长三角”核心区的桥头堡,南通只有更快地接轨和融合,早日形成先发优势、高地优势、集聚优势,才有可能成为承南启北的承接枢纽。

3. 加速提升南通城市区域综合服务功能和水平

(1) 建设现代化、规模化、综合性的中心城市,大力提升城市的承载力。一是要优化空间布局,加快形成层次合理、结构协调的“1+5+8”城区分布体系;二是要加快功能设施和基础设施现代化建设,大力提升南通城市公共服务部门运行效率;三是要在完善规划、提升水平上下更大功夫,以规划引领成片开发、混合开发、产城融合开发。

(2) 全面发展培育和引进各类、各层次服务功能机构。一是要大力发展生产性服务业,突出发展物流业、商贸产业、金融业、信息咨询业;二是要加快引进各类、各层次新增金融机构集聚南通,加速发展现代物流、临港物流业;三是要整合发展会展、旅游业,大力发展商务会展业;四是要加快信息公共平台开发建设,大力推进信息资源的共享利用,加快推进电子商务、网络游戏等新兴领域发展。

(3) 优化功能机构成长环境。发达的现代通信设施、便捷的交通网络、优美和谐的人居环境、完善方便的社区服务等,都是吸引服务业企业和人才集聚的重要条件。但是聚散功能更为重要的是软环境,表现为自由市场经济制度、透明的监管制度、法治社会以及开放文化、统一的规则和标准。

五、南通市实现区域经济中心功能的措施

1. 积极培育和发展各类大宗商品贸易市场

(1) 全力发展大宗商品批发市场。要依托先进制造业的坚实基础和对原材料的需求,培育和发展一批支撑“长三角”北翼城市群建设、具有重大标识性和影响力的生产资料市场和大宗商品市场。重点培育南通石油及化工产品交易中心。积极探索建立以钢材市场为核心的原材料市场、棉花仓储中心和交易中心、进口矿石资源配置中心等生产资料市场的可能性;大力发展具体如以船舶海工为主的大型商品市场、以太阳能和风能设备为主的新能源装备市场、以纺织品为主的大宗消费市场等市场。

(2) 努力建设各类金融市场。根据“长三角”北翼城市群金融市场发展现状和区位实际,南通除了要发展主体金融市场和次级金融市场以外,重点应该发展符合北翼城市群特征的、具有服务性质的准金融市场,服务内容主要包括咨询、会计、审计、法律和信息服务等。

(3)努力培育和建设农业生产资料市场。苏中、苏北地区是上海和苏南地区重要的农副产品供应基地,南通要从促进农业现代化和提高农业经营效益出发,努力培育和建设农业机械、化肥和种子等区域性农业生产资源市场。

2. 构建高端化、现代化的制造业体系

(1) 建成具有国际竞争力的重点产业基地。南通市应依托大产业、大项目和大基地建设,打造国家先进制造业基地,主要着力提升船舶和海工基地、现代装备制造等优势产业的核心竞争力,全力建设世界级重大成套和技术装备制造产业基地。

(2) 做大做强先进制造业。以提升资源利用效率和产业附加价值为核心,促进主导产业高端化和传统产业的改造升级,在部分优势产业中,培育出具有国际竞争力的高端制造产业,重点是国家级船舶海工产业和国家级绿色新能源产业的高端化升级改造。

(3) 营造有利于科技创新的良好环境。努力形成有利于自主创新、自创品牌的良好环境。努力实现江苏省创新工程提出的全社会研发投入、研发人员数量、高新技术产业增加值三个"翻一番",发明专利授权总量、创业投资规模、民营科技企业总数三个"翻二番"的目标。

(4) 加速临港产业集聚,加快发展港口推动型产业。依托港口优势,进一步推动重大临港产业项目在南通落户,加快发展石油化工、钢铁冶金等临港产业,港口航运、内外贸易等港航服务业,打造国际知名的临港产业基地。

3. 营造区域内开放透明国际化的经济运作环境

(1) 营造、健全和推广有利于实体经济成长的制度环境。一是要有稳定的基础制度,包括公平的市场竞争制度、政府依法行政制度、产权和债权交易制度等;二是要有规范的管理制度,包括市场准入制度、税收制度、监管制度和法律制度等;三是要有严格的行业自律制度,包括诚信制度和协调制度等。

(2) 营造、健全和推广区域内一流的实体经济生成和运作环境。一是要营造企业和个人能够享有较多生存和发展机会的环境；二是要有信息充沛、通信快捷的现代化设施；三是要有宽松包容的创新环境，为企业与个人施展才能、标新立异和发明创造提供空间；四是要有公开透明、进出方便的市场准入环境；五是要有办事高效、政策稳定的政府服务环境。在这五大因素中，政府服务环境最重要。

项目主持人：南通大学江苏沿海沿江发展研究院　周威平

报告执笔人：南通大学江苏沿海沿江发展研究院　陈长江

（本研究报告为2012年江苏省社会科学基金省市协作专题研究项目《南通建设“长三角”北翼经济中心的关键问题研究》研究成果）

南通建设“长三角”北翼经济中心的辐射效应

辐射能力大小是衡量区域经济中心城市的最重要指标。本文根据科学性和数据可得性原则,从经济发展、人民生活、产业结构、科学技术等方面构造辐射效应的评价体系,运用断裂点理论模型,界定了南通市的辐射范围,分析了南通对“长三角”北翼其他城市的辐射力。本文发现,南通与扬州和泰州的发展关系最为密切,说明苏中地区最具条件率先实现协同化和一体化发展。从南通辐射效应的影响因素来看,最为薄弱的环节是经济结构与效益,其次是基础设施、科研教育和对外开放三个方面。从提升经济结构和效益角度出发,本文提出了提升南通市辐射能力的相关对策建议。

一、研究背景和意义

(一) 研究背景和意义

南通建设“长三角”北翼的经济中心,是国家从总体经济布局出发确定的城市定位,就是要使南通成为“长三角”区域一体化北向发展的强有力的中间支撑点和接力点,成为江苏全省区域格局中承南启北、起辐射带动作用的中心城市,从而促进“长三角”北翼城市群的协调化和一体化发展。南通建设北翼经济中心,不仅可以提高“长三角”北翼城市群整体经济发展水平,而且可以通过“长三角”北翼板块的互动协作和崛起,促进“长三角”南北两翼均衡发展、科学发展和一体化发展。

改革开放以来，南通迅速发展，经济实力和辐射能力也在不断增强。但是由于南通是一个典型的工业化城市，城市发展相对滞后，生产和生活的综合服务水平低，在过去的发展过程中与周边城市的关联度相对较低，因此南通对北翼其他城市的辐射能力不强。科学评价南通辐射效应现状，有助于减少建设过程中的盲目性，促进资源配置向“长三角”北翼经济中心的目标整合优化，对于推进与加快南通建设“长三角”北翼经济中心城市无疑具有十分重要的意义。

（二）中心城市辐射带动功能的作用机制

中心城市对区域内其他城市发展的辐射带动作用主要表现在四个方面：一是经济龙头作用，二是极化聚集作用，三是扩散辐射作用，四是创新示范作用。

中心经济城市对区域经济的龙头作用主要体现在：第一，对周边地区具有经济示范效应；第二，发挥产业扩散功能，带动周边地区发展；第三，发挥调节功能，促进区域经济协调发展。中心城市凭借各种优势，吸引区域内的资源、资金、人才、信息、产业等生产要素向该城市聚集，从而产生规模聚集效益，提高城市经济效率，使中心经济城市成为所属区域中经济发展的龙头。

中心城市极化作用是指中心城市吸收、聚合各类生产要素的效能，它是城市最基本的经济功能，也是城市形成和发展的先决条件。中心城市凭借其在人口规模、设施水平、交通运输、区位条件、信息交换等诸多方面的优势，对区域内的资源、资金、人才、信息、产业具有更强的吸引力，促使区域内的这些生产要素向中心经济城市聚集。由于中心城市经济效益高，就业机会多，产业和服务多元化，收入和消费多元化，城市居民的收入水平和生活质量不断提高，对区域内其他城市的高端要素产生了巨大吸引力。极化效应使经济中心城市的生产率不断提高，经济能够保持快速增长，这些又进一步强化了经济中心城市作为区域增长极的地位。

中心城市的扩散作用是指中心城市通过输出各类生产要素向其他地区扩散其经济成果的功能，在实现城市与周边地区共同发展的过程中具有重要作用。中心经济城市的扩散功能主要表现在生产要素的扩散和产业的扩散上。辐射作用是指以中心城市为经济发展的基点，通过其较强的经济、文化、科技、人才等资源优势，带动周边区域经济、文化、教育、科技的发展。城市经济辐射作用的大小是同城市聚集的程度成正比的，城市聚集程度越高，辐射和吸引作用越强，区域经济发展得益越大，反之亦然。中心经济城市将先进的经济观念、生产技术、经营管理方式和生活方式扩散到周边地区，不仅可以提高自身的竞争力，而且有利于巩固其在所属区域中的核心地位。其结果是带动区域内城市协同化、一体化发展。

中心城市的创新功能是指中心城市根据经济发展的规律和趋势不断创造新观念、新技术和新制度的能力。美国区域规划专家弗里德曼在其“核心边缘”理论中认为，区域核心区发展与其创新功能有密切关系，核心区存在着对创新的潜在需求，创新增强了核心区的发展能力和活力。区域中心城市的“极化功能”为其“创新功能”的实现提供了条件，人才、科技、资金等资源的聚集都为中心城市营造了创新环境。同时，中心城市的“扩散功能”的发挥对中心城市提出了创新要求，只有中心城市在制度、科技等多领域不断创新才能使中心城市在向都市圈“外围”区域产生“扩散效应”的过程中加强其作为核心区的统治地位。

区域经济中心城市需要和区域内其他城市形成良性互动作用，这样才可以有效形成自身的极化扩散功能，形成自身的辐射带动能力。评价一个区域经济中心城市是否建成的关键指标是这个城市对区域内其他城市经济辐射效应的大小。

二、南通市在“长三角”北翼城市群中辐射效应实证

（一）理论以及数据分析

1. 理论介绍

康弗斯于 1949 年提出了断裂点理论和计算方法，他将两个城市之间影响力的平衡点定位为断裂点，断裂点计算公式为：

$$d_i = \frac{D_{ij}}{1 + \sqrt{\frac{P_j}{P_i}}} \quad 或 \quad d_j = \frac{D_{ij}}{1 + \sqrt{\frac{P_i}{P_j}}} \tag{1}$$

其中，d_i、d_j 分别是断裂点到两个城市之间的距离，D_{ij}表示两个城市差距，P_i、P_j 代表了两个城市的相关指标。在本文中，将应用综合评价法得到的城市综合发展能力评价系统以及子系统的得分，进而考察南通这一区域中心城市在各个方面影响周边城市的断裂点位置，将这些中心点连接就可以观察南通这一区域中心城市辐射范围的大小。中心城市距离断裂点的距离越远，说明辐射强度就越大，反之辐射强度就越小。

在实际计算中，我们发现综合评价中因子得分可能为负数，还可能由于单位无法统一导致指标之间无法比较，因此需要运用正则化法进行标准化变换，正则化公式如下：

$$c_i = \frac{P_{ij} - \min(p_{ij})}{\max(p_{ij}) - \min(p_{ij})} \tag{2}$$

P_{ij}是第 i 个城市的第 j 个因子上的得分，min 和 max 分别表示最小值和最大值，这样每个指标都处于 0 ~ 1 之间。因此我们得到一般化的公式：

$$d_i = \frac{D_{ij}}{1 + \sqrt{\frac{c_j}{c_i}}} \quad 或 \quad d_j = \frac{D_{ij}}{1 + \sqrt{\frac{c_i}{c_j}}} \tag{3}$$

2. 城市辐射体系构建

有实际意义的指标因子分析法是通过研究多个指标相关矩阵的内部关联关系，找出控制所有变量的公因子，将每个指标变量表示成公因子的线性组合，以再现原始变量与因子之间的相互关系。因子分析的目的是寻求变量基本结构，简化观察系统，减少变量位数，用少数的变量来解释整个问题。

对于城市圈辐射效应的研究，现有研究给出了不同的指标来刻画。本文将城市的辐射效应定义在经济总量、经济结构与效益、居民生活质量、基础设施、科研教育、对外开放程度等 6 个方面，以此来找出南通城市圈发挥辐射效应的症结。如表 1：

表1　城市辐射效应测度指标体系构建

	子系统	指标
城市辐射效应测度指标体系	经济总量	GDP(亿元) 人均 GDP(元) 社会消费品零售总额(亿元) 地方财政收入(亿元) 工业总产值(亿元) 金融机构年终存款(亿元)
	经济结构与效益	第二产业增加值占 GDP 比重(%) 第三产业增加值占 GDP 比重(%) 规模以上工业总产值贡献率(%) 万元 GDP 能耗(吨/万元)
	居民生活质量	农民人均收入(元) 城镇居民人均可支配收入(元) 城镇恩格尔系数(%) 政府社会保障支出(亿元) 互联网宽带接入用户数(万人) 民用汽车拥有量(辆)
	基础设施	全社会固定投资总额(亿元) 等级公路里程数(千米) 全社会客运量(万人) 邮电业务总量(亿元) 卫生机构床位数(张)
	科研教育	教卫事业费支出(亿元) 高等院校在校生人数(万人) 授权当年累计专利数(项) 高新技术产业总产值(亿元) 高新技术产业增加值(亿元)
	对外开放程度	进出口总额(亿美元) 外商直接投资(亿美元) 国内旅游收入(亿元) 国际旅游收入(万美元)

(二) 南通市在“长三角”北翼城市群的辐射强度测算

本文的所有数据来自于2012年的《江苏省统计年鉴》。由于本文主要考察南通市在“长三角”北翼的辐射效应,因此我们主要选取了“长三角”北翼城市中的南通、泰州、扬州、盐城、淮安、连云港、宿迁这7个城市进行考察（即除了徐州之外的所有苏中、苏北城市）。由于不同指标的波动幅度相差极大，因此本文进行了标准化处理，标准化公式：$Z_i = \frac{X_i - \overline{X_i}}{\delta_i}$。其中$\bar{X}$是均值，$\delta_i$是标准差。同时由于目标指标与主成分指标之间可能是负相关关系，因此我们用$(1 - X_i)$或者$\frac{1}{X_i}$来进行转换，以使得所有指标变成正指标。

在运用断裂点理论计算辐射强度之前，必须先运用因子分析方法分析各个城市在各个指标方面的强度，通过各个指标的强度计算也可以得到南通市在“长三角”北翼城市群中的排名以及位置。

对于各个指标体系因子个数的选取标准是方差累计贡献率超过80%，由此我们仅利用一个公因子就可以相对准确地概括地区各类指标情况。我们先计算系统得分，然后根据系统得分计算指标体系的强度。根据长三角北翼7个城市2012年的发展数据（原始数据均来自统计年鉴，由于数据过多略去不表），计算得到各个指标强度，见表2。

表2 “长三角”北翼城市各类发展指标强度

	经济总量强度	经济结构与效益强度	居民生活质量强度	基础设施强度	科研教育强度	对外开放强度	综合实力强度
南 通 市	1.00	1.00	1.00	1.00	1.00	1.00	1.00
连云港市	0.47	0.67	0.57	0.77	0.32	0.46	0.45
淮 安 市	0.53	0.77	0.65	0.46	0.25	0.31	0.46
盐 城 市	0.69	0.71	0.70	0.31	0.24	0.26	0.60
扬 州 市	0.85	0.98	0.91	0.63	0.61	0.73	0.77
泰 州 市	0.76	0.96	0.86	0.72	0.58	0.63	0.74
宿 迁 市	0.42	0.59	0.51	0.48	0.21	0.16	0.38

上述指标中，由于南通在所有指标中均处于最大值，因此南通的指标强度均为1，这也说明南通最具有建设“长三角”北翼经济中心的条件。下面我们逐一来分析。

(1) 经济总量强度。经济总量强度包括GDP、人均GDP以及社会消费品零售总额、地方财政收入、工业总产值、金融机构存款等指标。从总量强度来看，苏中城市显著优于苏北城市。南通市在经济总量上具有较大的优势。

（2）经济结构与效益强度。从经济结构与效益指标来看，南通市的优势并不是很明显。例如，南通市 2012 年第三产业增加值占 GDP 比重为 40%，而苏中和苏北的其他城市基本都在 38% ~41% 之间。苏中城市的结构和效益均好于苏北城市。

（3）居民生活质量强度。这一指标反映地区居民生活总体情况，包括收入、消费、通讯、交通出行等。由表 2 可见，南通、扬州、泰州的居民生活质量显著高于苏北城市。在苏北城市中盐城的居民生活质量指标排第一位。

（4）在基础设施、科研教育和对外开放强度方面，南通市具有较大的优势。但是考虑到南通市本身在科研教育和对外开放方面距离苏南地区城市还有较大差距，因此可能仅仅凭借这一指标并不足以表明南通市在"长三角"北翼中心的辐射力。

从综合所有指标的综合经济实力来看，南通市在"长三角"北翼地区具有较强的综合实力，主要突出表现在经济总量、基础设施、科研教育和对外开放强度方面，但在经济结构与效益以及居民生活质量强度方面并不具备太多的领先优势。

（三）南通市在"长三角"北翼辐射效应的特征分析

1. 南通市对各个城市辐射强度计算

截至 2012 年，南通市的中心城区面积约为 118 平方千米，按照相关理论，中心城市的辐射范围大约为中心城市城区面积的 20 ~40 倍，但是实际辐射指标可能有所差异。"长三角"北翼其他城市与南通市的距离我们采用百度地图给出的数据，单位为千米。根据公式(3)我们计算了南通对"长三角"北翼其他城市辐射力的断裂点位置，在计算过程中用车辆总班次进行了系数校正，如表 3。断裂点位置距离越大说明南通市在该系统的辐射效应就越大。

表3 “长三角”北翼城市群中南通市辐射断裂点的位置

	距离（千米）	车辆班次	经济总量	经济结构与效益	居民生活质量	基础设施	科研教育	对外开放	综合影响
连云港市	360.5	4	7.43	4.19	6.31	8.53	3.54	5.13	4.98
淮安市	303.1	7	17.78	9.25	15.02	10.54	5.83	29.26	10.74
盐城市	187.8	16	60.49	28.58	59.53	26.78	20.35	32.02	51.12
扬州市	169.3	23	133.14	56.09	124.12	81.51	69.94	98.60	91.39
泰州市	126.9	15	113.48	50.22	101.85	85.11	57.16	74.56	75.57
宿迁市	393.2	3	4.50	3.22	3.86	3.64	1.61	3.19	2.90

从横向角度来看，受南通市影响最大的仍然是扬州和泰州，说明苏中地区最具条件率先实现一体化发展。南通对扬州和泰州首先是经济总量的影响，其次是居民生活质量的影响。从纵向角度来看，南通市对“长三角”北翼经济城市群辐射最大的是经济总量，其次是居民生活质量，在经济结构与效益、对外开放以及科研教育方面的辐射力仍然偏弱。

2. 南通市对各个城市辐射影响特征分析

上面讨论了南通市对“长三角”北翼城市群在各个系统上的辐射强度，但是对于南通市各个方面的辐射范围的显示并不十分直观。下面用雷达图来直观表示。

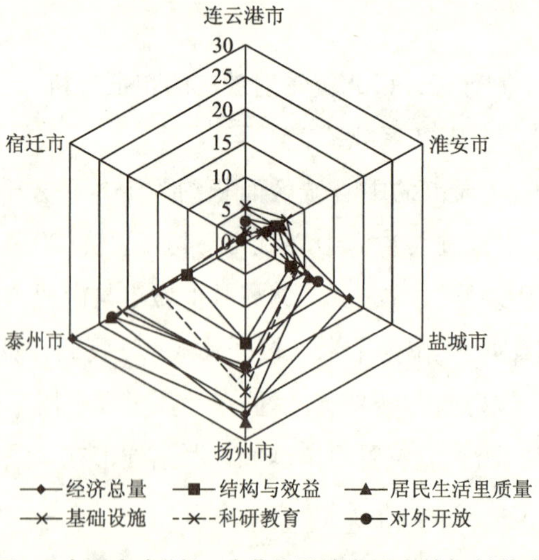

图1 南通市在“长三角”北翼城市群中的辐射效应

由图 1 可以看出,南通市的各个指标的辐射能力都不是很强,远远小于我国其他中心城市在区域内的辐射力(例如,研究表明,上海对周边城市的辐射力系数大多超过了 50%)。南通市辐射力影响最大的城市是泰州、扬州,对宿迁、连云港和盐城的影响非常微弱。从南通市对北翼城市群的辐射着力点来看,第一层辐射范围最大的是经济总量和居民生活质量辐射。南通市在经济总量上遥遥领先于"长三角"北翼其他城市,在居民生活质量上也有一定的优势。但是如何利用总量优势和生活质量优势来发挥辐射力,则需要结构和质量上的改进。第二层是基础设施、科研教育和对外开放三个方面的辐射。在经济综合实力的基础上,南通市近年在基础设施和科研教育建设上大幅度投入,这两方面的辐射力会越来越凸显。第三层是经济结构与效益。这表明南通市经济发展的结构和效益不足是南通市发挥辐射力的最大障碍。

三、结论与政策建议

本文研究表明,从"长三角"北翼城市群整体来看,南通与扬州和泰州的发展关系最为密切,说明苏中地区最具条件率先实现协同和一体化的发展。从影响因素来看,要提高南通在"长三角"北翼的辐射效应,最为薄弱的环节是南通的经济结构与效益,其次需要提升的是基础设施、科研教育和对外开放三个方面的水平。

以经济结构与效益来提升辐射力,一方面需要南通从自身的区位和发展特征出发,以高效透明的制度环境为基础,优化经济结构,大力提升城市服务业体系,另一方面是需要在高端化和差异化的先进制造业方面下功夫,全力打造"长三角"北翼的产业高地。结构差异化、价值链高度化的产业体系是经济中心城市实现辐射力的最重要经济基础。对应的路径措施如下:

第一,打造开放透明高效的制度环境和服务环境。要具有区域经济中心城市的辐射带动效应,南通自身的城市环境、制度环境、市场环境必须要对产业、资金、人才等形成吸引力,否则将成为"过路财神"。一是要有稳定的基础制度,包括公平的市场竞争制度、政府依法行政制度、产权和债权交易制度等；二是要有规范透明一致的管理制度，包括税收制度、监管制度和法律制度等；三是要有严格的行业自律制度，包括诚信制度和协调制度等；四是要营造企业和个人能够享有较多生存和发展机会的环境；五是要有宽松包容的创新环境，为企业与个人施展才能、标新立异和发明创造提供空间；六是要有公开透明、进出方便的市场准入环境；七是要有办事高效、政策稳定的政府服务环境。

第二，构建高端化、现代化的特色制造业体系。一是要建成具有国际竞争力的主导产业体系。利用上海自贸区带来的产业国际化深入的契机，全力建设世界级重大成套和技术装备制造产业基地；大力提升现有主导产业——船舶及重装备、电力能源及装备、电子信息、化工、纺织服装、轻工食品的高端化发展，优化制造结构，放大竞争优势，实现大型化、高端化、全能化、特色化、低碳化等竞争优势。二是要加快优势新兴产业——海洋工程、新能源、新材料、生物和新医药、智能装备、节能环保等集聚化发展。以提升竞争力和产业附加值为核心，促进信息产业高端化、优势化发展。在部分优势产业改造中，重点是国家级船舶海工产业和国家级绿色新能源产业的高端化升级改造。三是要加速临港产业集聚。临港产业的规模化聚集包括四个方面的工作：① 通过调整空间布局，促进集聚发展，逐步形成沿江海装产业带、沿海海装产业带、内河海装产业带三大区域。② 创新修造模式，提高产业效能。大力推进总装化造船、精细化造船、模块化造船，推行分段造船、分道造船、集成造船和敏捷造船模式，发展单元组装、预舾装和模块化技术，促使造船周期和生产效率接近或达到国际先进水平。③ 打造"长三角"北翼海装（船舶）研发、设计、交易、信息、服务中心。

第三，建设聚集度高、覆盖面广的特色服务体系。一是要建设区域性物流中心，目标是成为江苏省重要物流枢纽城市和江海联运枢纽、"长三角"地区重要的区域性物流中心。包括：① 加快现代物流基地建设，推动物流产业集聚化、规模化发展。利用交通设施、优势产业、市场，采用专业公司的建设模式，加快物流园区、物流中心和物流服务站及其配套项目建设，努力构建物流产业链。② 培育一批现代物流企业。通过"引进一批、整合一批、剥离一批、提升一批”，培育物流龙头企业，重点扶持第三方、第四方物流企业。③ 加快物流智能化建设。建设完善公共物流信息平台，推进物流园区和企业的机械化、信息化、智能化。二是要培育和发展各类大宗商品贸易市场，目标是成为江苏周边省市及国内其他地区的物资交换中心、长江中下游地区国际物流的重要交易中心。包括：① 努力发展区域性和全国性的大宗商品批发市场。要依托先进制造业的坚实基础和对原材料的需求，培育和发展一批具有重大标识性和影响力的生产资料市场和大宗商品市场。重点培育南通石油及化工产品交易中心。积极探索建立以钢材市场为核心的原材料市场、棉花仓储中心和交易中心、进口矿石资源配置中心等生产资料市场的可能性。要大力发展具体如以船舶海工为主的大型商品市场、以太阳能和风能设备为主的新能源装备市场、以纺织品为主的大宗消费市场等市场。② 努力建设各类金融市场。要围绕南通市制造业集聚和民营经济规模庞大的特点，重点发展符合自身特征的、具有服务性质的准金融市场，服务内容主要包括咨询、会计、审计、法律和信息服务等。③ 努力培育和建设农业生产资料市场。苏中、苏北地区是上海和苏南地区重要的农副产品供应基地，南通要从促进农业现代化和提高农业经营效益出发，努力培育和建设农业机械、化肥和种子等区域性农业生产资源市场。

南通大学江苏沿海沿江发展研究院　陈长江

（本研究报告为江苏沿海沿江发展研究院 2013 年委托课题《“长三角”北翼城市圈辐射效应研究——基于南通市“长三角”北翼经济中心战略的探讨》研究成果）

“长三角”生产性服务业与制造业集聚水平的测度与比较

“长三角”生产性服务业和制造业的集聚趋势基本保持一致，且两者之间有相互促进作用，但也存在时间滞后现象。“长三角”区域内形成了上海以金融保险等生产性服务业为主、江苏以科技相关服务业为主并向周边地区辐射的集聚态势。提高“长三角”产业集聚水平应该进一步强化政府管理、协调相关产业关系和发挥生产性服务业行业协会的引领作用。

一、引　言

改革开放以来，凭借独特的地理优势和成熟的工商业基础，长江三角洲地区（以下简称“长三角”）已成为我国经济发展最具活力的地区之一，其生产性服务业和制造业的发展水平也相对较高。进入21世纪，该地区制造业与服务业均呈现出一定的集聚和辐射态势。但近年来随着经济增长方式的转变和经济全球化进程的推进，该地区也面临着较大的产业转型与升级压力，一些占主导地位的劳动密集型制造业的优势正逐渐消失，一些传统产业空间集聚过度并呈现出生产要素的拥挤效应。国内外相关研究都表明，生产性服务业和制造业之间除了存在因果关系，还存在互动关系，生产性服务业的发展在很大程度上依赖于制造业这个服务对象，而制造业的整体水平和产品性能的提升又依赖于生产性服务业的附加和生产性服务业的整合。基于此，本文立足于“长三角”产业演进的一般规律，对该地区生产性服务业和制造业的集聚水平和演进态势进行细分行业与地区的深入比较分析，相关结论可为该地区制定切实有效的产业协同发展与转型升级政策提供经验参考与决策依据。

二、文献综述

生产性服务业与制造业的互动发展将是中国产业转型升级的最理想状态，也是学者们长期和广泛关注的焦点议题。关于生产性服务业与制造业关系的代表性观点有：① 制造业需求主导论（Francois，1990；Klodt，2000；Guerrieri& Meliciani，2003；刘培林和宋湛，2006）；② 生产性服务业供给主导论（Daniels，1986；Eswaran & Kotwal，2001；江小涓和李辉，2004）；③ 互动融合论（Park & Chan，1989；Grubel & Walker，1993；Lundvall & Borras，1998；Guerrieri，2005；Preisssl，2007；周振华，2003；顾乃华，2006）。目前的研究已摆脱对两者“主导关系”的争论，生产性服务业与制造业的互动融合发展格局已得到学者们的广泛认同。国内外的学者主要基于分工深化、交易成本、产业集聚和价值链的视角对两者的互动（产业关联与效率影响）展开了大量的实证研究（Markusen，1989；Coffey & Bailly，1990；程大中，2006；顾乃华，2010；冯泰文等，2010）。

生产性服务业与制造业集聚及其协同发展问题近几年来受到越来越多实践者和研究者的关注。Kandampully（2001）经实证研究发现，生产性服务业只有在集聚状态下才能把对制造业的外溢作用更大限度地发挥出来。国内外学者也纷纷设计了生产性服务业与制造业集聚的统计测度指标（体系），并进行了国家、区域层面的实证分析。Ellison 和 Glaeser（1997）对美国制造业产业的地理集聚程度进行了测算。Andersson（2004）将制造业与生产性服务业区位作为彼此集聚函数的自变量，借以考察美国生产性服务业与制造业之间的“协同集聚”效应。高运胜（2010）也指出，我国生产性服务业集聚度和制造业集聚度有较高的同步性，两类产业形成双重集聚的内在原因是生产性服务业与制造业之间的上下游产业关系，而非共享的劳动力市场和知识外溢。陈建军、陈菁菁（2011）以浙江省 69 个城市和地区的产业分布为例,通过建立两方程联立模型,验证了生产性服务业与制造业之间的协同定位关系。黄繁华等(2011)运用G系数和LQ指数对“长三角”生产性服务业的集聚程度进行实证研究,发现目前该地区生产性服务业的集聚水平高于全国平均水平,但在区域内部也表现出一定的行业和空间差异。谢芳(2011)对浙江省生产性服务业的产业关联效应进行了定量分析。分析结果表明,目前浙江生产性服务业的发展并没有对浙江国民经济产生巨大的乘数推动作用,另一方面浙江生产性服务业受其他部门的需求拉动作用也不大。乔均等(2012)以江苏省1997—2007年投入产出表为基础,运用投入产出法研究了江苏省制造业与生产性服务业的发展水平、结构特征及关联程度。

总体来看,国内外对生产性服务业和制造业的关系(基于投入产出)以及集聚程度(基于相关指数)的研究已相当丰富,但上述相关文献大都单纯从静态的角度反映生产性服务业和制造业的关系(产业关联),研究过于笼统和宽泛。而生产性服务业集聚和制造业集聚的相关文献大都关注于集聚的动因、机理及其测度,对两类产业集聚及其演进进行深入比较分析的文献尚不多见,由于产业集聚的“本地市场”效应更明显,因此对于特定经济区域或行业的研究其实践指导意义会更显著。本文以“长三角”(主要是江、浙、沪两省一市)2006—2011年的数据为样本,以区位熵指数为主要研究方法,研究生产性服务业与制造业的集聚水平及其地区差异特征,并从中归纳出空间集聚的演化规律。

三、“长三角”生产性服务业与制造业的发展概况

“长三角”地区有着相对发达的市场系统、廉价的劳动力资源、雄厚的制造业基础等比较优势,因此成为国际制造业向中国转移的重要集聚地之一,发展规模在全国范围内处于遥遥领先的位置。表1给出了2001—2011年间“长三角”地区和全国制造业的总产值,可以看到,“长三角”地区制造业在全国占有很大的比例,达到了25%,2008年略有下降,这是由于全球金融危机使得国际经济不景气,这对外贸依存度比较大的“长三角”地区打击甚

大，但随着全球经济态势的逐渐转好，对“长三角”地区制造业而言，无疑又迎来新的机遇。目前“长三角”地区制造业集聚发展态势强劲：在上海已经初步形成松江、青浦、张江、漕河泾的微电子，嘉定的汽车制造，宝山的精品钢材，金山的石油化工等大规模的产业集群；在浙江，环杭州湾的电子信息，杭州、台州、金华、绍兴的现代医药，绍兴、萧山一带的纺织，宁波、杭州、温州的服装，乐清的电工电器，台州的塑料模具和制品，永康的五金机械，义乌的小商品等标志性产业集群正在崛起；在江苏，正努力形成以苏、锡、常为核心的电子信息，无锡、南通的纺织服装，苏州、南京、徐州、连云港一带的精品机械等产业集群。

表1 “长三角”地区制造业总产值占全国制造业总产值百分比（2001—2011）

年份	2001	2002	2003	2004	2005	2006	2007	2008	2009	2010	2011
百分比	31.26	30.64	20.67	27.51	21.84	25.71	22.49	14.31	27.19	25.99	27.41

通过表2、表3可以看出，近十年来，“长三角”地区生产性服务业有相对较大的增长，而且在地区生产总值中一直占据着重要地位（长期处于16%以上），2008年由于受金融危机影响，服务业产值缩减，集聚程度有所下降，但生产性服务业作为第三产业的一个重要组成部分，并为制造业的发展提供相应的服务，仍将是今后不断发展的重点领域。而且，随着“长三角”服务业一体化进程不断加快，江、浙、沪三地在服务业方面的联系也不断加强，金融、物流、旅游等一体化的平台加速形成，生产性服务业产业间（内）联动与协同集聚趋势较为明显。但生产性服务业的增幅与制造业相比还有一定的差距，可能由于“长三角”地区各地方政府片面强调生产性服务业的发展，在第二产业，尤其是制造业没有得到充分发展的情况下，生产性服务业无法突破其发展瓶颈的制约。而且在有些领域，两类产业的有效互动与协同集聚明显不够，甚至出现彼此间资源争夺的效应。

表2 “长三角”地区生产性服务业总产值占全国生产性服务业总产值百分比（2000—2010）

年份	2001	2002	2003	2004	2005	2006	2007	2008	2009	2010	2011
百分比	20.53	20.48	19.05	18.46	18.38	17.97	18.25	11.87	15.12	19.78	20.72

表3 "长三角"地区制造业与生产性服务业固定资产投资额(2003—2010)

单位:亿元

年份	2004	2005	2006	2007	2008	2009	2010	2011
制造业	4313.72	5529.00	6784.16	8060.84	9162.39	12846.16	14060.21	16725.30
生产性服务业	1465.46	1784.12	2169.08	2271.01	2684.20	2870.32	2988.57	3149.21

资料来源:相关年度《江苏统计年鉴》《上海统计年鉴》《浙江统计年鉴》。

四、生产性服务业集聚与制造业集聚度的比较

(一)测度方法的选取

产业集聚水平一般通过产业集聚度来表示,有多种测量方法,主要有区位熵指数(LQ)、赫芬达尔指数(H)、空间基尼系数(G)、地理集中指数(E-G)等。由于产业集聚具有多重均衡和不稳定特征,因而对其集聚水平的测度也是一项复杂的工作。通过比较,本文选用区位熵指数对"长三角"生产性服务业与制造业集聚水平进行测度。主要原因是区位熵指数可以测度各个区域的生产性服务业的集聚程度,从而可以从区域层面来了解生产性服务业的集聚特征。

区位熵指数是由哈盖特(Haggett)于1996年首先提出的,它用于衡量某一地区要素的空间分布以及反映某一产业部门的专业化程度。指数越高,表明产业集聚程度越高,反之,则越低。其计算公式是:

$$LQ_{ij}(t)=\frac{X_{ij}(t)}{Y_i(t)} \tag{1}$$

在公式(1)中,$LQ_{ij}(t)$表示t时期i地区j行业的区位熵指数,$X_{ij}(t)$代表t时期i地区j产业的产值(或就业人数)占j产业全国产值(或就业人数)的比例,$Y_i(t)$代表t时期i地区总产值(或就业人数)占全国总产值(就业)的比例。若$LQ_{ij}(t)$大于1,则表示行业j在i地区相对集中。本质上讲,该指标代表了某地区某种产业的相对比较优势,当两个地区经济总量占全国的比重大致相同时,区位熵越高的表示这种产业更有优势,集聚程度更高。但这个指标在全国经济地位差异较大时会失效,本文不存在这种情况。

(二) 样本数据及计算说明

根据2002年国家统计局对生产性服务业的界定,本文选择了服务业中的交通运输、仓储和邮政业(F),信息传输、计算机服务和软件业(G),批发和零售业(H),金融业(J),租赁和商业服务业(L),科学研究、技术服务和地质勘查业(M)以及制造业分地区单位从业人员数、各地区生产总值等相关指标。本文的基础数据均来源于历年的《中国统计年鉴》《江苏统计年鉴》《上海统计年鉴》和《浙江统计年鉴》。根据区位熵指数的计算公式,分别计算出2006—2011年间江苏省、上海市和浙江省生产性服务业中相关行业与制造业的区位熵指数,计算结果描述如下。

1. 江苏省生产性服务业和制造业区位熵计算结果和分析

表4 江苏省生产性服务业细分行业和制造业的区位熵

行业	2006年	2007年	2008年	2009年	2010年	2011年
交通运输、仓储和邮政业	0.975	0.920	0.890	0.879	0.844	0.845
信息传输、计算机服务和软件业	0.906	0.848	0.798	0.789	0.732	0.800
批发和零售业	0.963	0.913	0.898	0.914	0.927	0.926
金融业	1.121	1.075	1.032	1.031	1.033	0.978
租赁和商业服务业	0.755	0.648	0.609	0.690	0.690	0.661
科学研究、技术服务和地质勘查业	0.733	0.674	0.647	0.630	0.627	0.637
制造业	1.080	1.090	1.089	1.095	1.090	1.096

(1) 就区位熵指数本身来看:生产性服务业中各行业的区位熵指数值波动较为平稳,制造业的区位熵指数值在2006—2011年间最大和最小值相差不大,最高1.096,最低1.080。生产性服务业中交通运输、仓储和邮政业,信息传输、计算机服务和软件业,批发和零售业,租赁和商业服务业,科学研究、技术服务和地质勘查业的区位熵指数在2006—2011年间都未高于1,说明这5个生产性服务行业的聚集程度低于全国水平,专业化程度不高。而金融业的区位熵指数只有在2011年时小于1,相对其他5个生产性服务业,金融业在江苏的聚集水平要高一些。交通运输、仓储和邮政业,信息传输、计算机服务和软件业,批发和零售业,金融业,租赁和商业服务业,科学

研究、技术服务和地质勘查业区位熵指数在2006年达到最大值，分别为0.975、0.906、0.963、1.121、0.755、0.733。而在2006年时，制造业的区位熵指数达到最低，为1.080。制造业和生产性服务业的聚集程度极大和极小值呈相反状态。

图1　江苏省生产性服务业和制造业的区位熵折线图

(2) 就区位熵指数的总体变动趋势来看：制造业的区位熵指数时而增大，时而减少，周期为一年，但总体指数大小波动不是很大，且总体呈上升趋势。而生产性服务业的聚集度趋势总体上是下降的。在2007年、2008年、2010年和2011年都存在制造业聚集度上升，生产性服务业聚集度下降的情况，可见两者存在相互促进关系，但其间有一定的时间间隔。生产性服务业中的交通运输、仓储和邮政业，信息传输、计算机服务和软件业，科学研究、技术服务和地质勘查业的区位熵指数趋势呈先减后增型趋势，其中信息传输、计算机服务和软件业最为明显。而批发和零售业、金融业、租赁和商业服务业则是呈波浪形。总体上，生产性服务业的集聚度高于制造业的集聚度。

(3) 图1显示，在2008—2010年间，生产性服务业和制造业的集聚度变动趋势相吻合。但其中有两个比较特殊的时间点，分别为2007年和2011年，在这两个时间点，都是制造业集聚度上升，而生产性服务业集聚度下降。在2007年的时候，我们可以从表1看出其列出的6个生产性服务业的集聚度均下降，因为这6个行业是市场份额所占比例较大的行业，故整个生产性服务业的集聚度也下降了（主要原因在于“十五”规划在2005年刚刚完成，江苏着力于制造业建设，服务业建设相对放松，集聚度下降）。而在2011年生产性服务业没有随着制造业的集聚而集聚的原因在于2008年金融危机的爆发，江苏省政府着力发展实体经济，而金融危机的爆发导致了居民对待消费更谨慎，生产性服务业市场不景气，集聚度下降。

2. 上海生产性服务业和制造业区位熵计算结果和分析

表5　上海生产性服务业和制造业的区位熵

行业	2006年	2007年	2008年	2009年	2010年	2011年
交通运输、仓储和邮政业	1.829	1.851	1.739	1.752	1.831	1.911
信息传输、计算机服务和软件业	1.105	1.122	1.134	1.135	1.220	1.198
批发和零售业	1.535	1.503	1.473	1.514	1.591	1.639
金融业	1.505	1.640	1.621	1.602	1.577	1.668
租赁和商业服务业	2.334	2.560	2.371	2.153	2.021	1.993
科学研究、技术服务和地质勘查业	1.984	2.109	2.098	2.276	2.501	2.637
制造业	1.099	1.106	1.103	1.087	1.075	1.083

（1）就区位熵指数本身来看：生产性服务业中各行业的区位熵指数值波动较大，制造业的区位熵指数值在2006—2011年间基本保持不变，最高1.106，最低1.075（见表5）。生产性服务业中的交通运输、仓储和邮政业，信息传输、计算机服务和软件业，批发和零售业，金融业，租赁和商业服务业，科学研究、技术服务和地质勘查业的区位熵指数在2006—2011年间都大于1，说明这6个生产性服务行业的聚集程度高于全国水平，专业化程度相对较高。生产性服务业中交通运输、仓储和邮政业，批发和零售业，金融业，科学研究、技术服务和地质勘查业区位熵指数在2011年达到最大值，分别为1.911、1.639、1.668、2.637。信息传输、计算机服务和软件业以及租赁和商业服务业的区位熵最大值分别在2010和2007年，分别为1.220和2.560。交通运输、仓储和邮政业以及批发和零售业区位熵最小值在2008年，分别为1.739和1.473。信息传输、计算机服务和软件业，金融业，科学研究、技术服务和地质勘查业区位熵最小值在2006年，分别为1.105、1.505

和1.984。而制造业区位熵最大、最小值则分别在2007年和2010年，可见，制造业集聚对于生产性服务业集聚的影响有一个时间上的滞后效应，制造业和生产性服务业集聚程度的变化并不在同一个时间点。

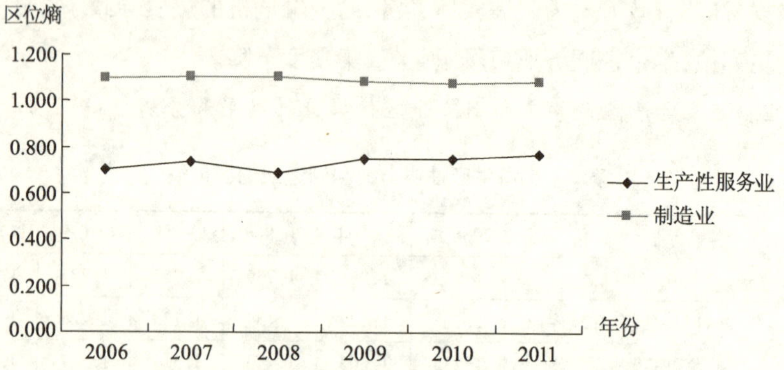

图2　上海生产性服务业和制造业的区位熵折线图

（2）就区位熵指数的总体变动趋势来看：由图2可知，制造业的区位熵指数总体波动不是很大。由表4可知，生产性服务业中的交通运输、仓储和邮政业，金融业，科学研究、技术服务和地质勘查业的区位熵指数也是先呈U型，再呈倒U型，其中科学研究、技术服务和地质勘查业最为明显。信息传输、计算机服务和软件业，租赁和商业服务业则呈倒U型，租赁和商业服务业总体呈下降趋势。批发和零售业呈U型。图2表明，制造业区位熵指数大于1，制造业发展专业化程度高，集聚程度高，相反，生产性服务业集聚程度低。制造业集聚程度总体上高于生产性服务业集聚程度，制造业和生产性服务业的集聚发展趋势大体上吻合，说明上海市生产性服务业随着制造业的集聚而集聚。而且在图2中，上海市的生产性服务业集聚和制造业集聚之间的促进作用的产生时间要比江苏省长，2007—2011年生产性服务业集聚度总体上升，这一循环累积作用使得2011年制造业的集聚度得以提升。

3. 浙江省生产性服务业和制造业区位熵计算结果和分析

（1）就区位熵指数本身来看：生产性服务业中各行业的区位熵指数值波动较为平稳，制造业的区位熵指数值在2006—2011年间最大、最小值相差不大,最高1.069,最低1.056(见表6)。生产性服务业中的交通运输、仓储和邮政业,批发和零售业,科学研究、技术服务和地质勘查业的区位熵指数都呈一个先减后增的趋势,最低分别达到0.580、0.747和0.595。而金融业则是连续五年呈下降趋势,说明浙江省金融业市场不景气,尤其是在2008年金融危机之后,金融业的区位熵指数为1以下,集聚程度大大降低。

表6 浙江省生产性服务业和制造业的区位熵

行业	2006年	2007年	2008年	2009年	2010年	2011年
交通运输、仓储和邮政业	0.675	0.620	0.593	0.580	0.582	0.590
信息传输、计算机服务和软件业	0.809	0.874	0.865	0.918	0.889	0.890
批发和零售业	0.758	0.755	0.747	0.790	0.833	0.856
金融业	1.141	1.060	1.037	1.004	0.963	0.924
租赁和商业服务业	1.395	1.434	1.240	1.222	1.276	1.238
科学研究技术服务和地质勘查业	0.698	0.684	0.659	0.614	0.595	0.707
制造业	1.056	1.065	1.064	1.069	1.057	1.063

(2) 就区位熵指数的总体变动趋势来看:制造业区位熵指数保持大于1,浙江省制造业专业化水平比较高,总体保持稳定。图3显示,除2008年以外,生产性服务业集聚度与制造业集聚度呈反向增减规律,两者相互促进,存在较短的时间滞后,与江苏情况类似。生产性服务业在2006—2011年间有增有减,但是总体上呈下降趋势。尤其是在2008年金融危机过后,下降趋势更明显。

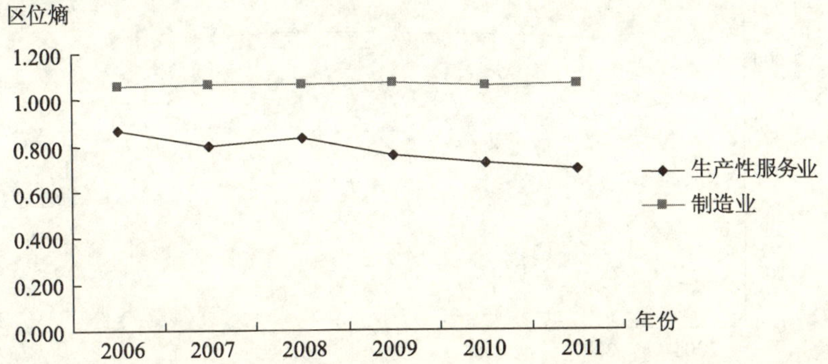

图3 浙江省生产性服务业和制造业的区位熵折线图

4. “长三角”地区生产性服务业和制造业整体集聚度的比较分析

（1）由图4可知，江苏省和浙江省制造业的区位熵指数的变动趋势基本一致，而在2008年之前，上海市制造业的区位熵指数的变动趋势和江苏省、浙江省区位熵指数的变动趋势是一致的，但在2009年之后上海市制造业区位熵指数则是先有一个大幅的下降，再回升。在整体上，江苏省、上海市和浙江省制造业的区位熵指数都大于1，制造业集聚程度在全国属于上游水平，但其中浙江省制造业的区位熵指数最低，制造业集聚程度最低。

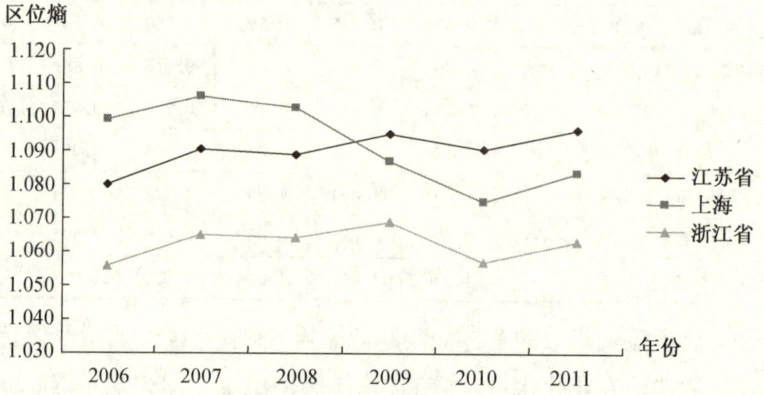

图4 “长三角”地区制造业区位熵比较折线图

（2）由图5可知，除江苏省以外，上海市和浙江省生产性服务业区位熵指数都小于1，生产性服务业聚集程度不是很高。这与普遍观念中的上海是

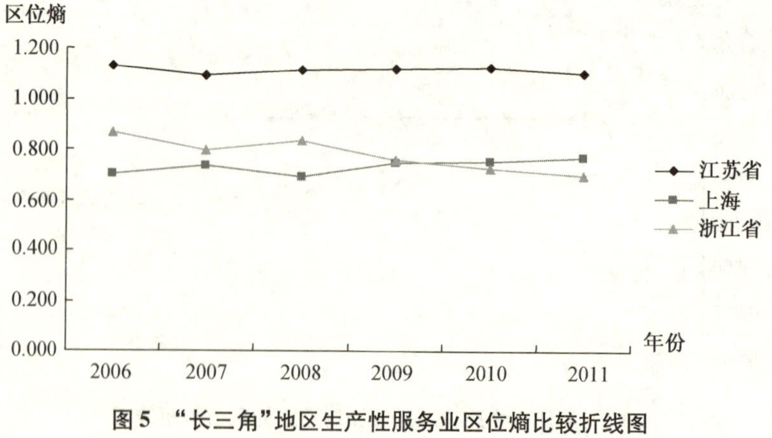

图5 “长三角”地区生产性服务业区位熵比较折线图

服务型大都市，生产性服务业集聚程度应该最高相违背。原因在于近年来上海以“开放型”生产性服务业辐射“长三角”地区，部分制造业在“退二进三”战略下纷纷外迁，而先进高端制造业形成有效集聚还需时日。

五、主要结论及政策建议

（一）主要结论

本文主要利用区位熵指数，具体测度了“长三角”内江、浙、沪三地生产性服务业和制造业的集聚情况，并进行了综合比较，结果表明：

第一，从空间分布上来看，大致上“长三角”制造业集聚与服务业集聚具有区位分布趋同性。这在江苏省、上海市和浙江省三地的实证分析结果中都能看到。当前“长三角”生产性服务业和制造业已经呈现出较明显的集聚现象，且集聚水平高于全国平均水平，其形成原因在于“长三角”自身的经济优势、科研技术优势、区位优势、政策与制度优势等。

第二，从行业比较上来看，“长三角”的交通运输、仓储和邮政业，租赁和商业服务业等生产性服务行业的集聚程度相对较高。原因在于：一是“长三角”为长江中下游平原的一部分，水路航运发达，地势平坦而公路四通八达；二是“长三角”也是中国制造业的主要聚集地，物资繁多，成就了“长三角”更加密集的交通运输网络；三是“长三角”人口众多，地理面积有限，商业贸易发达，加上制造业发达，促进带动了租赁和商业服务的发展和集聚。

第三，“长三角”内江、浙、沪三地各自生产性服务业与制造业的集聚度基本保持平稳（除个别年份以外），且逐渐呈上升趋势。而且“长三角”生产性服务业集聚具有路径依赖的特征，即上一期的集聚会对本期集聚产生正面影响。生产性服务业集聚与制造业集聚之间存在互相促进的作用，而且这个促进作用存在一定的滞后效应。这也恰恰说明，制造业企业应该在已经形成生产性服务业集聚的地方选址，从而享受生产性服务业提供的高度专业化的中间服务，降低成本，获取外部经济效应。

（二）相关政策建议

基于上述结论，笔者提出如下政策建议：

第一，进一步强化政府在财政、金融投资、人才培训、企业资质认证、国际市场开拓、公共信息服务等方面对“长三角”生产性服务业发展的扶持力度，放宽市场准入，努力扩大利用外资规模。要高起点推进“长三角”区域经济一体化进程，加大区域内有利于生产性服务业与制造业良性互动的相关微观要素的移动与优化配置力度，尤其是注重上海对江苏和浙江等地产业集聚效应的辐射与扩散，以期从整体上推动生产性服务业的集聚化进程。同时，应加强对教育和科技投入的重视程度，多渠道吸引高层次服务专业人才，形成与生产性服务业体系相适应的人才结构，并提高生产性服务业从业人员的职业素质以及建立人力资源自我积累机制。此外，政府也应着力建设产业互动交流的平台，缩短两者间协同集聚的时滞，提高其协同集聚的效率。

第二，协调相关产业间关系，促进产业协同发展与集聚。加大上海市生产性服务业对江、浙两省制造业的辐射作用，促进整个“长三角”区域的产业协同集聚，实现三方经济发展的共赢。同时应充分发挥行业协会的引领作用。其中一是面向中小企业，为其提供信息咨询、市场调研、专业素质培训、技术支持等多种服务项目；二是加强服务产品标准开发，跟踪服务质量，并调整服务化标准。此外，由于制造业集聚对生产性服务业集聚的形成有重要作用，因此，要鼓励制造业集聚，特别是产业链较长的技术密集型制造业集聚的发展。各级政府可通过制定优惠政策、提供方便完善的软件及硬件设施等措施来鼓励制造业集聚的壮大，进而促进生产性服务业在该地区的有效集聚。此外，要着力解决产业因缺乏技术创新能力、自主知识产权、知名品牌等而产生的被动问题，多层面探索生产性服务业与制造业协同的方式，使生产性服务业集聚能够与制造业集聚保持动态契合。可借鉴发达国家工业化阶段产业互动发展的经验，立足于产业结构与地域结构，积极从典型企业内部、产业链与价值链、空间结构与组织结构等方面来协调相关产业间的共同发展。

南通大学江苏沿海沿江发展研究院　金　飞

［本研究报告为教育部人文社会科学研究青年基金项目“长三角生产性服务业集聚的演化机制与效应测度研究”（项目编号:11YJC630021）、江苏省社科基金项目“江苏沿海地区战略性新兴产业发展问题研究”（项目编号:10EYD027）研究成果］

第二编

南通发展研究

南通创新型城市建设的现状分析、路径选择与对策思考

南通于2006年提出了"建设创新型城市战略"。创新型城市是指自主创新能力强、科技支撑引领作用突出、经济社会可持续发展水平高、区域辐射带动作用显著的城市。打造创新型城市是建设创新型国家的重要基础。2012年,科技部将南通列为国家创新型试点城市,标志着南通创新型城市建设正式纳入国家战略层面。本文拟就具有南通特色的创新型城市建设的现实状况、路径选择与对策措施作一研究,以期为实际工作提供若干有价值的参考意见。

一、南通创新型城市建设的现实状况

(一) 主要进展

1. 创新型城市建设取得若干具有标志性意义的重大突破

2012年,南通被科技部列为国家创新型试点城市,成为苏中首个获此殊荣的城市,标志着南通创新型城市建设正式纳入国家战略布局,进入先行先试的"国家队方阵"。在福布斯2012中国大陆创新能力最强的25个城市排名中,南通比2011年前移2位,列第11位,在全国地级市中上升至第3位。继南通中远船务获2011年度国家科技进步一等奖后,2012年南通大学顾晓松团队的"修复周围神经缺损的新技术及其应用"成果获2012年度国家技术发明二等奖,实现了南通市社会事业类科学技术发明的历史性突破。2013年,科技部调研组在调研南通国家创新型试点城市建设工作时,南通

建设国家创新型试点城市的工作获得了思路清晰、重点明确、举措有力、成效显著的高度评价。

2. 创新驱动上升为区域经济发展战略，创新型城市建设获得顶层设计的有力支撑

南通市委、市政府于2012年3月出台了《关于实施创新驱动战略推进科技创新工程加快建设创新型城市的意见》，进一步明确了创新型城市建设的指导思想、奋斗目标、重点任务和保障措施；南通市政府制定并下发了《南通市创新型城市建设评价指标体系》和《南通市创新型城市建设重点目标任务分解》，将创新型城市建设的各项指标分解落实到各县（市）区和相关部门，并将其作为对各级党政领导工作绩效考核的主要依据。

3. 企业自主创新主体地位稳步提升

近年来南通市在支持企业核心自主知识产权培育、提升研究开发管理水平、提高科技成果转化能力、完善企业技术创新体系等方面提出的各项实质性举措，已经在全面提升企业自主创新能力方面取得了显著成效。南通富士通微电子公司继2010年、2011年获国家重大科技专项经费资助2.4亿元后，2012年又获国家科技经费无偿资助6667.18万元；中天科技海缆有限公司承担的“深海光电复合缆与湿插拔接口技术研发”项目，被确定为国家863计划海洋技术领域海底观测网试验系统重大项目，获专项经费资助1170万元；中天科技成为全省6家新认定的企业研究院之一；等等。企业作为自主创新主体的地位正在稳步提升。

4. 知识产权创造与应用在创新型城市建设中的引导作用进一步彰显

南通已形成版权保护“三审合一”的“南通模式”，成为世界知识产权组织版权保护优秀案例示范点；同时，南通已被确定为国家知识产权保险试点地区（城市）。全市培育了一批知识产权优势企业，顺利通过了国家知识产权示范市建设专家组验收，成为全国第一家按新标准通过验收的城市。2013年，国家知识产权局批准建立中国南通（家纺）知识产权快速维权中心，该中心成为全国第二家快速维权中心。此外，南通还积极搭建实施知识产权战略省市共建工作平台，签订了省市共建协议，引导知识产权资源向南

通集聚。全市专利产出能力持续增长,2012 年专利申请量为 49924 件,专利授权量为 36247 件,均列全省第 3 位,其中发明专利申请量为 9254 件,授权量为 700 件,同比增长 38%,万人有效发明专利达到 2.65 件。知识产权创造与保护已成为全市创新型城市建设的重要引导力量。

5. 孵化园区和载体建设持续扎实推进

2010 年以来,南通先后制定出台了《南通市科技企业孵化器认定管理办法》《关于运用财政杠杆加快推进市区科技园区建设的意见》《关于促进企业工程技术研究中心建设的意见》和《南通市政府投资科研院所管理办法》等,着力增强创新要素集聚功能,全力构筑创新资源集聚高地。南通高新区已进入国务院审批程序,如皋、海安已成功创建省级高新区,新增高新区数量全省第一。同时,全市新增省级科技产业园 4 家,新增国家级科技孵化器 1 家、省级科技孵化器 3 家;全市科技孵化器已达 64 家,孵化面积为 273 万平方米,其中国家级 7 家、省级 20 家,省级以上孵化器数量已居全省第 4 位。

6. 高新技术产业和战略性新兴产业快速发展

2011 年,全市规模以上工业高新技术产业产值首次突破 3000 亿元大关,达到 3199.2 亿元,居全省第 4 位;高新技术产业产值占规模以上工业的比重达到 36.7%,与 2010 年相比,提高了 4.3 个百分点。2012 年,按江苏省新的高新技术产业分类统计,南通市高新技术产业产值达到 3822 亿元,继续列全省第 4 位,占规模以上工业产值的比重上升至 38.5%。高新技术产业与战略性新兴产业呈现出持续强劲发展的态势。

7. 创新型企业建设取得突破,企业创新平台建设成效显著

2012 年南通中远船务、中天科技双双被确定为国家创新型企业,实现全市国家级创新型企业零的突破;全市有 11 家企业入选省首批创新型领军企业培育库,在全省位列第 4;全年新认定高科技企业 166 家,新增数超过前 4 年总和的 2/3;全市大中型工业企业研发机构建设覆盖率已达 86%,比全省平均水平高出 11 个百分点;新增企业院士工作站 4 家,连续两年新增数全省第一;新增省级工程技术研究中心 31 家,在全省建设期满的省级工程

技术研究中心运行绩效考评中南通有7家被评为“优秀”,列全省第2位。

8. 进一步建立健全了全市R&D监测和公布体系

近年来,南通在市级层面制定出台了《关于加快提升我市全社会研发投入工作的意见》和《南通市全社会研发投入统计工作考核评比办法》,扎实推进R&D动态监测,每季度发布一期动态监测数据。积极开展大中型企业研发投入统计工作培训,推动规模以上企业普遍建立科技项目统计台账;开展科技统计先进集体、先进个人表彰奖励,引导县(市)区科技部门在企业建立统计工作奖励、补贴制度,提高工作人员的积极性;将企业科技政策扶持与科技统计工作密切联系起来,提高统计在科技创新工作中的地位。2011年全社会R&D投入占GDP比重2.1%,2012年R&D投入首次突破100亿元,占GDP比重提高至2.2%,呈现出稳步上升态势。

9. 科技资源配置社会化机制不断完善

2012年全市近8亿元的财政科技发展资金投入撬动了超过100亿元的全社会研发投入,较上年增长16.14%,增幅连续3年位居全省第一,科技资源配置社会化水平持续快速提升。一是企业的科技资源配置功能显著增强。2011年,全市企业落实研发费用加计抵扣和高新技术企业减免9亿多元。二是积极争取省及国家科技项目的财政投入及税收减免。2012年全市高新系统共有209个项目争取国家、省级科技经费资助1.32亿元。三是科技金融扶持成为促进科技资源配置社会化的重要手段。南通市被认定为省首批科技金融合作创新示范区,为全市科技型企业和科技创新创业项目开辟了融资“绿色通道”,有效改善了创新型企业融资环境。四是加强国际科技合作,着力吸引国外研发资源。南通市累计已有8家江苏省外资研发机构,在有效吸引国外研发资源方面扎扎实实地迈出了一大步。

(二)基本特征

第一,更加注重突出企业知识产权主体地位。在创新型城市建设中,南通率先将知识产权指标纳入全市经济和社会发展目标考核体系,市本级知识产权专项资助经费实际支出逐年大幅度递增:2009年为514.6万元,2010年为1097.9万元,2011年则增加到1993.9万元。2012年4月,南通被国家知识产权局批准为首批国家知识产权示范城市。2012 年全市专利申请量、专利授权量均已跻身全省前三强。现在全市高新技术企业和知识产权示范企业中，超过六成的企业拥有发明专利，超过七成的企业拥有实用新型专利，半数企业拥有商标，三成以上的企业拥有商业秘密，专利成果实施转化率超过 90%，企业的知识产权主体地位日益凸显。

第二，更加注重人才引进的政策创新。近年来，南通全面加强人才工作，坚持走人才强市之路。南通市委、市政府出台了“江海英才计划”和“科技领军人才创业计划”，全市共有 46 人入选省“创新创业人才引进计划”，其中 5 人入选国家“千人计划”。2011 年南通有 18 人(团队)获省高层次创新创业人才计划资助，14 人获省“企业博士集聚”计划资助，有 1 个团队成功入围“江苏省科技创新团队”。近五年来，南通共引进、培养各类高层次人才 16000 多名，31 人获市区引进工程技术关键人才资助，入选国家、省人才引进计划数位居全省前列。

第三，更加注重夯实创新型城市建设的县市级基础。县(市)区是创新型城市建设的重要基础。南通在建设创新型城市的过程中一直注意有效发挥县(市)区一级的积极性、主动性与创造性，在战略谋划、政策驱动、资金引导、人才扶持等多个方面有意识地通过向县(市)区倾斜来提高其创新型城市建设的实效，近年来更是不断加大了这方面的工作力度，着力夯实创新型城市建设的县(市)区基础，使县(市)区的有力支撑作用进一步凸显。2009 年，在全国科技进步考核中南通市及 8 个县(市)区一举捧回 7 块全国科技进步先进市(县、区)奖牌，获奖数和获奖率均居全省第一、全国前列。2012 年，继海门市之后，海安县和启东市又双双荣获“全国科技进步示范县(市)”称号，在全省当年获此殊荣的 5 县(市)中南通独占 2 家。南通市各县(市)区在全国科技进步考核中连续 5 次全部通过考核。县(市)区工作成效的提升有力地支撑了全市创新型城市的建设，成为其无可替代的稳固基础。

第四，更加注重优化知识产权实质应用的政策环境。南通市知识产权局会同市财政局、中国人民银行南通市中心支行和南通市银监分局制定了

《南通市专利权质押融资管理办法(试行)》,标志着全市专利应用能力促进提升的政策操作取得了历史性的突破。自2011年起,通州区进行了专利质押试点。2012年全市88家企业申请办理了专利质押融资(其中发明专利27个,实用新型专利285个),从而标志着全市在知识产权实质应用方面迈出了坚实的步伐。

第五,更加注重探索创新型城市建设的新形式。目前南通市政府与清华科技园合作建设的南通创源科技园项目正在有序推进,项目规划建筑面积约12.2万平方米,将建设创新中心、企业孵化器、科技园、综合配套设施等,项目建成后,将为南通引入500个企业和项目,聚集500名高层次人才和超过100个创业团队。2012年,江苏省科技厅组织开展了江苏省第二批江苏省创新型试点乡镇的认定工作,海安、通州已被认定为省创新型试点县(市)区,认定数居全省第一。全市新增省创新型乡镇4家,数量居全省第二。如东县河口镇、启东市汇龙镇、如皋市白蒲镇、海门市正余镇已跻身全省第二批创新型乡镇,至此,全市已拥有5家省级创新型乡镇。

(三)存在问题

一是尚未形成适应区域产业特色及创新体系现状的创新型城市建设路径。

客观地看,目前南通的产业结构与区域创新体系尚存在着诸多不足,具体表现为:产业结构方面,传统制造业占比较高,高新技术产业、现代服务业的发展仍较为滞后;创新体系方面,重大的工业科研院所偏少,大型的专业工业技术研究院所严重缺乏,同时,高校科技创新及科技成果转化能力较低,对地方经济特别是内生型战略性新兴产业的培育源功能薄弱。因此目前还未能在市级层面形成科学而清晰的创新型城市建设的有效路径。

二是创新型城市重点指标水平仍不尽如人意。

目前南通的创新型城市重点指标,尤其是R&D投入占GDP比重、每万人口发明专利拥有量、自主品牌企业增加值占GDP比重等均偏低。而该三项指标系衡量创新型城市创新源泉和创新特质最主要的指标。目前南通R&D投入总量尚处于江苏第二阵营,与常州、扬州、镇江、徐州和泰州在同一层次，与兄弟城市比并无优势。由于目前南通产业结构不尽合理，纺织、服装等劳动密集型产业仍占较大比重，科研机构和大专院校数量偏少，专利产出质量不高，尤其缺乏关键技术、核心技术专利和基础专利，因而南通市每万人口发明专利拥有量明显滞后。2011 年全国（不含港澳台）每万人口发明专利拥有量达到 2.37 件，而南通仅 0.69 件，不及全国平均水平的 1/3。南通虽然有效商标不断增长，但企业自主品牌意识仍不强，同时，高度依赖外向型发展的增长机制导致南通相当一部分企业低端嵌入全球价值链，致使全市在实施品牌战略方面长期滞后，自主品牌企业增加值增长乏力，因而其占 GDP 的比重一直处于后进状态。

三是企业的创新主体地位仍有待强化。

从先进地区的经验看，强化企业的创新主体地位是扎实推进创新型城市建设的关键所在。南通与先进地区比，恰恰在这方面仍存在较大差距。深圳在创新型城市建设方面走在了全国前列，其重要经验之一就是形成了以企业为主体的区域创新体系。深圳在全国已率先达到"4 个 90%"①，成为创新型城市建设的重要基础。在江苏，苏州与无锡的企业创新主体地位近年来日益凸显，两市的工业企业 R&D 经费均已超过百亿元，其中无锡全市工业企业的 R&D 经费投入占 GDP 比重早已超过 1%，位居全省第一。与之相比，南通的差距十分明显，南通的企业创新主体地位还相当不稳固。这对创新型城市建设无疑已构成重大障碍。

四是知识产权应用能力尚需进一步提升。

与专利创造规模相比，南通市知识产权的应用能力仍亟待提升。目前南通企业的知识产权意识还不强，不少企业知识产权管理工作还没有提上议事日程，无专利、无知识产权管理制度、无知识产权管理人员的"三无"企业还大量存在，企业的知识产权管理能力还很弱，能够战略性运用知识产权的企业还很少。2010 年，全市企业专利申请量为 13593 件，占申请总量的比

① 即深圳市以企业为主体的自主创新体系的重要标志：90%以上的研发机构设立在企业，90%以上的研发人员在企业，90%以上的研发资金来自企业，90%以上的职务发明专利出自企业。

重只有37.73%,比苏州81.77%的水平低44.04%,比全省52.04%的平均水平低14.31%,与发达国家企业占比高达90%以上相比,更是存在明显落差。可见,南通的企业还没有真正成为知识产权工作的主体。而这方面的滞后,实质上表明了全市知识产权应用能力的滞后。显然,这对创新型城市的建设是极为不利的。

五是金融环境仍欠宽松,创业投资依旧系短板。

目前南通创业投资总的来看仍发展滞后。尽管全市已先后设立多家科技银行、科技担保公司、科技创业投资公司、小额贷款公司,但贷款金额还相当有限。2011年《关于进一步促进科技金融创新的实施意见》明确指出,在市级层面设立创投引导基金,引导社会资金进入创业投资领域,以阶段参股、跟进投资、风险补助和投资保障等引导方式鼓励创投机构在南通发展,重点扶持本地尚处于种子期和初创期的科技型中小企业,培育壮大新兴产业。但实际操作中资金到位不快,投资效果不明显,对社会创投资金的拉动作用还不大,域外创投机构在南通的投资绝对额也较小。金融环境欠宽松、创业投资短缺,依然是制约南通创新型城市建设的一大瓶颈。

二、南通创新型城市建设的路径选择

(一)战略定位与总体思路

1. 战略定位

“十二五”期间,以应用为导向,以产业高端化、技术自主化、创新体系化、人才国际化、发展集约化为方向,推进全市企业自主创新能力、新型产业培育机制和体制建设能力以及区域创新能力整体提升;以开放型且具有南通特色的区域创新体系完善及应用导向型自主创新机制、体制建设为战略基点,在苏北率先建设创新型城市;实现科技竞争力在苏北领先,主要创新指标达到或接近苏南水平,推动全市向创新驱动型城市形态全面转型与跨越。

中长期内,基本建立起以企业自主创新为主体,以高等院校和科研院所为依托,市场导向、政府引导的开放型区域创新体系与协同创新的自主创新体制、机制;科技发展与自主创新对全市经济社会发展的贡献率整体提升,区域自主创新能力和公众科学素养水平居全省前列，主导产业的技术水平达到或接近国际先进水平；形成产业创新和本土企业创新的双重竞争叠加优势；完善以应用为导向、开放为动力的区域自主创新体系和功能，形成科技发展、自主创新支撑与促进经济发展、社会建设的有效机制与社会氛围。

2. 总体思路

以科学发展观为指导，以持续增强自主创新能力、有效满足经济社会发展与产业转型升级的重大科技需求、牢固支撑和全面引领全市基本实现现代化为总目标，继续实施科教兴市战略与人才强市战略；以自主创新为主线，大幅度提升科技供给能力，充分发挥科技自主创新对经济社会发展的支撑与引领作用；以构建企业为主体、市场为导向，产、学、研相结合的区域创新体系为突破口，推动全市经济社会发展由资源驱动向创新驱动转变，为率先基本实现现代化提供强大动力。

（二）发展目标

南通创新型城市建设的主要目标为：

2015 年，全市全社会研发投入达到 180 亿元以上；高新技术产业产值达到 7800 亿元，占规模以上工业总产值的比重达 45% 以上；研发人员数量达到 7.5 万人；高新技术企业总数达到 600 家，科技企业总数达到 11500 家；发明专利授权量达到 1200 件以上；创业投资规模达到 80 亿元；研发投入占地区生产总值比重达到 2.5%；每万人口发明专利拥有量达 8 件以上；自主品牌企业增加值占 GDP 比重达到 25%，科技进步贡献率达到 60%。

到 2018 年，初步建成创新体系基本健全、创新资源区域聚集、创新效率高、创新辐射面广和引领示范作用强的国家创新型城市。

（三）主要途径

推动高新技术产业双倍增计划向战略性新兴产业双倍增计划转型。在产业关键核心技术、本土创新型企业、本土领军企业、全球价值链高端环节或战略环节、自主创新型战略性新兴产业、现代产业体系建设上取得突破，由高新技术产业双倍增向战略性新兴产业双倍增跃升，力争到 2015 年全市战略性新兴产业产值在 2010 年基础上增长 2 倍。培育一批成长性好、发展潜力大的本土创新型企业、本土领军企业，力争5年内培育省级创新型领军企业12家。

纵深推进知识产权战略，构筑南通创造、南通"智"造新优势。大力推进国家知识产权示范市建设，以培育一批知识产权示范企业和优势企业为重点，实现一批拥有自主知识产权的产业关键技术和核心技术的突破，增强战略性新兴产业、传统产业高端转型的竞争优势，提高产业专利应用能力及发明专利拥有水平，到2015年实现发明专利授权总量翻番，全力构筑南通创造与南通"智"造新优势。

形成产、学、研合作，协同创新，多元化创新资源集聚的实现路径，打造创新资源区域集聚的南通洼地。区域创新系统是由区域内所有影响创新的构件及其相互关系构成的，其中基础性的构件包括企业、研发机构、高等院校等。政府在创新型城市建设中发挥作用的关键是采取合适的产、学、研结合模式，努力探索并促进形成创新资源协调配置的实现路径。大院大所和产业技术研究院建设要重点围绕品牌效应强化转化应用能力，科技成果转化引导基金要向本土企业、本土人才及本土内生型战略性新兴产业重点倾斜，从而大力提升体现产、学、研合作优势的品牌效应、辐射效应和创新资源集聚配置效应的综合竞争力，奋力打造创新资源区域集聚的南通洼地。

建立健全科技创新和创业领军人才引进与培育机制，探索引进与培育、外生推动与内生成长的互动机制。立足重大科技成果的转化和产业化，综合运用招商引才、园区引才、企业引才、以才引才等多种方法，充分发挥高新技术产业园区、大学科技园、科技企业孵化器等创新创业平台优势，鼓励领军人才通过师承关系、同窗关系、同事关系、合作关系等多种途径引进人才；同时，加大科技创新与产业领军人才的培育力度，组织实施若干大力度的创新创业领军人才及团队培育计划，强化项目、平台对人才培育的促进作用，努力探索人才引进与人才培育、外生推动与内生成长互相促进、互为补充的实现机制与途径，为创新型城市建设注入强大活力。

加强创新型城市建设的多重功能开发。根据国内外创新型城市建设的经验，创新型城市建设应有更为广阔的视野，其定位应从科技创新型城市、产业创新型城市、文化创新型城市等多个方面综合性地加以谋划，从建设单一科技创新型城市向创建具有科技、产业、文化等多重创新功能的创新型城市转变。与之相适应,在创新型城市的功能开发及相关政策措施的调整完善方面应及时跟进,切实加强创新型城市多重功能的探索、开发与建设,从而使南通创新型城市的建设提升到更高水平与更高境界。

三、扎实推进南通创新型城市建设的对策措施

(一)优化创新型城市建设的组织领导

建立健全创新型城市建设的组织领导体制与机制。各级党委、政府必须树立大科技、大创新、大发展的理念,将创新型城市建设战略贯穿到各个领域、各项工作之中,实施创新型城市建设"一把手"负责制,使各级"一把手"真正承担起第一责任人的职责,创新创新型城市建设领导体制和工作机制,切实加强对创新型城市建设的领导。除了成立南通市国家创新型城市建设领导小组统筹协调全市创新型城市建设各项工作外,应特别注意发挥创新型城市建设专家委员会的作用,为创新型城市建设提供强有力的智力支持。

增强创新型城市建设的综合协调与引导功能。充分发挥创新型城市建设对未来全市科技发展和自主创新的协调性与引导性作用,加强创新型城市建设与国民经济社会发展规划、六大产业转型升级规划纲要、科技发展规划等的配套衔接,根据部门、行业、区域特点,加强对部门、行业和区域创新发展的协调与引导,从而形成以科技发展和自主创新解决基本实现现代化进程中重大问题的强大合力。

(二)促进体制、机制创新,为创新型城市建设提供制度保障

着力突破制约自主创新发展、创新型城市建设的制度性障碍。要通过扎实有序地推进各项改革,有效破除各种不利于自主创新的樊篱,突破制约创新型城市建设的种种制度性障碍,建立起高效、公平的区域创新体系与自主创新机制,激发创新资源区域集聚配置的活力和效率,推动南通经济社会发展进入创新资源区域集聚配置、高度开放、更加市场化、高效率的内生式区域发展快车道。

充分体现国家创新型城市建设的南通特色。实际工作中,坚持将创新

型城市建设与南通“一中心三城市”建设相结合，与推进“八项工程、八个领先”有机结合，与多个领域自主创新能力提升以及南通特色区域创新体系建设紧密结合。为此，应从区域科技政策、产业政策、教育政策、人才政策等多个方面统筹谋划、综合考虑，抓紧出台相应的政策措施，以形成体制、机制协同创新的新优势。

建立创新型城市建设的评估监督与动态调整机制。建立健全独立与规范的评估和监督机构，定期评估创新型城市建设的实施情况。制定和完善R&D投入、专利结构优化、创新领军人才和优势高新技术产业发展等重点评估指标体系，充分发挥评估指标在创新型城市建设中的导向、监督与调控作用。定期公布评估报告，提高评估监督过程与结果的公开性与透明度。建立技术预测机制和制度，对创新型城市建设实施动态调整。

构建创新型城市自主创新主体交互作用机制。创新型城市建设是一项系统工程，包含着城市系统多种因素的创新，特别是知识创新能力、技术创新能力、制度创新能力和服务创新能力等各因素之间的整合和协同作用。因此，应努力构建各微观创新主体之间的交互作用机制，一方面积极探索建立政府、产业与大学、科研院所的三螺旋创新主体的协同创新机制，另一方面着力构建以市场机制为核心的产、学、研合作机制，通过创新主体的交互作用，形成促进创新型城市建设的强大活力。

打造基于自主创新的内生型战略性新兴产业竞争优势。构筑先进制造业和高端服务业“双轮驱动”新机制，改造提升优势传统产业，提升战略性新兴产业核心竞争力，构建现代产业体系，放大创新型城市建设对产业竞争力提升的正向促进效应。战略性新兴产业的发展，必须以产业共性技术开发，关键技术研发的科技资源共享，产、学、研合作与优势集成为前提条件。努力创造与完善这些条件，是当前创新型城市建设中应高度重视、牢牢把握的关键所在。

（三）着力抓好若干重点工作

充实完善南通创新型城市建设的“1234”框架。借鉴深圳、上海、苏州等先进地区的经验，根据南通创新型城市建设的现实状况及发展目标，当前应抓紧完善富有南通特色的创新型城市建设"1234"框架，即"一个主体、两个体系、三个重点、四个路径"。"一个主体"即培植本土企业为自主创新主体，"两个体系"即富有特色的区域创新体系和产业创新体系，"三个重点"即提升地区特色优势产业综合竞争优势、培育南通本土领军企业、促进创新创业文化主流化，"四个路径"即知识产权创造与应用、本土创新创业人才集聚与培育、临港型战略性新兴产业发展、提升城市的综合创新功能。充实完善"1234"框架，将为全市创新型城市建设提供科学的顶层设计，从而确保其各项基本操作指向更为明确，运行更加有序。

抓紧编制南通国家创新型城市建设规划与推进计划。根据建设国家创新型城市的要求，抓紧编制《国家创新型城市建设规划（2013—2018）》，对南通建设国家创新型城市的基本原则、总体目标、主要任务、重大工程、保障措施等进行重新研究和科学规划，形成促进自主创新和服务自主创新的总体思路、目标体系、任务体系、组织体系和保障体系等。同时研究制订总体规划实施方案，出台国家创新型城市建设推进计划，以营造创新友好环境为突破口，健全创新体系，聚集创新资源，突出效益效率，着眼引领示范，探索区域创新发展模式，力争从完善区域创新体系、支撑产业转型、加快战略性新兴产业集聚、突出企业主体、优化区域创新环境五个方面取得实质性突破，从而为创新型城市建设提供实施蓝图。

营造多元化的科技创新资源集聚配置政策环境与构建广聚创新资源的新机制。城市的自主创新和制度创新水平决定着创新型城市建设的水平。近期这方面的工作主要应包括：一是着力于创新型城市建设的相关政策创新，应参照无锡、苏州等兄弟城市的有关政策措施，出台与实施更加优惠、更具竞争力的扶持政策；二是狠抓创新型城市建设优惠扶持政策的兑现落实，尽快释放政策效应；三是各级政府应充分发挥创新型城市建设的积极性与创造性，结合本地实际，抓紧研究出台落实相关政策意见的具体实施细则与配套办法；四是努力构建政、企、银、外、风多位一体的创新资源集聚配置机制和路径，促进南通成为创新资源的集聚配置洼地和"长三角"自主创新发展的高地。

着力提升城市的综合创新功能，促进城市发展向更高层次转型。一方面，南通创新型城市建设要明确多重功能、综合功能开发的新定位，在产业创新型城市、科技创新型城市和文化创新型城市等方面全面推进创新型城市的综合功能开发。另一方面，要高水平规划南通创新型城市建设，从城市创新功能提升、创新服务供给、基础设施与环境优化等方面优化城市布局，建立城市集约、科学发展的新机制。

充分发挥科技部门在创新型城市建设中的主导作用。当前，各级科技部门要利用创新型城市建设的有利条件，加大宣传和社会动员力度，营造创新型城市建设的良好社会氛围；同时，应围绕重大科技发展战略目标，广泛借鉴和吸收各地科技管理和科技创新的新举措、新经验，将增强自主创新能力作为全市科技发展的战略基点和经济转型升级的中心环节，确立自主创新在全市实施经济社会发展战略中的核心地位，优化全市科技创新资源配置结构，集成全市科技创新资源，精心组织技术联盟与产业协作，对事关全市重点产业、战略性新兴产业、现代化事业和可持续发展的重点领域组织实施科技攻关，充分发挥科技发展与自主创新对全市基本实现现代化的强大支撑与推进作用。

加强对创新型城市建设的跟踪监测与检查督促工作。应尽快建立创新型城市建设的动态跟踪、评价与问责机制。一是要加强相关职能部门的内部监督，强化科技、财政、改革与发展、经贸等相关职能部门推进创新型城市建设的责任心、使命感，提高其积极性与工作力度、工作效率。二是重点对全社会研发投入增长、企业研究与发展投入增长、高新技术产业发展、发明专利数量、创新创业载体建设等进行跟踪监测与检查考核。三是要加大人大、政协的监督力度，建立健全定期检查、汇报与质询制度，完善创新型城市建设的动态控制与刚性约束机制。四是定期公布创新型城市建设的进展与规划执行情况，充分发挥舆论媒体、社会公众对创新型城市建设的监督与促进作用，确保创新型城市建设扎实有序地向前推进。

南通大学江苏沿海沿江发展研究院、商学院　管怀鎏
南通大学商学院　陈昭锋

南通推动出口大市向出口强市转变的对策研究

作为中国沿海14个开放城市之一的南通市，出口贸易发展较早，且相对较快。中国入世后，更是抓住机遇发展，现已发展成江苏出口大市之一，在江苏13个市中位列第五，但尚未成为出口强市。2010年广交会发布的《后危机时代中国外贸发展战略》提出了实现我国外贸由大转强的目标，作为已跻身全国大中城市对外贸易总量25强的南通市，理应承担起建设外贸强国的重任。本报告对南通市出口贸易发展现状与存在问题进行了深入剖析，指出南通市由"出口大市"向"出口强市"转变乃当务之急，并提出了一系列的推进南通由出口大市向出口强市转变的路径，具体包括加快调整出口结构、保持出口可持续发展、支持出口发展基础建设、保证出口安全、加快服务贸易发展、积极实施"走出去"战略并实现进出口基本平衡战略等。

2010年4月，广交会发布了《后危机时代中国外贸发展战略》，该报告提出了分"两步走"实现我国外贸由大转强的目标，即到2020年我国贸易大国地位得到巩固，同时推动贸易强国进程。这标志着中国向世界表明了全球经济步入调整发展新周期中，中国加快转变对外经济发展方式的信心与决心。2011年南通市已跻身全国大中城市对外贸易总量25强，2012年出口总额达到187.86亿美元。整个"十一五"期间，虽受国际金融危机浪潮的冲击，出口略受影响，但整体而言，南通市出口规模不断扩大，出口结构进一步趋于优化。面对不断发展变化的国际、国内环境，适应后危机时代中国外贸发展战略的精神，努力转变出口发展方式，实现南通由“出口大市”向“出口强市”过渡已成为南通市出口发展的必由之路。

一、南通出口贸易现状

改革开放以来，南通经济运行高增稳长，持续向好，综合实力逐年增强，产业结构、区域经济结构、所有制结构不断得到优化，高新产业、现代服务业发展水平也处于全国领先水平。在经济长期看好的大环境下，南通出口贸易也是居高位稳定运行，且不断跃上新的台阶。

（一）出口规模不断扩大，进入出口导向型战略实施阶段

改革开放以来，特别是中国入世以来，作为江苏主要沿海开放城市的南通市外贸获得了迅速的发展。2000年，南通进出口总额为31.56亿美元，其中出口20.35亿美元。2008年出口突破百亿美元大关，达到117.48亿美元，与2000年相比，年均增幅达到24.5%。2008年美国金融危机对南通也有影响，但幅度较小。2009年南通出口总额为111.75亿美元，同比下降4.88%，但随后很快恢复。2012年出口总额提高到出口总值187.86亿美元，同比增长4.3%。由此可见，南通市出口整体呈现恢复性增长态势并逐步迈上新台阶（见表1）。

表1　南通市外贸发展规模　　单位：亿美元

年份	2000	2005	2006	2007	2008	2009	2010	2011	2012
进出口总额	31.56	85.26	100.21	127.76	166.82	162.68	210.96	258.44	263.01
进口总额	11.21	27.32	28.38	37.53	49.34	50.93	69.59	78.14	75.15
出口总额	20.35	57.94	71.83	90.23	117.48	111.75	141.07	180.3	187.86

资料来源：根据《南通统计年鉴》（2001—2011年）、《2011年南通市国民经济和社会发展统计公报》及江苏省商务厅网站统计数据整理、计算。

总体而言，入世后南通市原本具有的出口的潜力进一步释放，出口呈现超高速增长态势。同时，随着进口关税与非关税壁垒的削减，国内进一步开放市场，进口规模也得以扩大。但由于总体上出口增速快于进口增速的“速度差”，形成了事实上的出口导向型战略。2000年以来，南通市一直保持外

贸顺差，且顺差规模由2000年的9.14亿美元扩大到2002年的11.66亿美元，2011年更是突破百亿美元大关，达到102.16亿美元，约相当于当年出口规模的2/3。2012年进一步扩大到112.71亿美元。

(二）成为出口大市，地位日趋稳定

南通作为中国最早开放的沿海14个城市之一，拥有得天独厚的港口优势及良好的产业基础，出口贸易较早获得发展机遇，且发展较迅速，2011年起开始跻身全国大中城市对外贸易总量25强。虽然一直以来其出口规模与江苏出口“领头羊”苏州及其后的无锡、南京有一定差距，但早在2000年，其出口贸易规模即已超过同处苏中的扬州、泰州及苏北各市，亦超过地处苏南的常州和镇江，以8.96%位居全省第四位。入世后，随着江苏其他各市对外开放步伐的加快，南通在江苏总出口中所占的比重开始下降，2010年下降为5.21%，位次也降到第五，但出口增长速度仍然一直保持较高水平。2012年南通在江苏总出口中所占的比重为5.72%，虽同比有所下降，但幅度非常有限，南通作为江苏出口第五大市的地位基本定型。

(三）出口商品结构不断优化，市场多元化特征显著

改革开放的不断深入、产业结构的不断升级、科技水平的不断提升及各类促进外贸发展政策的出台，共同促进了南通出口贸易结构的优化。具体表现为出口商品结构及出口市场结构的“双优化”。

1. 出口商品结构

入世以来南通市出口商品结构不断优化。工业制成品出口在南通市出口总额中所占比重在2000年为95.9%，2011年提升到97.32%，其中机电产品出口由2003年的38.86%提高到2011年的44.72%。2012年，受光伏电池、集装箱等主要出口产品深度下降及船舶出口增长势头减缓影响，机电产品出口同比负增长2.6%，占41.8%。作为出口产品结构优化的标志性产品——高新技术产品在2003年的出口仅占南通市总出口的4.38%，其后呈上升势头，到2010年高新技术产品出口占出口总额的比重达到创历史新高的19.1%，2011年该比重虽下降到15.51%，但该年高新技术产品出口规模达到27.96亿美元，比上年增长3.8%。不过受光伏电池出口下滑的影响，2012年高新技术产品出口仅有22亿美元，同比下降18.7%。2012年机电产品及高新技术产品出口的下降，预示南通出口产品结构升级道路目前尚不顺畅。

2. 出口市场结构

出口市场结构一般用一定时期内一个国家或地区对某一境外市场的出口占该国家或地区该期总出口的比重来反映。整体而言，南通市出口市场表现在“集中三大洲，但国家或地区多元化趋势明显”。南通对亚洲、欧洲及北美洲三大洲的出口总额在南通出口总额中所占的比重2000年高达90.84%，2010年下降到85.49%，2012年进一步下降为77.6%，然而“集中三大洲”的格局依旧未能打破。

但从国家和地区看，入世以来，南通市出口的国家或地区多元化趋势十分明显。2001年南通市出口市场分布非常特别，有近一半的产品出口到日本，当年对日出口占南通总出口的47.27%，与此同时，欧盟及美国亦是当时南通的两大主要出口市场，分别占当年南通市出口总额的9.96%和9.66%，上述三者合计占当时南通出口总额的66.89%。随着中国融入WTO，南通市出口市场多元化趋势加快发展，特别是对日出口大幅下降，2011年对日本出口仅占南通总出口的18.94%，对欧盟的出口提高到20.89%，对美国的出口提高到13.68%，而对东盟的出口提高到12.22%（见表2）。2012年，受欧债危机的冲击及美国金融危机余威的影响，南通对欧盟及美国的出口均呈递减趋势，但对新兴市场的拓展工作初见成效，如对东盟的出口达到25.4亿美元，首次超过美国。由表2可见，2012年南通对欧盟、日本、美国及东盟四大市场的出口占南通总出口的比重为63.99%，低于2011年的65.73%。与2001年上述四大市场占南通出口总额72.89%相比，市场多元化趋势发展明显，从而在较大程度上降低了市场风险。

表2　南通市出口国家或地区分布　　单位：%

地区＼年份	2001	2002	2003	2007	2008	2009	2010	2011	2012
欧盟	9.96	10.17	12.51	17.27	22.03	19.63	24.98	20.89	18.58
日本	47.27	44.31	38.18	25.08	21.38	23.38	19.88	18.94	18.95

续表

地区＼年份	2001	2002	2003	2007	2008	2009	2010	2011	2012
美国	9.66	11.75	13.97	15.09	14.54	11.85	12.55	13.68	12.94
东盟	6.00	5.21	8.13	8.00	7.39	8.13	8.46	12.22	13.52
合计	72.89	71.44	72.79	65.44	65.34	62.99	65.87	65.73	63.99

资料来源:同表1。

统计数据显示,截至2011年末,与南通市建立进出口贸易关系的国家或地区共有192个;2012年,南通市出口的国家或地区则达到创历史新高的206个,形成了走遍世界均能见到“南通制造”的格局。

(四)出口经济效益较好,社会效益明显

出口效益指标主要从经济效益和社会效益两方面来表述。虽然衡量出口经济效益的指标很多,但考虑到数据的可获得性,这里仅用出口对经济增长拉动度及出口行业实现纳税额两个指标来衡量,见式(1)、式(2),而对社会效益则采用出口行业实现就业人数来表现,见式(3)。其中,工业制成品出口在一定程度上显示了国际产品需求走势,把握好国际产品需求走势将是研究出口发展和经济发展的重要途径。出口行业实现纳税额和出口行业实现就业人数的统计数据,可近似地用出口额在地区生产总值中的占比来估计,见式(2)、式(3)。

$$\text{出口对经济增长拉动度}=\frac{\text{出口增长额}}{\text{地区生产总值增长额}}\times\text{地区生产总值增长速度} \quad (1)$$

$$\text{出口行业实现纳税额}=\frac{\text{出口总额}}{\text{地区生产总值}}\times\text{纳税总额} \quad (2)$$

$$\text{出口行业实现就业人数}=\frac{\text{出口总额}}{\text{地区生产总值}}\times\text{总就业人数} \quad (3)$$

南通市出口对其经济增长的拉动度在2001年很低,只有0.54%,但2002年则迅速提高到4.58%,其后除2009年因为受美国金融危机的影响呈现出负拉动外,其余均呈正拉动,一般在7%左右,最高的2005年达到9.65%。但总体而言低于江苏平均水平(见表3)。

表3　南通市与江苏出口对经济增长的拉动度对比

单位:%

年份	2001	2002	2003	2004	2005	2006	2007	2008	2009	2010	2011
南通	0.54	4.58	7.03	8.75	9.65	7.52	7.96	8.96	-1.56	6.97	6.95
江苏	8.00	3.00	8.00	16.00	19.00	16.00	15.00	9.00	-9.00	14.00	6.21

由表4可见,南通市出口行业实现纳税额也呈不断增长势头,2000年出口行业实现纳税额约6.71亿元,2011年提高到147.68亿元。出口行业实现就业人数也不断增长,同期由100.99万人提高到145.94万人。

表4　南通市出口经济效益与社会效益

年份	出口行业实现纳税额(亿元)	出口行业实现就业人数(万人)
2000	6.71	100.99
2001	7.83	90.85
2002	11.48	93.54
2003	18.93	116.36
2004	12.72	127.04
2005	17.94	143.28
2006	25.67	146.37
2007	35.20	148.55
2008	44.02	147.86
2009	44.745	122.37
2010	58.72	128.16
2011	147.68	145.94

资料来源:同表1。

(五)一般贸易优于加工贸易,出口贸易发展基础较好

与江苏全省形成鲜明对比的是,南通市出口贸易中,加工贸易所占比重较低,2000年,加工贸易在南通市出口贸易及江苏省出口贸易中均约占半壁江山,分别为48.65%及53.01%。但自2002年起,加工贸易出口在南通出口贸易中所占比重呈下降趋势,而在江苏省出口贸易中所占比重基本呈上升趋势。由表5可见,加工贸易出口占南通出口贸易的比重在2012年达

到最低,该年南通市加工贸易出口总额为67.9亿美元,相当于当年出口总额的36.14%;相应地江苏该比例为48.76%,比南通高12.62个百分点。南通出口贸易对加工贸易的依赖程度低于江苏平均水平。

表5 南通市与江苏加工贸易出口占总出口的比重

单位:%

年份	2000	2001	2002	2003	2007	2008	2009	2010	2011	2012
南通	48.65	48.68	44.96	42.94	36.48	36.39	42.03	38.01	36.80	36.14
江苏	53.01	52.73	55.35	61.99	65.38	61.35	64.42	63.43	52.43	48.76

资料来源:同表1。

在南通,两种不同贸易方式对南通外贸顺差的贡献差距十分明显。入世以来,一般贸易顺差额贡献了南通市外贸顺差总额的70%以上,最高的2007年曾达到80.28%。

(六)出口经营主体稳步扩大,一批出口主导产业业已形成

"十一五"期间,南通市出口大户培育工作取得新进展,经营主体层次不断提高。2012年南通市有进出口实绩的企业数为4357家,比2011年的4086家增长6.63%,其中有出口实绩的企业达到4050家,平均出口值达到464亿美元。

出口大户也在不断增加。2007年,南通市出口额超过1000万美元的企业仅有91家,2009年上升到173家,2010年有242家,2012年进一步提高到308家,且出口额超过1亿美元的企业达到18家。

2010年,南通市外商投资企业出口89.4亿美元,占南通市出口总额的63.4%;内资企业出口51.7亿美元,占南通市出口总额的36.6%。其中,民营企业出口43.5亿美元,同比增长44.2%,占南通市出口总额的31%。2012年,南通民营企业出口发展形势良好,其出口总额达到69亿美元,同比增长约20%,占南通出口总额的比重提高到36.73%;而外商投资企业出口总额虽然增加到108.9亿美元,但占出口总额的比重有所下降,为57.97%。民营企业出口的增长一定程度上说明南通本土企业的出口竞争力在不断提高。

经过努力,特别是"十一五"期间通过政策引导及基地建设,南通家纺、服装、电动工具、体育休闲用品、船舶及海工、海水产品等出口板块建设得到大力推动，在改善南通出口产业结构的同时，初步形成了船舶海工、能源光伏、家纺服装、化工、食品、体育休闲用品等超亿美元的出口板块。品牌培育亦有一定成效。目前，南通拥有1个商务部重点培育和发展的出口名牌——南通江山农药化工股份有限公司，获得江苏省出口名牌16个，位居全省第四。南通市自身也加强了对出口名牌的建设工作，如2010年评选出"南通市出口名牌"36个，充分说明南通市已形成了具有自身特色的一批出口主导产业。

二、南通出口贸易发展存在的问题

诚然，南通市出口形势不断好转，出口大市地位正在不断巩固，但亦存在一些不容忽视且阻碍南通市向出口强市前进的因素。必须深刻认识到这些现实，这样方能找到实现南通市由出口大市向出口强市转型的路径。

（一）出口贸易可持续发展能力有下降趋势

随着对外开放步伐的加快，南通市出口贸易可持续发展能力受到一定的威胁。这可从生态环境指标进行分析。由表6可见，与2001年相比，2010年南通市工业废水排放增长16.42%，工业废气排放增长145.07%，产生的工业固体废物增长107%。不过值得欣慰的是南通市工业固体废物的综合利用率达到了98.2%，超过全省96.2%这一水平。

表6　南通市"三废"排放情况

时间 "三废"	2001		2010	
	排放量	占全省的比例(%)	排放量	占全省的比例(%)
工业废水排放(亿吨)	1.34	4.95	1.56	5.91
工业固体废物(万吨)	191.40	5.37	396.20	4.37
工业废气排放(亿立方米)	825.74	6.19	2023.62	6.48
其中二氧化硫排放(万吨)	7.62	7.01	6.10	6.08

资料来源：根据《南通统计年鉴》(2002、2011年)整理并计算。

同期,南通市工业废水排放、工业废气排放占全省的比重也呈上升趋势,工业固体废物的利用率虽然超过全省平均水平,但比例比2001年有所下降。令人稍感欣慰的是南通二氧化硫排放及产生的工业固体废物占全省的比重均有小幅下降。但整体而言,随着南通市开放型经济的发展,总体环境质量有下降趋势,如何协调好环境与对外开放之间的关系成为南通出口贸易发展必须思考的问题。

(二)出口产品竞争力有待加强

虽然南通出口发展方式近年来正逐步优化,但长期的粗放型发展不可能一步到位得到根本性改变,深层次矛盾将会逐步显现、激化,南通出口发展方式的转变刻不容缓。如在2005—2006年度"商务部重点培育和发展的出口名牌"名单中,江苏省出口名牌有16个,南通目前只有1个,总数在江苏位列第四,排苏州、无锡及南京之后。高新技术产品出口比例很低,目前南通市高新技术产品出口只有其出口总额的1/7左右。

(三)出口市场不确定性增加

正如前述分析,欧美市场是南通主要的出口市场,加之江苏对外部需求依赖度较大,欧美经济下滑对南通出口发展影响较大。目前,次贷危机虽已过去,但世界主要经济体依然十分脆弱,暗含新危机。2009年12月8日,全球三大评级公司下调了希腊主权评级。该债务危机始于希腊,却并未止于希腊,欧元大幅下跌,欧洲股市暴跌,2010年以来整个欧盟都受到债务危机的困扰。根据市场调研机构Markit发布的信息,2011年10月欧元区采购经理人指数(PMI)①降至46.5,低于9月的49.1,且进一步恶化的趋势明显。经验表明,PMI指数低于50意味着经济萎缩。2011年美国债务余额上限危机也接踵而来,使原本已不平静的国际市场前景更加迷茫,不确定性和风险性陡增。债务危机严重影响这些全球主要发达经济体的政府投资能力,投资自主增长难有起色。

① 采购经理人指数(PMI),英文全称Purchase Management Index,是一套月度发布的、综合性的经济监测指标体系,是通过对采购经理人的月度调查汇总出来的指数,反映了经济的变化趋势。

主要发达经济体的经济波动使得这些经济体的国内消费能力大大削弱，“低储蓄、高消费”的消费模式不再有安全感。2007年12月起，经济衰退使美国失业人数超过800万，是自第二次世界大战以来经历的经济衰退中失业人数最多的一次。欧盟统计局公布的一份数据表明，2011年9月欧元区国家的失业率达到10.2%，同比上升0.1%，创下11个月以来的新高。整个欧盟区（欧盟27国）在该月的失业率也达到9.7%，同比上升0.1%。低迷的就业市场、不断下滑的住房价格、持续动荡的股市改变了很多西方国家的居民消费观。外部需求谨慎性发展，出口需求受到影响在所难免，作为出口大市且对欧盟、美国市场依赖较高的南通自然很难幸免。

（四）服务贸易发展滞后

南通市服务贸易发展较晚，且规模小。根据江苏省商务厅依据外汇BOP（Balance of Payments）报表核实的数据，虽然与2009年相比，2010年南通市服务贸易增幅达到167.49%，但该年南通市服务贸易进出口总额也只有28.46亿美元，只相当于当年南通市货物进出口总额的13.5%，大大滞后于货物贸易的发展。

（五）外贸依存度偏高

改革开放以来，南通市出口依存度不断提高，2000年南通市出口依存度为22.88%，其后虽然出口依存度波动较频繁，但基本稳定在30%左右。受美国金融危机影响，2009年出口依存度出现下降趋势，为26.57%，2011年略有恢复，提高到28.5%。如果加上进口依存度，南通市外贸依存度在50%上下，说明经济发展较易受外部环境的影响，存在安全隐患。如受美国金融危机影响，南通市出口贸易规模由2008年的117.48亿美元下降到2009年的111.75亿美元，降幅达到4.88%。

（六）进出口不平衡不断加深

进出口不平衡是南通市外贸发展进程中的一个长期趋势。2000年南通市外贸顺差达到9.14亿美元。入世后，南通市外贸顺差趋势不断提高，由表7可见，南通市外贸顺差到2005年突破30亿美元关，达到30.62亿美元，2011年突破百亿美元大关，达到102.16亿美元，相当于当年进出口总额的 39.53%,2012 年进一步扩大到 112.71 亿美元,占进出口总额的比重更是提高到 42.85%。南通市外贸顺差之所以如此巨大,主要原因在于两个方面:一是南通市以一般贸易为主,其对进口的带动作用较小;二是南通港港口优势未能充分发挥,出口加工区功能单一,进口商品交易中心、配送中心尚未形成,进口中转量不大。

表 7 南通市外贸差额

单位:亿美元

年 份	2001	2002	2003	2004	2005	2006
外贸差额	9.34	11.66	14.05	19.05	30.62	43.45
年 份	2007	2008	2009	2010	2011	2012
外贸差额	52.7	68.14	60.82	71.48	102.16	112.71

资料来源:同表 1。

(七)出口发展的外部环境有愈发严峻趋势

这主要可从以下两个方面进行分析。

其一是人民币存在升值压力。在"引发全球经济失衡""影响发达国家就业""损害发展中国家利益"等大帽重压下,人民币汇率问题一次又一次被推向风口浪尖,成为一些国家转移国内经济、政治焦点的手段。以美元对人民币汇率而言,2000 年,100 美元平均价为 827.84 元人民币,在 2000 至 2004 年的 5 年间,美元对人民币的均价基本未变,但自 2005 年起,美元对人民币价值不断降低,2011 年美元对人民币贬值 21.15%,且专家预测美元对人民币仍有贬值空间,换句话说,人民币相对美元呈升值趋势且有持续势头。而根据 J 曲线效应,货币汇率的变动对双边贸易的影响有时滞效应,人民币升值对南通出口行业的影响或许会持续较长时间,出口企业面临的汇率风险不可谓不大。

其二是贸易摩擦有增多趋势。随着中国出口贸易的发展,中国正成为贸易摩擦的主要受害者,对于作为出口大省的江苏,有人甚至用"惨烈""大多广变全"来形容。作为江苏出口大市之一,南通市同样也是贸易摩擦打击的主要地区之一。南通商务局提供的数据显示,2003 年至 2011 年的9年间,南通市发生进出口公平贸易案件22起,涉及国外反倾销调查16起、特保调查1起、美国“337”调查1起;此外,还包括南通企业主动提出反倾销调查3起、反贸易壁垒调查1起。案件涉及美国、欧盟、日本等8个国家和地区,涉案产品包括机电、轻工、塑料化工、纺织品5大类共27种。虽然已结案的18起中,南通市企业胜诉16起,胜诉率高达89%,但不断增加的贸易摩擦还是增加了南通市出口企业拓展国际市场的难度。典型的贸易摩擦案包括:2006年,美国业界对我国聚酯短纤发起反倾销调查,这是中国纺织品在美遭遇反倾销调查第一案,当时南通罗莱化纤有限责任公司涉案;2009年初,美国一企业指控南通外贸医保公司在美国销售的“葡萄糖氨”侵犯了其专利。

综上所述,南通市作为出口大市的地位虽然已经得到巩固,但尚不是出口强市。为使出口贸易实现对南通市经济可持续发展的推进作用继续发挥,迫切需要实现由出口大市向出口强市的转变。

三、推进南通市由出口大市向出口强市发展的路径

虽然南通市尚未成为“出口强市”,但其已具备良好的出口发展趋势和可持续水平,出口发展基础也较好,存在实现由“出口大市”向“出口强市”转变的契机。当务之急是要按照“跳出外贸做外贸”的思路,加快以下工作的开展。

(一)加快出口产业结构优化步伐

出口产业结构的优化是保证出口发展、出口可持续、出口安全的基础,是提高出口效益的有利途径,必须放在转变出口发展方式工作的战略层面上。具体应做好以下工作:

1. 开发支柱产业集群

目前应抓好并强化现有优势产业,力争形成支柱产业集群。近年来,虽然南通市积极推动了家纺、服装、电动工具、体育休闲用品、船舶及海工、海水产品等出口板块建设,并已初步形成船舶海工、能源光伏、家纺服装、化工、食品、体育休闲用品等超亿美元的出口板块,但尚未形成具有核心优势

的出口产业。因此,加快开发支柱产业集群乃当前及今后一段时间的重要工作。

2. 实现产业"中高端化"

企业经济利润增加值最主要的来源便是产品附加值,出口企业亦是如此。经历了"十一五"的努力,南通市已基本形成低附加值产品与中端产品相结合的出口结构,出口升级成果明显。但随着中低端行业产品利润进一步摊薄,该区段产品附加值的提高已陷入瓶颈。而高端产品的附加值趋势则全然相反,也就是呈现出所谓的"微笑曲线"。这就不得不再次提到产业升级,只有形成中高端产品相结合的出口格局,才能充分利用增加产品附加值来提高出口综合效益。与此同时,对于南通市目前仍具有比较优势的初级产品及低端工业品的生产不能忽视,应加快其与先进技术的有效结合,实现比较优势向高级模式转化。

3. 进一步加强品牌意识

品牌软实力主要指品牌背后的企业文化软实力。较长时期以来,江苏省政府非常重视出口品牌建设工作,江苏省商务厅也坚持认为这是转变出口发展方式的切入点和重要抓手,是应对当前世界经济形势阴晴不定的根本之策。对南通而言,道理相同。为此,南通应鼓励出口企业培育自主创新科技和知识产权,通过建立一套完善的出口品牌的评价、宣传、保护和促进机制,助推企业创设自主品牌,提升品牌价值,结合并打响"品牌江苏"和"江苏制造",用软实力为出口创收提供助力。

4. "两手抓"加工贸易

虽然加工贸易占南通市出口贸易的比重低于全省及省内部分市,但加工贸易仍占近一半江山的事实告诉我们加工贸易对南通市出口贸易未来发展仍具有重要意义。但要实现南通市由"出口大市"向"出口强市"转型,在加工贸易的发展上,应坚持"两手抓":一方面努力提高加工贸易附加值;另一方面,抓好加工贸易所属行业筛选。应鼓励加大处于产业链较高层次的、符合南通市产业结构优化升级方向的加工贸易,以发挥其技术溢出效应,带动全市产业结构的优化,推进技术和生产水平的提高,实现"双赢"。此外,应继续协调好加工贸易与一般贸易间的关系，形成良性循环。

（二）继续保持出口可持续发展

出口的可持续发展是转变出口发展方式的重要内容，是维持对外贸易继续快速、平稳发展的基础。“绿色低碳”应作为南通市未来产业布局工作的重要考虑因素，将促进经济、社会、自然与人的协调发展作为发展目标。为此南通市必须积极推动出口的绿色发展战略，实现南通市出口经济与环境的双赢。

1. 限、停、关高污染，“惠”促绿色环保产业

积极倡导绿色和清洁生产，严格限制并逐步实现限、停、关、惠的产业发展政策，将节能环保、新能源、资源再利用等绿色理念融入出口发展的各个环节，为环保产业发展提供必要的优惠政策，形成低消耗、高附加值、高带动力的新兴出口产业集群，给南通市出口经济注入不灭生机，实现南通市出口的可持续发展。

2. 抓好环保技术装备，引导环保型出口企业有序发展

以技术为主线，加强低碳技术的研发和应用，加强环保技术设备的应用和推广，在南通市出口企业的核心技术能力层面直接导入节能环保技术，从技术层面上推动南通市出口可持续发展。南通市政府可专门出台《南通市出口行业节能环保装备专项规划》，从绿色壁垒造成的出口贸易摩擦经验教训出发，结合即将实施的国际碳关税、碳交易等节能环保技术标准和准则，研究制定南通市出口节能环保装备、产品标准体系，营造良好的节能环保市场环境，引导南通市出口朝着节能环保方向有序发展。

（三）推进出口发展基础建设

任何事物的发展都离不开一定的基础。南通市未来出口发展的方向也同样离不开出口发展基础的建设。

1. 打好产业布局基础

政府应当成为出口行业、出口企业发展的坚强后盾。政府应有效利用好对出口行业发展路径具有前瞻性的优势，大力支持出口企业进行技术创新、市场开拓、品牌树立，增强核心竞争力。与此同时，政府须科学分析并明

确整个地区未来产业发展的方向，规划好未来“主打产业 + 经济配套”的宏伟蓝图，并从现在起逐步完善和优化政府投入方向，调整政府政策导向，对主打行业扶优扶强，形成有竞争力的三产分布，创建全市的行业基础优势，从而带动出口发展方式的转变。

2. 加大科技扶持力度

加大财政金融对科技研发的投入，改善整体科研工作的环境，激发科研工作人员的工作热情，自主创新、升级优化新技术。虽然南通市高校数量有限，但毕竟其所依托的江苏省高校林立，特别是省会南京，所属高校涵盖的优势专业遍布各行各业。推进企业与高校之间的合作，加强产、学、研结合，从根本上提升南通市企业竞争力非常必要。

3. 加快推进功能性平台建设

加快推进功能性平台建设即加快综合保税区、电子口岸建设，创造贸易便利化环境。

（四）高度重视出口安全

只有出口安全得以保障，出口企业投身出口事业的发展才能无后顾之忧。

1. 加强风险预警能力

出口贸易是涉及至少 2 个国家、涉及多个企业的多环节贸易活动。作为出口企业，须重视每个环节可能存在的风险，包括进出口企业资信、汇率波动状况、进口国对出口产品方面的最新态度、出口国国内政治经济形势、进口国对我国政策的变化等。只有拥有较强的风险辨识能力，出口企业才能在贸易关系确定之前就谨慎对待可能存在的风险，才能有充分的时间去采取措施转嫁和规避风险。与此同时，对国际贸易发展过程中不断出现的新的贸易壁垒要加强关注并及时研究。如 IS026000、碳关税等。同时，对遭遇的贸易壁垒要积极应诉、合理应对，将影响降低到最低限度。

2. 继续推进市场多元化

过度依赖某一个或几个出口市场，是一个国家或地区出口经济的软肋，也很有可能成为金融危机摧毁一个国家或地区经济的突破口。出口实务经验表明,出口企业之所以大量选择欧美、东亚等国家或地区市场,并非是因为缺乏来自非洲、中东等市场的订单,而是因为对来自这里的订单打怵,怕遭遇收款风险。为此,政府应完善出口信用保险体系,解决企业开发新客户的后顾之忧;加大对关联企业的资信调查强度,建立相应平台供查询,让出口企业做到知己知彼;此外,还可创立市场开拓风险基金等保障体系或补助体系。只有坚定了出口企业对非洲、中东和其他新兴市场的信心,企业才会寻求并积极开拓新市场。

(五)加快发展服务贸易

南通之所以不是贸易强市,一个很重要的因素还在于货物贸易与服务贸易的不协调发展。国际经验和历史发展规律表明,贸易强国总是具有较高的服务贸易比例。不仅如此,服务业与服务贸易的发展水平现已成为衡量一个国家或地区现代化水平的重要标志之一。目前,服务业占世界经济总量的比重为70%,主要发达经济体的服务业比重达到80%左右,服务出口占世界贸易出口的比重为20%左右。加快南通市由贸易大市向贸易强市转变,加快发展服务贸易乃当务之急。

从南通市目前的实际出发,并结合发达国家的经验,做好以下两方面工作非常必要。其一,建立健全服务贸易发展保障体系。各级部门如商务局等政府部门要加强与服务业部门密切合作,为其服务企业提供信息,开拓进入国际市场的机会。其二,把握新一轮国际产业转移机遇,积极稳妥扩大服务业开放程度,强化外资政策与产业政策的协调,创新利用外资方式,优化利用外资结构,发挥利用外资在推动自主创新、产业升级、区域协调发展等方面的积极作用。引导跨国公司到南通市设立研发中心、采购中心、培训中心等。

(六)加快实施"走出去"战略

实施走出去战略,不仅是南通市对外开放向更高层面推进的必然要求,也是南通经济发展到一定阶段的必然趋势。实践证明,境外投资是直接利用海外资源,转移过剩产能,缓解贸易摩擦,实现与东道国平等合作、互利共赢的有效途径。走出去的主体是企业,但政府科学合理的引导、支持和服务不可或缺。

企业是走出去的主体,应发挥南通在工程承包方面的比较优势,大力拓展对外工程承包和劳务输出业务。目前,部分有眼光的南通企业已逐步瞄准国外房地产市场,如在海外兴建物流仓库,从事地产销售和租赁业务等,在此领域应及时总结经验,为后续拓展该行业对外投资提供指导;而有实力的大企业则应加快到发达国家建立研发中心的步伐,增强技术创新能力。

作为政府,一方面应大力培育企业走出去的能力,鼓励和探索各种走出去的方式,鼓励符合国际市场需求的行业有序向境外转移产能,支持企业积极稳妥地收购境外资源、技术、营销网络、研发平台,在全球范围内整合资源链、供应链、价值链,为对外贸易发展方式转变提供有力支撑。另一方面要为企业走出去创造宽松的政策环境,切实解决影响企业走出去的外部障碍,改革和调整相关制度和政策,积极为企业走出去创造条件,铺平道路。具体而言,商务局可设立专门机构或通过中介组织加强指导,为企业走出去提供及时周详的相关信息服务,避免或降低风险。

此外,南通市各类企业已设立了不少境外贸易窗口和营销网络,今后应充分发挥这些窗口和营销网络对南通企业走出去的指导作用。

(七)实现进出口基本平衡

在当今,进口对中国、对南通市而言均具有十分重要的意义。进口能保证国内的资源和能源供给。扩大消费品进口可增加社会福利供给。进口是提升国内产业和产品的质量和安全标准的重要途径,最终提升国内企业核心竞争力。同时,进出口平衡发展还是消除或减少贸易摩擦的有效途径。因此,扩大进口,实现进出口基本平衡亦是南通市由“出口大市”向“出口强市”转变的重要途径之一。当然,扩大进口不是简单地扩大进口规模,而是要不断提高进口经营水平。具体而言,应鼓励和引导企业重视并扩大关键设备、新型材料、南通市经济发展紧缺的能源资源、先进技术等的进口,努力培育国内外影响大、市场辐射力强的进口商品交易市场,同时应提高对进口设备与技术的消化、吸收能力,并力争在此基础上实现创新,使进口成为提升南通市企业核心竞争力的重要渠道。

南京理工大学经济管理学院　尤宏兵
南京理工大学经济管理学院　孙　芳
南京理工大学经济管理学院　阎志军
南通大学商学院　印　梅
江苏经贸职业技术学院旅游外语学院　冯秀红
南京理工大学经济管理学院　许立帆

(本研究报告为2011年江苏沿海沿江发展研究院招标课题《南通推动出口大市向出口强市转变的对策研究》研究成果)

建设大宗商品交易市场 延伸港口物流产业链

作为“长三角”北翼的南通，应充分发挥比较优势，以港口为核心，依托集散发展集聚，依托储备发展交易，选择合适的货种，研究制订大宗商品交易市场的发展规划，可采取一次规划、分步实施的办法，逐步完善相关配套功能，重点推进钢材、煤炭、农产品、液体化工品、棉花等领域的大宗商品交易市场建设。

大宗商品是指可进入流通领域，但非零售环节，具有商品属性，用于工农业生产与消费的大批量买卖的物质商品。而在金融投资领域，大宗商品指可标准化、可交易、被广泛作为工业基础原材料的商品，如原油、有色金属、农产品、铁矿石、煤炭等。由于大宗商品多是工业原材料，处于产业链上游，因此，反映其供需状况的期货及现货价格变动，将直接影响到整个经济体系的运行。随着全球制造业加快向亚太地区转移，中国制造能力和消费能力在加速提升，中国已经成为大宗商品的消费大国和进口大国。

现代意义上的大宗商品交易市场，主要指依托信息技术平台，以现货标准化合约为交易标的，实现价格行情实时显示、异地同步交易、市场统一结算、统一交割的商品交易市场。21 世纪以来，随着互联网和电子商务技术的运用，大宗商品交易市场发展明显加快，并开始从区域市场向全国市场，从有形市场向网上虚拟市场，从现货撮合交易向现货、中远期多种交易方式延伸，成为贸易中心城市扩大贸易规模、增强集聚辐射能力、提高市场话语权的重要平台。

南通具备相关条件，应借鉴国内外先进地区的做法，充分发挥港口的集疏功能，选择合适货种，整合市场资源，扩大规模，提升档次，加快大宗商品交易市场的建设。

一、国内外大宗商品交易市场建设及相关情况

国际上，一些港口城市因为拥有大宗商品交易市场而扬名天下。欧洲的鹿特丹，倚仗其作为国际港口贸易地的优势，成为世界最重要的石油化工产品交易中心之一。新加坡，凭借其作为国际贸易中转地的优势，成为石油、橡胶等大宗商品交易中心。

我国的大宗商品电子交易市场始于1997年，目前全国已建成200多家，其中几十家有一定的规模和交易量。一般都以比较好的现货市场为基础，或是位于商品生产地，或是依托现货贸易集散地而产生和发展起来。广西食糖中心批发市场依托的是我国蔗糖的主产区，上海大宗钢铁交易中心依托的是上海这个最大的钢材消费地和集散地。2011年，上海综合保税区管理委员会宣布，拟将洋山保税港区打造成全国领先、面向亚太地区的大宗商品集散平台。8月29日，浙江宁波大宗商品交易所正式成立；此前的7月8日，舟山大宗商品交易所正式注册成立。天津港保税区依托海空两港的功能与区位优势，大力发展国际贸易，全力建设10个大宗商品和生产资料市场，以拉动整个区域的贸易增长，推动商流、物流、人流、资金流和信息流在天津滨海新区高度聚集。浙江嘉兴港依托港口、区位和腹地经济优势，打造浙江嘉兴石油化工品市场、嘉兴煤炭中转基地、嘉兴粮食交易市场、嘉兴·中国杭州湾钢贸城、嘉兴长三角国际石（木）材交易市场和浙北生产资料交易市场6个大宗商品交易市场，借力这些大宗商品交易平台撬动现代港口物流。

目前，各地都在积极建设大宗商品交易市场。从品种看，涵盖了钢材、有色金属、农产品、石油化工、橡胶塑料、煤炭、白糖等主要大宗产品，甚至有丝绸、花生、大蒜、苹果、酒水、大豆、小麦等品种。

这类交易市场将电子交易与物流配送信息化相结合，实现大宗商品流

通环节的集成高效管理，对现货商品交易市场进行改造与提升，实现了现货市场与大宗商品电子交易市场相互促进发展的市场格局，代表着国内现货商品交易市场发展的方向。

二、南通必须加快建设大宗商品交易市场

1. 推进大宗商品交易市场建设意义重大

一是有助于降低制造企业成本。作为要素市场，可以增加原材料供应渠道，降低本地企业原材料采购成本、库存成本、融资成本和其他管理成本，对搞活现货商品流通、合理配置资源、衔接产需、调剂供求、降低企业物流成本发挥重要作用。

二是有助于在本地区形成具有地区辐射力和国际影响力的商品交易中心、物流中心、信息中心和定价中心，对于区域经济质量提升有着重大意义。

三是有助于提升港口功能。建设大宗商品交易市场能迅速改变港口“货到货运，货运货到”的“过境特征”的物流模式，有助于商流、物流、资金流、信息流汇聚，促进港口从装卸运输港向贸易物流港转变，推动港口现代物流的发展，进而使港口与产业的关系变得密切、港口与城市发展的关系变得密切，从而真正发挥港口在城市发展中的优势。

2. 南通大宗商品交易市场的基本情况

（1）对照“大宗商品交易市场”的概述，南通没有此类市场。

据了解，到2011年底，南通共有亿元以上市场90个。其中综合市场46个、专业市场44个，年成交额分别为201.7亿元和903.5亿元。综合市场中：工业消费品市场7个，成交额38.9亿元；农副产品综合市场33个，成交额148.8亿元。专业市场中：生产资料市场9个、农产品市场10个、食品饮料及烟酒市场2个、纺织品服装鞋帽市场4个、家具五金及装饰材料市场16个，成交额分别为34.5亿元、44.3亿元、4.8亿元、727.7亿元和10.8亿元。

初步分析，南通商品市场有如下特点：一是市场种类多，规模小。90个亿元以上商品市场中有20多种类，总成交额1105.2亿元中，除了布料家纺市场(4个)占727.7亿元，其他规模都在2~10亿元之间。二是农副产品

市场多，工业品市场少。农副产品市场共43个，占总数的47.8%。三是消费品市场多，生产资料市场少。在所有的市场中生产资料市场只有9个，占总数的10%，且成交额只占3.1%。四是依托港口发展的市场极少。如：永兴建材市场的陶瓷大部分从南通集装箱公司装卸运输，每年有4.5万TEU左右，叠石桥家纺市场远销海外的商品有部分从南通港口出运。

（2）已有雏形，应加快培育。如皋港区的如皋港务公司为了增强竞争力，延伸服务链，增设信息服务平台，利用堆场较大的优势，为煤炭交易双方提供信息沟通、配煤等方面的服务。客户主要来自上海、湖南、内蒙古等地，在去年煤炭装卸1800万吨中交易量占30%。

3. 南通建设大宗商品交易市场的优势

南通对资源性商品需求强劲，这为大宗商品的贸易和流通提供了坚实的产业基础和广阔的发展空间；区域内经济发达，民间资本实力雄厚，参与大宗商品交易市场的积极性高，市场建设的主体实力强。具体来说，有如下优势：

一是市场基础优势。一般来说，大型的现代化商品交易市场都是根植于传统贸易市场而形成的。南通有很好的市场基础，如海门叠石桥和通州志浩市场，其布料家纺产品年成交额达725亿元左右，占全市亿元以上商品市场成交额70%以上，成为中国最大、世界第三家纺生产销售基地，市场份额达60%，其建设和发展的经验值得借鉴。市场门类多是南通商品贸易市场的又一特色，就生产资料市场而言，有1个木材市场、3个建材市场、2个金属材料市场、1个机械设备市场等，尽管目前规模不大，但可以依托它们发展壮大。

二是产业发展优势。目前，南通已形成百亿元级产业集群10个，千亿元级产业板块6个。南通家纺产业集群、船舶海工产业集群和天汾电动工具产业集群享誉海内外。南通的船舶及其配套产业已形成一定优势，规模以上船舶及配套企业600家，年产值1125亿元，2011年出口交货值340亿元，占全国总量11.5%，成为国内第二大造船基地。南通是全国12个纺织品出口基地和10个服装出口基地之一，纺织服装工业是最大的传统支柱产业,2011 年全市纺织服装行业有规模企业 2851 家,全年实现销售收入 1662.46 亿元,约占全市规模工业比重 22.79%。精细化工是南通的又一大优势产业,围绕国内重要的精细化工产业基地,可展开相关工作。在粮油食品加工业方面,南通正在努力打造华东地区最大的粮油加工基地和面粉加工基地。此外,"长三角"是中国经济最发达的地区之一,又是人口密度最大的地区,对于生产生活的消费需求较大。国家加快中西部开发,必然带来长江中上游经济的大发展,特别是沿长江已形成的大大小小的钢铁企业、粮油加工企业、化肥生产企业,这些企业对于大宗生产资料类商品的需求较大。

三是大宗商品的集疏潜力巨大。南通沿江港口在大宗散货装卸方面具有优势,金属矿石、煤炭、非金属矿石、石油及制品、化工原料及制品、粮油产品等是主要货种。南通 10 万吨级专业码头用于铁矿石的装卸,其拥有最先进的装卸系统设备,每年装卸量达 5000 万吨左右。南通港口装卸的货种中,煤炭主要为本地企业消费,其装卸量在逐年增加,去年达近 4300 万吨;石化类、粮油类产品与本地企业结合较密切,每年分别有 1000 多万吨和 700 万吨左右的装卸量;非金属矿石方面主要是硫黄的装卸,去年由于国际贸易方面的问题装卸量有所下降,但仍是南通港口的优势货种。此外,随着中储棉基地在南通落户,南通港口又增加了每年 30 万吨的棉花装卸量。

南通沿江港口不仅具备大宗商品装卸能力,而且形成了相对稳定的供需渠道。随着沿海港口的生产作业,其能力将进一步扩大,功能将进一步拓展。

4. 南通建设大宗商品交易市场的设想

纵观国内外发达的港口城市,无不是以港口为核心,依托比较优势,建立大宗商品交易市场,进而带动区域经济发展的。以"长三角"南翼宁波为例:宁波的大宗商品交易平台在国内举足轻重。由 14 个交易中心组成的大宗商品交易平台,2011 年实现交易总额近 2000 亿元,原油、铁矿石、塑料、液体化工等品种市场交易量位居全国第一。宁波不仅有上规模的货物交易量,同时也具备了较强的金融结算功能和信息保障能力,2011 年累计引进注册各类金融机构 193 家,国际航运服务中心、国际贸易展览中心和国际金融服务中心“三大中心”建设取得阶段性成效。“十二五”期间，宁波将形成若干个在“长三角”、全国甚至全球有影响力的交易平台，争取2015年实现市场交易额4000亿元以上。

作为“长三角”北翼的南通，应充分发挥比较优势，以港口为核心，依托集散发展集聚，依托储备发展交易，选择合适的货种，研究制订大宗商品交易市场的发展规划，可采取一次规划、分步实施的办法，逐步完善相关配套功能。可重点推进以下领域的大宗商品交易市场建设：

（1）钢材。南通发展钢材交易市场具备的条件有：一是船舶修造基地和配套企业已形成规模，未来该产业还将进一步发展。二是海门利用通海港区港口资源，引进50亿元投资的宝钢项目。三是长江中上游有相当数量的钢铁企业及船舶修造企业。四是已形成南通市嘉信钢材交易市场、南通和来福船舶配套公司等钢材贸易企业。五是具备装卸钢材的件杂货码头。

（2）煤炭。南通发展煤炭交易市场具备的条件：一是需求量大。去年煤炭的港口吞吐量达近4300万吨，同比增长47.6%，仅南通就有大唐、华能、天生港三大电厂，还有一些小型热电厂等。二是已形成小型煤炭交易市场。如如皋港务公司、芦泾港码头，在装卸煤炭的同时，有部分贸易。三是港口码头通用泊位多，装卸能力强。四是沿海特别是靠近启东大唐电厂拥有较大空间，具备市场建设的空间条件。

（3）农产品。南通发展农产品交易市场具备的条件：一是既是产地，又是消费地。南通肉禽蛋、水产品的生产已形成一定优势；粮油是差进地区，需从外地进口；水果、蔬菜大部分需要从外地进口。这就形成了既要流进，也要流出的局面。二是具有较好的市场基础。南通现有农副产品综合市场33个，农产品专业市场10个，包括4个肉禽蛋市场、3个水产品市场、2个蔬菜市场、1个干鲜果品市场。市政府已在观音山建设大型农副产品批发市场，并准备整合资源，以求做大做强，目标辐射华东地区。三是具备港口资源优势。南通集装箱公司目前有20多个冷藏集装箱位置，具有足够进口外地水果、蔬菜的冷藏能力。四是已有一定的工作基础。南通有三家码头企业从事粮油装卸业务，周边地区有粮油加工企业，且“长三角”地区粮油需求量较大。

(4) 液体化工品。南通建设液体化工品交易市场具备的条件有:一是已有较大的液体化工品装卸、仓储、运输能力。仅沿江海库区就有130万立方的各类化工品及油品仓储罐区,此外,如皋港区、富民港区、任港港区还有部分化工油品码头。二是利用液体化工品为原料的化学与新材料产业已形成规模。三是已有一定的工作基础。南通市经济技术开发区正在积极筹办组建"南通石化交易中心"。

(5) 棉花。南通建设棉花交易市场具备的条件有:一是南通是纺织大市,纺织服装是传统支柱产业,纺织企业多,加上叠石桥家纺市场的推动,需求量很大。二是中储棉基地在南通,可以在储备的基础上发展贸易。

三、强力推进建设大宗商品交易市场的工作措施

1. 强化领导,提高认识

各级政府和有关部门要高度重视,积极宣传,充分认识到加快大宗商品交易平台建设是发展港口物流业、将南通港口打造成大宗散货枢纽港的重要举措。要加强领导,整合资源,理顺关系,密切配合,大力扶持,切实把这项工作列入未来几年的重要议事日程,抓实效,提高货物贸易量在港口货物吞吐量中的比重。

2. 构建政策支撑体系,营造良好发展环境

一是明确组织领导。成立大宗商品交易市场建设领导小组,市政府分管市长任组长,商务局、发改委、规划局、财政局、税务局、交通局、港口局等有关单位参加,协调推进南通大宗商品交易市场建设。

二是既要争取国家和省的保税和扶持政策,也要结合本地实际,研究出台配套优惠政策,加大扶持力度,增加财政投入,降低税费,吸引国内外著名大宗商品交易商和重点项目入驻,促进大宗商品物流企业的快速成长。

三是扩大招商引资。要充分利用媒体、网络和展览会、博览会、招商会以及驻外机构等,宣传推介南通,通过多种形式鼓励、引导大型的大宗商品供应商、采购商和各物流企业积极进驻南通,活跃市场交易。

3. 做好规划,突出定位

一是尽快制订出台南通市大宗商品交易市场发展规划,明确大宗商品交易市场发展的指导思想、总体目标、规划布局、主要任务、政策措施、管理体制、风险防范机制等。争取用2年左右时间,形成2~3个具有国内影响力的大宗商品交易平台。

二是选择2~3种大宗商品为开业品种,如液体化工品、农产品、煤炭等。在试点成熟的基础上,不断开发新类别、新品种的大宗商品交易,通过提高商品交易总量,带动包括港口物流业、金融、保险在内的现代服务业的可持续发展。

三是选择合适的地点。要充分利用港口资源,在集疏运条件较好的地点进行布局,同时要与产业发展规划、城市发展规划相衔接。

4. 加快基础设施建设,构筑现代物流体系

一是提高信息基础设施投入,加快公共信息平台建设。由政府搭台,整合资源,引进或开发管理软件,建设大宗商品贸易的公共信息平台和口岸大通关平台。通过这个平台,整合信息、交易、结算、物流等各个环节,将货源、货主和贸易商等联结起来,促进商流、物流与信息流的有机结合,建立国际、国内货源、货主,供、运、销一体化的大宗商品商贸物流网络体系,大大优化传统的供应链。

二是加快推进综合物流体系建设。从货物来源及世界船型发展情况看,几大货类的主力运输船型呈现原油运输以15~30万吨级油船为主、煤炭运输主力船型向5~15万吨级发展、粮食运输船型发展至5~10万吨级的趋势。因此,一方面,在港口航道建设方面要超前规划建设,建设专业化散粮码头,煤炭、石化专业化码头,通用散杂货码头,散货驳船泊位和钢材等杂货后方堆场、仓库,推进深水航道建设。要着力改善集疏运条件,公路、疏港铁路、水路、空运等立体集疏运系统要纳入城市建设规划,加快建设,完善功能,通过提高运能来促进大宗商品交易市场的建设和发展。另一方面,要加快构建面向大宗商品供方、需方客户群的物流网络体系,实现海、陆、空大交通体系的集成,并实现内贸与外贸物流服务的集成。通过港口、铁路、公

路等相关部门合资或者引进知名物流企业,大力培育集仓储、运输、配送、包装、装卸、流通加工、信息处理于一体的大型物流企业。同时,规划建设若干个大型仓储基地,用于大宗商品市场统一交割。

三是完善相关配套服务。完善的金融配套服务可以解决大宗商品交易中的资金占用问题,良好的保险、第三方银行存管等金融服务也为大宗商品交易繁荣发展提供重要保障。要研究出台政策,促进金融机构、金融人才聚集,扩大金融规模,提升金融市场的发育程度。

南通市港口管理局　王世秀

南通沿海开发中"区镇合一"管理体制的实用性和特色性研究

南通"区镇合一"管理体制是南通沿海开发中统领全局的一项系统性制度改革举措,具有鲜明的制度创新特点。"区镇合一"管理体制不仅能够减少摩擦、提高效率、节约成本,而且能够推动产城早期发展中的协调化。南通沿海开发在实施"区镇合一"体制过程中,在行政级别、管理机构、财政体制、统筹制度方面都有所突破,通过机构人员合并实现了园区和乡镇在发展上的统筹;通过下放县级有关管理权限实现了区镇服务效率的提升;通过制定财力与事权相匹配、资源要素向区镇倾斜的支持政策,实现了区镇内生发展活力的增强。但是我们发现,"区镇合一"体制在具体实施过程中还存在规划、激励以及配套政策创新等方面的问题,针对问题本文提出了进一步改进的对策建议。

"区镇合一"是一种新型的行政管理体制,即通过将开发区与乡镇(街道)通过整合归并政府职能,突破行政区域县镇,合二为一。"区镇合一"通常在开发区建设的初期能够极大地节约资源,提高建设效率。通过"区镇合一"可以做到减少管理层次、提高工作效率、降低行政成本。更为重要的是,通过"区镇合一"可以促进人口、资源、产业集中紧凑发展、协调发展,是构建产城融合发展的新路径。南通市委、市政府2011年出台了《南通市沿海前沿地区重点中心镇实行区镇合一管理体制的指导意见》(以下简称《意见》),目的就是要通过创新行政管理体制,加快南通市沿海产业集聚和城镇集聚步伐,实现南通沿海的早日腾飞。南通市在不同县(市、区)同时推进

"区镇合一"体制改革，其中涉及多个乡镇和园区，实属一种敢为人先的大胆尝试，其意义不仅局限于南通自身区镇管理体制创新，其对于丰富我国行政管理体制改革的理论与实践亦具有一定的价值。

一、"区镇合一"管理体制实施的基本现状

（一）南通实施区镇一体化的必要性和紧迫性

南通市在沿海开发中，实施"区镇合一"的行政管理体制，既有必要性，也有必然性，主要体现在以下三点：

一是为产城一体化发展的必要。南通沿海无论是产业还是城镇的发展都比较薄弱，按照《江苏沿海地区发展规划》的要求，沿海开发要统筹城市与农村、陆地与海洋、经济与社会发展，促进港口、产业、城镇互动发展。而从南通沿海开发的现状来看，港口与产业的发展主要是由园区主导，城镇的发展主要依托所在的乡镇或毗邻的乡镇，两者实际上是分开管理的。因此，在沿海开发中港、产、城融合发展问题上需要从根本上采取创新的举措和办法。

二是沿海产业集聚遇到了支撑配套能力不足的瓶颈。南通沿海前沿地区产业园区不断兴起，但是沿海地区城镇的发展历史上一直滞后于整个市域经济的发展，发展要素集聚能力较弱，难以对产业集聚产生支持，生产生活等功能配套不强，对沿海开发的支撑能力不足等问题明显。

三是实践中的自发选择。在"区镇合一"文件出台之前，沿海开发实施较早的如东、海门等地区由于现实困难，已经开始了"区镇合一"的相关探索，比如采取同一个县（市）领导分管园区和乡镇的方式，后来又发展成为园区和乡镇的书记由同一人担任，或者班子成员交叉任职等。这些先期探索获得了一定的成功，得到了各级部门的认可，为后来"区镇合一"文件的出台以及在沿海的全面推广奠定了基础。

（二）南通区镇一体化实施的基本思路

根据《南通市沿海开发规划》，结合沿海开发工作实践，通过区划、体制等方面的调整，南通沿海区域重点发展的中心镇和园区见表1。

表1　沿海重点区镇基本情况表　　（单位:平方千米）

重点中心镇	毗邻园区	总面积	镇面积	园区面积（括号内为规划面积）	主导产业
角斜镇	老坝港滨海新区	128.0	93.0	35.0	特种水产养殖及深加工、纺织服装
洋口镇	如东沿海经济开发区	183.1	77.1	66.0(106.0)	精细化工、旅游、海洋渔业
长沙镇	洋口港经济开发区	246.0	95.0	33.0(151.0)	新能源（风电）、LNG物流、石化
三余镇	南通滨海园区	585.0	185.0	107.0（400.0）	港口物流及临港产业
包场镇	海门港新区	205.0	124.0	81.0	装备制造、食品
吕四港镇	吕四港经济开发区	206.1	152.8	20.3(53.3)	电力能源、通用设备制造、化工新材料
近海镇	启东滨海工业园	109.9	79.9	30.0	海工装备与船舶配件、节能环保
寅阳镇	启东海工船舶工业园	136.4	100.6	35.8	海洋工程、船舶修造

在南通市推动“区镇合一”过程中，贯穿了三条基本思路，即“抓住一个关键，把握两个重点，放大三大功能”。

抓住一个关键，就是“区镇合一”管理体制创新，通过在管理体制上的深度融合，为实现三大功能、确保两个重点提供组织保障。

把握两个重点：一是扩权，即赋予沿海区镇县级经济社会管理权限（南通滨海园区作为市级园区，赋予其市级管理权限），特别是将项目服务、城市管理、公共服务方面的权限全部下放到区镇，提升区镇运行效率；二是强区，在财政资金较为紧张的条件下，建立多予少取的支持政策，在土地指标、财税体制上给予鼓励政策，增强区镇的自我滚动发展能力，同时赋予其开展相关配套政策试点的权力，全面优化其发展外部环境。

放大三大功能：一是放大产城一体的配套功能，通过管理体制创新和区镇职能机构归并整合，以区镇一体为引领，把城镇作为产业园区的功能组团来打造，提升生产生活功能配套，全面实现产业、城镇互为促进、融合发展的新格局；二是放大产业集聚功能，通过建立支持区镇发展的政策体系，增强区镇发展要素的集聚能力，激发区镇发展的内在动力，推动全市产业布局进一步优化，促进产业向沿海集聚，推动区镇经济社会加速发展；三是放大辐射带动功能，通过沿海重点中心镇（园区）的重点推进，以园区发展为龙头，以城镇为依托，区镇联动，滚动发展，加速城乡统筹，提升沿海前沿地区重点中心镇在区域经济发展中的辐射引领作用。

（三）"区镇合一"行政体制实施以来的主要进展

1. 创新管理体制方面

沿海8个重点中心镇中，6个已经由南通市编办正式批复。其中老坝港滨海新区（角斜镇）等4个区镇在管理体制进一步完善的基础上，今年由南通市编办正式批复实施"区镇合一"、以区为主的管理体制，实行"一套班子"领导，机构职能按照"一办多局一中心"模式实现归并整合。各区镇根据新的机构设置因岗选人，人岗相宜，人员统一分工使用，进一步优化了干部队伍，增强了工作力量。6月，按照"区镇合一"的工作要求，启东对近海镇、寅阳镇领导班子进行了调整，明确园区党工委书记和镇党委书记由同一人兼任，"区镇合一"管理体制实施方案已经报南通市编办。年初，综合考虑各地"区镇合一"工作的推进情况，南通市委对老坝港滨海新区（角斜镇）明确了职级。

2. 扩大管理权限方面

在吕四港经济开发区（吕四港镇）、南通滨海园区（三余镇）权限下放工作先行开展的基础上，南通市沿海办组织重点区镇进行工作交流，着力推动新批复的4个区镇的权限下放工作。沿海各地本着充分放权、权责对等、集中服务的原则，推动各区镇与职能部门加强沟通，开展培训和对接，确保各项权限能有效落地、规范使用，县级经济社会管理权限下放工作有序推进。如东县采取授权、委托、延伸服务三种方式赋予洋口港经济开发区（长沙镇）县级管理权限151项，如东沿海经济开发区（洋口镇）管理权限66项；海门市对海门港新区（包场镇）下放及取消审批事项118项。上述5个区镇所承接权限全部进入便民服务中心（投资服务中心）集中服务，提高了行政服务效率。海安县老坝港滨海新区(角斜镇)权限下放工作正在抓紧推进。

3. 增强发展活力方面

各地将区、镇分散的资金、土地、人才等发展要素聚集起来,有利于承接产业梯度转移,扩大经济规模,增强对沿海地区的辐射带动能力,从而促使沿海地区转变粗放式的发展模式,走集约化规模经营的发展道路,区镇融合发展的进程进一步加快。如东洋口港经济开发区利用地方政府赋予开发区管委会管理区内财政和税收的权限,灵活用工、竞争上岗、以绩计酬相结合,通过制定内部考核激励办法,实行岗位工薪与工作业绩相挂钩的工薪管理制度,使有限的港口资源得到充分利用和整合,统筹调度财力、人力和物力,增强了港口开发的后劲。目前已实施“区镇合一”的镇大多不同程度地享受资金、土地等方面的政策倾斜(见表2)。

表2 重点区镇政策倾斜情况表

园区(镇)	政策倾斜情况
老坝港滨海新区(角斜镇)	财政地方留成部分归园区
如东沿海经济开发区(洋口镇)	财政超收部分20%返还(一般乡镇不返还),土地出让金地方收益部分归园区
洋口港经济开发区(长沙镇)	财政地方留成部分归园区,土地出让金归园区
南通滨海园区(三余镇)	市级平台,扶持政策由市级层面统筹
海门港新区(包场镇)	财政地方留成部分的75%归园区
吕四港经济开发区(吕四港镇)	尚未明确

4. 加强配套改革方面

各地在抓好经济建设的同时,不断推进各项配套改革。南通滨海园区全面强化社会管理,制定出台推进社会管理创新工作实施意见。拓展三余镇原有的配套资源,依托三余镇原有医院、中学新建高水平医院和学校,不仅能有效提升园区医疗教育水平,还将为三余镇区改造提升发展空间。吕四港经济开发区与吕四港镇通过合一发展,从发展规划、基础设施建设、产业布局、功能区开发、土地管理、建设资金使用、重大问题决策七个方面做好统筹,延伸吕四港镇的社会管理和公共服务职能,除城乡规划建设划归吕四港经济开发区外，吕四港镇原有职能不变，加强其对辖区内经济功能区的社会管理职能和公共服务职能，建立统一的社会管理和公共服务体系。

二、“区镇合一”管理体制的实用性及特色性研究

南通沿海前沿地区实施“区镇合一”管理体制，是南通深入贯彻落实江苏沿海开发国家战略中，结合南通沿海地区发展实际探索实施的重要体制机制创新，是务实推动沿海开发的重要举措，具备鲜明的南通沿海开发特色。

（一）“区镇合一”管理体制的实用性

“区镇合一”管理体制创新工作推行以来，各地对照《意见》要求加快推进，在促进规划统筹、经济发展、融合推进、城乡一体等方面体现了较强的实用性，有力推动了沿海地区工业化、城镇化和农业现代化的发展进程。

1. 规划统筹的优势开始显现

“区镇合一”管理体制的建立有力地推动了各区镇融合发展的各项规划修编工作。结合“区镇合一”管理体制的实施，南通市委、市政府加强了对“区镇合一”后规划修编工作的指导，南通市沿海办每月一次组织市级有关部门对重点区镇规划中间成果开展点评。目前已经完成对老坝港滨海新区（角斜镇）、如东沿海经济开发区（洋口镇）、南通滨海园区（三余镇）、海门港新区（包场镇）、吕四港经济开发区（吕四港镇）五家总体规划的点评。重点针对区镇发展总体目标、产城融合发展布局、与上位规划和相邻县（市）区规划的衔接等问题提出修改完善建议。借助规划调整的契机，区镇融合发展布局更加合理，园区和城镇发展各项基础设施配套更加同步，在城镇规模和土地利用等方面得到了更多的倾斜，这些措施，为更好地促进“区镇合一，产城融合”提供了良好的规划环境。

2. 经济发展速度明显加快

经过“区镇合一”后的资源整合、要素倾斜，2013 年 1—8 月份南通沿海前沿 8 个重点区镇发展进一步提速，各项指标增速大多高于全市面上水平，特别是地方公共财政预算收入和工业应税销售收入这两个主要经济指标的

同比增幅大大高于全市平均水平。“区镇合一”、集聚发展的优势初步显现。沿海重点区镇主要经济指标完成情况见表3。

表3　沿海重点区镇主要经济指标完成情况(截至2013年8月)

(单位:亿元)

县(市)区	沿海重点中心镇	地方公共财政预算收入	同比增幅(%)	工业应税销售收入	同比增幅(%)
海安县	角斜镇(老坝港滨海新区)	0.37	54.2	7.80	16.8
如东县	洋口镇(如东沿海经济开发区)	1.38	77.4	76.48	41.9
	长沙镇(洋口港经济开发区)	2.18	99.7	17.41	47.0
南通滨海园区	三余镇(南通滨海园区)	0.60	23.0	11.35	10.0
海门市	包场镇(海门港新区)	2.11	78.9	48.35	129.0
启东市	吕四港镇(吕四港经济开发区)	2.30	22.72	36.14	12.8
	启东滨海工业园区	1.68	44.61	24.50	15.4
	启东海工船舶工业园区			52.25	0.7
合计		12.44	57.21	325.96	34.2

注:全市财政一般预算收入增幅为18.7%,工业应税销售收入增幅为8.09%。

3. 融合发展的合力开始形成

“区镇合一”管理体制的实施从根本上解决了原先园区和乡镇在发展上目标不一、协调麻烦等固有矛盾,化解了制约沿海开发中沿海产业园区和乡镇的发展的体制机制瓶颈。领导、机构的整合,从决策和执行层面有效地实现了统一,整合了行政资源,建立了管理高效、人员编制精干、运行机制灵活的新型管理架构,有利于加强统一生产、生活、生态统筹布局,有利于充分调动广大干部和群众的积极性,在更短的时间内实现集聚发展。同时,通过“区镇合一”,将区、镇分割的资金、土地、人才等发展要素有机聚集起来,形成经济基础紧密联系、基础设施较为完善的产业区、生活区,快速提升产业园区能级和城镇配套功能,增强区镇辐射带动能力,为更好地促进“区镇合一，产城融合”提供了良好的发展环境。

4. 城乡一体化发展的水平得到提升

“区镇合一”后，沿海重点区镇在抓好经济发展的同时注重反哺农村、惠及于民。利用“区镇合一”后的发展优势，加强对城乡规划、基础设施、公共服务等方面的一体化统筹推进。如东沿海经济开发区（洋口镇）充分利用其园区发展效益好的优势，全面实施农村“组组通”“村企挂钩”等工程。海门港新区（包场镇）组建两家城投公司，着力打造东灶、东兴等六个美丽小镇，城乡基础设施建设同步加速推进。区镇产业的快速发展带来了更多的就业岗位，增加了农民就业渠道，提高了农民收入。区镇公共服务一体化推进，所有行政服务事项进入便民服务中心，农民的生产、生活更加便捷。利用园区强大的招商力量，开展农业招商，推动土地流转，发展旅游观光农业、生态农业和海洋渔业，大力推动农业产业化，沿海现代农业的发展新具规模。

（二）“区镇合一”管理体制的特色性

南通沿海前沿区域实施的“区镇合一”管理体制，不是园区与乡镇在行政管理上的简单合并，而是通过区镇管理体制的全面调整，同时配套出台要素资源的倾斜扶持政策，实施管理权限下放，鼓励综合配套试点等一系列政策措施，以“区镇合一”管理体制创新为统领，打破沿海地区发展的制约因素，释放沿海开发内在动力，达到“1 +1 >2”效果的一项综合配套改革。因此，南通“区镇合一”管理体制创新是南通沿海开发中统领全局的一项系统性的改革创新举措，具有鲜明的改革创新特点。

1. 突破原有行政管理界限

提出实施“区镇合一”、以区为主的管理体制，以管理体制人员机构的“合”实现园区和乡镇发展上的“统”。推行园区党工委、管委会与镇党委、政府合署办公，原有“两套班子”整合为“一套班子”，解决了区镇决策层面的统一性问题。对园区的经济发展职能和乡镇的社会行政管理职能，把原有机构职能归并整合，建立“一办多局”的机构框架模式，乡镇和园区人员根据新的架构统一分工使用，实现了在执行层面的一致性。对乡镇的称谓和法定机构等按要求保留，保证了上下对接的一贯性。同时，在市级管理权限内，明确园区管委会书记和主任可任命为副处职干部，中层机构明确为正科级建制，鼓励引导广大干部到沿海艰苦地区干事创业。

2. 突破原有政府管理权限

提出按照权责一致、能放即放的原则下放县级（南通滨海园区为市级）有关管理权限。赋予沿海园区（镇）在产业发展、规划建设、城市管理、项目投资、安全生产、环境保护、市场监管、社会治安、民生事业等方面的经济社会管理权限，下放、委托给沿海园区（镇）的行政许可、行政审批和公共服务事项，原则上进入便民服务中心，实行“一站式服务”。沿海园区（镇）成立综合行政执法机构，实行综合行政执法。减少行政审批和许可，规范审批程序，提高行政效率。理顺条块关系，鼓励县（市）区以上垂直管理部门在沿海园区（镇）设立派驻机构，其主管部门要充分授权，能下放的管理、审批权限，充分下放到派驻沿海园区（镇）的相关机构。

3. 突破原有发展要素瓶颈

建立财力与事权相匹配，资源要素向区镇倾斜的支持政策，增强园区（镇）自我滚动发展的能力。使财政收入超收分成、规费、土地出让金留成、各级专项资金等向沿海园区（镇）倾斜，在新一轮土地利用总体规划修编中，充分考虑沿海园区（镇）发展需要，合理调整用地布局，统筹安排。支持鼓励沿海园区（镇）开展农村土地综合整治、城乡用地增减挂钩试点，探索农村集体建设用地的流转，鼓励和支持金融机构在沿海园区（镇）设立分支机构，改善对小企业、个体工商户和农户的融资服务。鼓励吸引各类资本以多种方式参与沿海园区（镇）基础设施、社会事业和产业功能区建设。

4. 加强综合配套改革

按照城乡统筹、产城融合的原则，鼓励各项配套政策改革创新。通过加强对沿海园区（镇）规划的指导，坚持用高起点规划引领跨越发展，切实发挥规划的龙头指导作用。探索建立与“区镇合一”管理体制相适应的各项制度，通过深化户籍制度改革，放宽沿海园区（镇）落户条件，鼓励创业、创新型人才落户沿海园区（镇），引导更多农民工有序转为当地城镇居民。制定农业转移人口在沿海园区（镇）就业、社会保障等配套政策，逐步使农业转移人口享受与城镇居民相同的待遇。深化干部人事制度、社会保障制度、医疗卫生体制、环境保护制度等方面的改革,优化沿海园区(镇)发展环境。

三、“区镇合一”工作推进中遇到的问题

《意见》出台以来,各地“区镇合一”管理体制创新工作进一步深化,但在具体实施过程中还存在一些问题。

(一)管理体制完善还需加快

一是管理体制调整尚未全部到位。沿海 8 个重点区镇中目前还有 2 个仅在区镇一把手层面作了调整。由于机构调整需要磨合,规划修编及配套改革需要提前谋划,因此从“区镇合一”工作整体推进的角度,两个镇需尽快到位。二是管理权限下放工作尚未全部到位。权限下放是一项系统工程,目前已经开展下放的 5 个区镇,在权限下放的承接过程中,还存在专业人才缺乏的问题,导致一些下放的权限不能及时落地,权力的承接工作尚需磨合。尚未下放权限的 3 个区镇要进一步加快衔接,制订好方案,首先把区镇急需的权限尽快下放到位。

(二)规划引领有待加强

“区镇合一”管理体制主要从管理体制角度对沿海 8 个重点区镇进行了部署,但是从发展规划角度而言,市级层面对于沿海发展的总体规划还没有正式出台,规划的引领工作还需要进一步增强。另外,由于各地实施“区镇合一”的时间不长,多数园区处于开发建设初期,土地利用规划、区镇总体规划修编尚未完成,“区镇合一”后的各专项规划编制深度、进度和质量参差不齐,对“区镇合一”整体也造成一定的影响。

(三)统筹发展缺乏有效抓手

“区镇合一”主要是在县级层面实施,市级层面主要是指导和推进,在省直管县体制下,根据《意见》,市级层面权限主要是对园区党工委书记和管委会主任进行职务高配以及机构方案的批准,但是干部机构配备到位后,现行的财政体制和审批体制对市级部门统筹沿海重点区镇的发展定位,特别是对引导区镇主导产业集聚,推进错位发展、特色发展带来了一定的工作难

度,缺乏统筹推进的长效机制。

(四)配套改革不够到位

为了强化配套改革,增强发展活力,《意见》在财税政策、资金、土地扶持、人事制度、社会保障及户籍制度改革等方面提出了一些指导性的意见。从实施的情况看,各地采取的针对性较强、可具体操作的政策不多,特别是在财税政策、用地用海扶持等方面突破的力度还不够大,户籍制度、社会保障、医疗卫生、环境保护等基础性、体制性的改革创新工作尚未实质性启动。目前沿海前沿地区大项目特别是重大项目源偏少,加之重大项目审批层面高、报批周期长,导致了沿海一些重大项目落地进展不快。园区提档升级的步伐与区镇的愿望尚有差距。

四、“区镇合一”工作下一步推进的对策建议

按照《意见》的要求,结合当前南通创建国家陆海统筹发展综合配套改革试验区工作的最新精神,建议在以下几个方面加快推进。

(一)进一步加快推进管理体制改革

沿海各县(市)区要牢固树立全面实施沿海开发国家战略、培育新的经济增长极的发展意识,加快“区镇合一”工作的整体推进,为沿海重点区镇发展创造良好的外部环境。市及有关主管部门要加强指导,对于尚未完成“区镇合一”体制改革工作的区镇要进一步加大推进力度,及时就“区镇合一”管理体制创新工作开展经验交流,对实施情况开展督查,确保各项改革工作、保障举措及时到位。每年底通过对发展成效、“区镇合一”改革两方面情况进行综合衡量,提出建议方案,对“区镇合一”工作成效明显、发展绩效显著的地方,优先考虑领导班子的职务高配问题。

(二)进一步完善规划体系

发挥规划在推进“区镇合一”发展中的基础性作用,尽快编制或完善覆盖沿海前沿区域的规划体系。一是尽快编制《南通市沿海前沿区域发展规划》,充分研究沿海重点区域区位条件、资源分布、发展基础及江海联动等情况,明确重点园区、城镇的产业发展定位和空间布局,推动沿海前沿区域重

点园区、城镇等重点区域节点的重大公共基础设施互联互通。二是尽快开展重要专项规划修编或前期研究，对涉及沿海重大基础设施布局的《南通港总体规划》《南通市综合交通规划》《南通市城市总体规划》《南通市土地利用总体规划》，在修编时要根据沿海重点区镇的发展定位和优势，对原有规划进行调整。三是加快推进重点区镇规划修编，结合“区镇合一”管理体制调整，加快编制区镇融合发展规划，把园区规划纳入城镇发展总体规划，同步推动区镇土地利用等专项规划调整修编，突出区镇内部的产城融合和城乡统筹。

（三）进一步强化统筹发展激励机制

在沿海 8 个重点区镇自主选择确定 1 ~ 2 个主导产业的基础上，由市级统筹明确重点区镇的主导产业，编制沿海前沿区域重点产业布局空间规划，统筹沿海前沿产业发展。建议参照市级中心镇的标准，对沿海实施“区镇合一”的重点区镇实行以奖代补，用 5 年时间重点对规划布局和产业发展进行引导。首年按不高于 100 万元的标准据实对“区镇合一”总体规划、控制性详规、产业规划、土地利用规划等通过市级层面论证后给予补贴。按照每年每区镇不低于 200 万元的标准（市、县各半，南通滨海园区由市承担）对沿海重点产业发展予以支持，各沿海县（市）区按照市级确定的 8 个重点区镇的主导产业定位，出台引导产业集聚发展专项扶持政策，市级确定沿海重点区镇产业集聚发展考核标准，按年度进行考核评估后，按标准实施奖励。

（四）进一步深化各项配套改革

抢抓陆海统筹试点重大机遇，把沿海 8 个重点中心区镇作为先行先试的主阵地，进一步增强发展活力。一是向上争取方面，重点瞄准海域使用审批、土地利用总体规模和指标、经营建设用海换发土地使用权证、城镇规划建设用地规模、农村集体土地征用流转、城乡建设用地增减挂钩、土地利用总体规划评估修改、城乡户籍制度、金融服务创新、利用社会力量参与开发建设等领域先行先试。二是政策创新方面，重点瞄准创业创新人才引进、农业人口转移、社会保障制度、干部人事制度、医疗卫生体制、环境保护制度等方面加强探索和试点，建立与城乡一体化发展相适应的社会管理公共政策体系。三是提档升级方面，鼓励区镇做大做强，对照省级、国家级开发区、高新区等的标准和要求，优先支持申报。鼓励区镇进一步推动开发开放，推进跨江合作、陆海合作及国际合作，以合作共建的形式提升区镇开发水平。

南通沿海地区发展办公室规划处　杨晓峰
南通沿海地区发展办公室规划处　徐光明
南通大学江苏沿海沿江发展研究院　陈长江

（本研究报告为2012年江苏沿海沿江发展研究院招标课题《南通沿海开发中“区镇合一”体制的实用性和特色性研究》研究成果）

南通沿海前沿重点中心镇“区镇合一”中的关键性问题分析

沿海前沿重点中心镇是沿海地区发展的主要力量，是南通经济发展的重要增长极，其发展事关重大。要通过“区镇合一”有效整合资源，扫除发展中的障碍，必须要抓住“区镇合一”中的几个关键性问题：1. 构建推进行政管理体制改革的统一协调机制。2. 扩大经济社会管理权限。3. 探索财政体制改革。4. 优化机构设置。5. 深化干部人事制度改革。6. 加强相关配套改革。

行政管理体制是经济体制和政治体制的重要连接点。“区镇合一”是一种新型的行政管理体制，即将开发区（高新区、园区等）与乡镇（街道）通过整合归并政府职能，突破行政区域县镇，合二为一。通过“区镇合一”可以做到减少管理层次，提高工作效率，降低行政成本。更为重要的是，通过“区镇合一”可以促进人口、资源、产业集中紧凑发展，构建城乡一体化发展。南通市委、市政府2011年9月出台了《南通市沿海前沿地区重点中心镇实行“区镇合一”管理体制指导意见》（以下简称《意见》），目的就是要通过创新行政管理体制，推进南通市沿海开发工程进度，加快南通市沿海开发步伐。南通市在不同县（市、区）同时推进“区镇合一”工程，实属一种敢为人先的大胆尝试，其意义不仅局限于南通自身区镇管理体制创新，对于丰富我国行政管理体制改革的理论与实践亦具有相当的价值。通过对《意见》实施两年来的情况调研，我们认为继续推进这一创新实践，关键在于抓住和解决好几个关键性问题。

一、沿海前沿重点中心镇“区镇合一”中出现的问题

自《意见》出台实施以来，一些问题开始凸显，主要包括以下方面：

1. 缺乏统一规划

科学的、统一的规划是指导“区镇合一”的纲领。调研中我们发现，缺乏统一的规划是沿海前沿重点中心镇“区镇合一”实施过程中出现的首要问题。主要体现在：

一是南通市市级层面规划的“真空”。沿海重点中心镇涉及八个重点中心镇和八个园区，沿海开发工程的推进离不开这些乡镇园区的合力，合力的产生更是离不开统一的规划。八个重点乡镇和八个园区之间缺乏统一的发展规划，也缺乏真正切实可行的沟通协调机制。以沿海产业发展为例，沿海重点中心镇及园区的产业如何布局，南通市并无统一的规划，这很可能导致重复建设与恶性竞争。

二是各个区和镇规划的“缺失”与“不充分”。调查中我们发现：有的区、镇仍貌合神离，各自为政，根本没有“区镇合一”的统一发展规划；有的区、镇虽然有统一的发展规划，但规划没有做到高点定位、高标准要求，缺乏科学性、前瞻性；有的区镇规划虽好，却推进缓慢。

2. 管理权限下放不足

《意见》明确了在服从和执行县（市）区统一规划和政策的前提下，赋予沿海园区（镇）在产业发展、规划建设、城市管理、项目投资、安全生产、环境保护、市场监管、社会治安、民生事业等方面的县级经济社会管理权限，这是加快沿海前沿重点中心镇行政管理体制改革的关键措施。从调研来看，具体下放的管理权限并没有真正到位，合并后的区镇不能放开手脚开展工作，行政效能受到很大影响。

3. 财权和事权不匹配

沿海前沿重点中心镇“区镇合一”后担当着作为沿海开发主力军和突击队的重任，资金的支持甚为关键。目前各地采取BT、BOT、银企合作、土地担保等方式积极融资，取得一定成效。但是还迫切需要政府建立有力的财政

保证机制，如在财政收入超收分成、规费和土地出让金流程方面出台具体的政策。调研过程中，大家普遍反映财权与事权不匹配，手中可调度的资金不足。

4. 职能划分不明确，机构设置不合理

《意见》下达以来，各县(市)区在机构设置上有了调整。但总体来说，这种调整的力度与“区镇合一”的要求还有一定差距。

首先，在职能划分上没有真正做到“打碎重组”。区镇本身各有一套班子，要真正做到“区镇合一”，必须将二者的职能归并重组，相同的职能原则上只能由一个部门承担。从“区镇合一”推进情况来看，只有海安和海门的区镇做到了两块牌子一套班子。启东和如东区镇还有两套班子甚至三套班子运作，从长远来看这不利于“区镇合一”的高效运转。

其次，机构设置不够合理。职能归并重组后，接下来应该合理设置机构。从调研来看，“区镇合一”过程中，机构虽有调整，但与“精简、统一、高效”的要求还有差距，一些区镇还没有真正花大气力按照“事权集中、管理统一”理顺相关职能部门的行政管理关系。

5. 干部人事制度改革不到位

干部人事制度改革中出现的问题主要集中在以下两个方面：

首先是领导班子的安排问题。按照《意见》要求，园区党工委书记、管委会主任按副处职配备，根据工作需要配备若干名党工委副书记、委员和管委会副主任，按正科配备。这就出现以下问题：一是“乡镇合一”过程中出现了领导班子副职多的情况；二是原乡镇副镇长级别的领导可能担任的是内设办局局长、副局长的职务，其职级多为正科、副科，与领导班子中的副职职级相同，这就不利于领导开展工作，也不利于调动原乡镇领导班子的积极性。

其次是人员结构性缺失问题。“区镇合一”后，沿海前沿重点中心镇承担了更多的沿海大开发的职能，如招商引资、项目管理、社会管理、公共服务等。这就出现了原有的工作人员可能总量并不少，但是能承担新型职能的人员不多的问题。从调研来看，目前各乡镇基本上采取的是从其他乡镇“要人”“借人”的方式，这在一定程度上暂时缓解了新型人才紧缺的问题，但并没有从根本上解决人才结构性缺失问题。

二、“区镇合一”推进中问题出现的原因分析

总体来说,以上问题的出现既有客观原因也有主观原因。

1. 客观原因

一是南通市沿海前沿重点中心镇“区镇合一”本身的特殊性。从地级市层面同时推进八个重点中心镇的“区镇合一”,八个乡镇本身的经济发展条件、行政管理现状有很大的差别。如有的镇属于传统强镇(吕四港镇),经济条件较好,行政管理体制改革也走在前面;有的乡镇已经进行了“区镇合一”的探索,如东灶港镇与海门滨海新区于2008年8月实行了“区镇合一”管理;有的乡镇经济条件相对较弱,开发区起步晚,如启东圆陀角旅游度假区管委会在筹建阶段,目前仅有恒大威尼斯水城、新湖度假区和黄金海滩等项目和相关基础设施项目在建。另外在推进过程中还出现了一些新情况、新问题,如启东滨海工业园区由于起步较早,产业集聚较快,已形成一定的规模效益,与相邻的近海镇合一发展的需求较为迫切,也制定了“区镇合一”的实施方案。因此,短时间来看,八个乡镇、八个园区同时开展“区镇合一”工作出现各种各样的问题是在情理之中的。

二是难以突破的体制层面。南通市作为地级市统筹推进沿海前沿重点中心镇“区镇合一”是一种管理体制的大胆创新实践。然而这些沿海前沿重点中心镇除了三余镇由南通市托管,其他镇、区都分属不同县市。由于目前的财政“省直管县”体制,南通市除了“人事”这一主要抓手外,全面推进“区镇合一”过程中,体制层面的束缚凸显。如我国财政体制决定的乡镇一级的可支配资金有限,乡镇一级想大有作为缺少资金支撑,沿海开发过程中这一问题凸显。

2. 主观原因

南通市委、市政府充分认识到管理体制对经济发展的重要作用,希望通过“区镇合一”突破体制瓶颈,推进沿海开发工程,加快沿海开发步伐。然而任何一项改革都会涉及权力和利益的重新分配问题,往往不会得到所有人

的支持。调研中我们发现,部分县(市)对推进“区镇合一”这一新型行政管理体制的意义认识不够,推进决心和魄力不够,部分区、镇领导积极性不够、热情不高,存在等待观望、应付等情绪。这就需要从上到下有壮士断腕的勇气,勇于挑战改革阻力,大力推进改革的步伐。

三、解决几个关键性问题,大力推进“区镇合一”建设

沿海前沿重点中心镇是沿海地区发展的主要力量,是南通经济发展的重要增长极,其发展事关重大。要通过“区镇合一”有效整合资源,扫除发展中的障碍,必须要抓住“区镇合一”中的几个关键性问题。

1. 构建推进行政管理体制改革的统一协调机制

首先,要形成统一协调的领导力量,加强组织领导。这就需要进一步落实《意见》中明确的“建立沿海前沿地区重点中心镇,实行‘区镇合一管理体制联席会议制度’”。从南通市级层面统筹沿海前沿重点中心镇的行政管理体制改革推进工作,推动“区镇合一”改革进入实质性的操作阶段。

其次,要做好统一的区镇发展规划,形成发展合力。这就要求各中心镇在《南通市沿海发展规划》和《南通市沿海开发行动纲要》的基础上,结合本地实际,做好“区镇合一”后的发展规划。一是各中心镇的发展规划要坚持高起点、高标准、适度超前和突出本地特色的原则,规划中要明确当地的功能定位、发展重点、产业布局。二是各中心镇的规划需要由南通市统一审批、统一协调,以防止重复建设、重复投资等现象。最后,各地规划最终审批通过后要严格执行,以确保规划的有效实行。

2. 扩大经济社会管理权限

行政审批、行政许可和行政执法制度改革是行政管理体制改革的重要内容。《意见》明确提出要“以转变职能、增强效能为重点,按照权责一致、能放即放的原则”。这就要求:

首先,具体明确下放给中心镇的县级管理权限,并制定相关的下放政策。要充分放权或授权给中心镇,使中心镇真正拥有与其经济社会发展水平相适应的行政审批、行政许可以及其他行政权限,增强中心镇经济调节、

市场监督、社会管理和公共服务的能力和活力,充分释放其发展能量。在服从和执行县(市)区统一规划和政策的前提下,下放产业发展、规划建设、城市管理、项目投资、安全生产、环境保护、市场监管、社会治安、民生事业等县级经济社会管理权限,并且要明确具体下放内容、下放程度、下放方式。

其次,鼓励相关部门在中心镇设立派驻机构(分局),支持中心镇发展。对于涉及行政许可和行政处罚等不能直接下放或授权的权限,可以通过相关部门在中心镇设立派驻机构(分局)的形式加以解决。相关县(市)以上垂直管理部门在中心镇设立派驻机构(分局),有利于中心镇的运行发展,应鼓励其在中心镇设立派驻机构,其主管部门要充分授权,能下放的管理、审批权限要充分下放到派驻机构。

3. 探索财政体制改革

财力是经济社会发展的重要保障。在目前的财政体制下,镇一级的资金支配能力非常有限。创新南通沿海前沿重点中心镇行政管理体制的重要任务之一就是按照“一级财政、权责统一”的原则探索一条有利于中心镇发展的财政体制。

首先,可以通过制定政策的方式向中心镇提供资金倾斜。如在财政超收分成上提高中心镇的分成比例,土地出让金除了上缴中央、省和按规定扣除相关费用外,剩余均留给区镇支配。按照《意见》要求,中心镇基础设施建设、城镇规划建设、环境保护与污染治理、高效设施农业和特色产业、中小型科技企业发展、农村金融等方面,县(市)级财政要给予财政支持;整合各类专项资金,集中支持中心镇建设。符合条件的项目应优先列入各级政府重点建设项目名单,优先向上推荐申报资金扶持。

其次,可以在体制范围内寻求突破。如可以将沿海前沿重点中心镇全部由南通市统一管理或者将这几个乡镇统一纳入一个国家级开发区管理,这不仅可以克服市管县与财政省管县之间的矛盾,还将更加有利于中心镇的统筹发展。

4. 优化机构设置

机构是行政管理体制的载体,机构设置的合理与否,直接关系到行政管理体制运行的顺畅与否。沿海前沿重点中心镇实行“区镇合一”后,需要对原有的机构进行整合重组,理顺区党工委、管委会、政党委和政府的关系。

首先,要理顺职责,确定中心镇的职能定位。一要明确区镇本身的职能。“区镇合一”后的职能主要包括基本职能、特别授权职能、外包职能和社会化服务职能。其中基本职能指的是区镇对所辖区镇的统一领导和管理职能;特别授权职能是区镇根据有关规定享受的职权;外包职能是指区镇将本应由政府履行的专业性较强的经营管理项目,如人力资源服务、项目技术开发服务、人才培训、招商引资、规划设计等,外包给其他专业服务机构或咨询公司;社会化服务职能是指将原由政府包揽的本应社会化的相关服务职能,如社区管理、新型农业、中小企业发展等,逐步剥离出政府职权,转移给各种社会中介组织或机构,使其代替政府行使一部分公共管理和公共服务的职能。二要在明确区镇职能的基础上,进一步理顺相关职能部门的行政管理关系。职能是机构设置的前提,“区镇合一”的关键是区镇的职能要合一。要将原有的镇和区的职能彻底地归并融合。

其次,优化机构设置。职能、职责理顺明确后,可以以局的形式加以设置。在具体划分过程中坚持“宜粗不宜细”“大部门制”的原则,中心镇结合实际组成若干个职能局。各中心镇可以成立一个公共服务中心,将所有承担群众和企业公共服务的职能放到公共服务中心。已经成立公共服务中心的中心镇,可以考虑增加公共服务中心的职能,最终为群众和企业提供“高效、便捷、规范、阳光”的行政许可、行政审批和行政服务。这样,加上“区镇合一”后内设的办公室,就形成了“一办几局一中心”的机构设置模式。

5. 深化干部人事制度改革

首先,要配强中心镇领导班子。干部队伍是中心镇发展的关键。不仅要按照《意见》的要求,选择工作能力强、事业心强、公正廉洁的干部,按副处职配备“区镇合一”的党工委书记和管委会主任,还要在全市选调一批优秀的领导干部和业务骨干充实到中心镇的干部队伍中。

其次,要优化人员配置。充分利用好原有区镇的人力资源,通过人员整合的方式,使其有最适合的岗位。坚持正确的用人导向,让在沿海大开发中真正想干事的人有机会、会干事的人有舞台、干成事的人有地位。

再次，要给予灵活的用人政策。“区镇合一”后，各中心镇承担的职能有了变化，为了解决人员结构性缺失的困境，要给予中心镇一定的用人政策。如可以鼓励县（市、区）、镇干部实行双向交流，为中心镇全面履行沿海大开发职能提供人才支持；中心镇可以根据工作需要从全国各地选配优秀、专业的人才等；中心镇可以通过聘用制选择事务性、辅助性岗位人员。

综合来看，配强领导班子、选好工作人员还不是人事制度改革的全部，还需要积极探索适合沿海前沿重点中心镇发展的干部和工作人员使用、管理、考核、奖惩新办法、新机制，进一步激发他们的工作积极性和主动性。

6. 加强相关配套改革

首先，加大用地支持力度。在土地使用方面实施倾斜政策，如在新一轮土地利用总体规划修编中，要充分考虑中心镇的发展需要，合理布局，统筹安排；支持和鼓励中心镇开展迁村并点、土地整理、开发利用荒地和废弃地的工作，提高土地的利用效率；要进一步探索农村集体设施用地的流转方式，保障集体建设用地依法依规流转。通过制定政策或采取其他措施向中心镇用地进行倾斜，同时向省里积极争取用地指标，保障中心发展过程中的土地需求。

其次，深化户籍制度改革。按照统筹城乡发展和建设现代化城市目标的要求，深化户籍管理制度改革，引导农民以集体资产所有权、土地承包权、宅基地及住房置换股份合作社股权、城镇社会保障和城镇住房产权等。制定出具体政策，放宽中心镇落户条件，鼓励创业、创新型人才落户中心镇，引导更多农民有序转为当地城镇区民。要制定农业转移人口在中心镇的就业、社会保障等配套政策，逐步使农业转移人口享受与城镇居民相同的待遇。

再次，健全公共服务体系。“区镇合一”后，要统筹城乡基础社会建设，进一步推进公共服务的均等化发展，构建公共文化服务体系，完善基本医疗服务体系，建立健全教育和就业体系，加快建立社会保障和救助体系。

中共南通市委党校　赵园园

中共南通市委党校　戚小倩

沪通长江大桥对南通影响研究及设立沪通长江大桥开发区的建议

在经济全球化和区域一体化的背景下，城市与国际、区域间以及城市内部各个功能组团间的交通的快捷性、方便性和可行性成为决定城市发展机会和地位的关键，对城市投资环境和经济增长具有重要的甚至决定性的影响。沪通长江大桥和沪通铁路的建设，必将对南通区位条件变革和社会经济发展产生极大影响，而设立沪通长江大桥开发区，则是谋划南通新发展中的重要着力点。

在经济全球化和区域一体化的背景下，城市与国际、区域间以及城市内部各个功能组团间的交通的快捷性、方便性和可行性成为决定城市发展机会和地位的关键，对城市投资环境和经济增长具有重要的甚至决定性的影响。清末民初，南通构建了陆水交通网络，成为近代中国民族工业发祥地之一。苏通长江大桥的建成，对南通21世纪头10年跨越式发展起了重要作用。沪通长江大桥和沪通铁路的建设，必将对南通区位条件变革和社会经济发展产生极大影响。而设立沪通长江大桥开发区，则是谋划南通新发展中的重要着力点。

一、交通对南通经济社会发展有着特别重要的影响

南通位于江苏省东部，属长江下游北岸，东临黄海，面向太平洋，地处中国“黄金海岸”和“长江黄金水道”的结合部，有“江海门户”之称。南通虽居江海交汇之处，与上海及苏南地区相邻，但三面环水，呈半岛状，长江南通段

江面开阔，渡江困难，因长期对南不通，又称“难通”。因此，交通是南通经济社会发展的命脉。

1. 构建陆水交通网络，是南通成为近代中国民族工业发祥地的基础

南通地区盛产棉花，家庭纺织业发达，在清代中叶，土布生产已有相当规模。光绪初，通州年产土布1700多万匹，行销东北。1895年状元张謇辞官回乡，创建了当时中国最大的民营股份制企业集团——大生资本集团（到1922年张謇70岁时，大生集团四个纺织厂的资本已达900万两白银，有纱锭15.5万枚，占全国民族资本纱锭总数的7%）。

张謇对交通在经济社会发展中的地位有着深刻认识，他认为“道路交通为文明发达之母”。为了发展工业，他在南通建设陆水交通网络。1903年组建了大达内河轮船公司，有小轮10艘，拖轮8艘，开辟了数条苏北内河航线；1905年，建设了港闸公路，这是江苏的第一条公路，至20世纪20年代，南通县筑有公路500余里，汽车行61家，汽车270多辆，公路运输兴旺发达；1919年，铺架了三厂至青龙港的轻便铁路。张謇用30年时间持续进行交通建设，构建了南通公路、铁路、内河运输、长江运输网络。

为了畅通南通纱与布的外销渠道，张謇将关注力投向上海：① 建造近代化码头。在南通长江边的芦泾港、天生港建造了通源、通靖两个码头，作为南通至上海的通申线的始发站。在上海的十六铺“自立码头，自开航路”，建造大达码头，作为南通至上海的通申线的终点站。② 购置新式轮船。自1900年至1921年，共购置新式轮船9艘，总吨位达4555吨，其中，大庆轮吨位达1405吨。③ 创办轮船公司。1900年创办了大生轮船公司，1904年在通沪两地分别创办了上海大达轮步公司和南通天生港轮步公司，开辟了上海至海门、上海至南通、上海至扬州等地的航线，经营通沪两地货客运输业务。④ 开辟海运之路。将南通的“关庄布”运至上海后，再运至营口，销往东北。有专家统计，当时面积仅为0.4万平方千米、人口约270万的南通生产的“关庄布”，几乎覆盖了东北124万平方千米，满足了东北1996万人口中的90%人口的布料需求。张謇创下的中国近代棉纺织史上的一个奇迹，与他在交通建设上的远见卓识不无关系。

张謇先后建成了大生纱厂及盐业、榨油、面粉、冶铁、轮船等方面的40多个企业。张謇还主张“教育救国”，并努力践行之。据统计，张謇在南通地区共创办小学370余所，中等学校6所，高等学校3所，所办学校数量之多、门类之广，是前所未有的。他还发展各类社会公益、慈善事业，建博物苑、图书馆、体育场、气象台、剧场、公园，创办医院、公墓、残疾院、贫民工场、栖流所、济民所，修理保护文物古迹，在近代中国社会事业建设中，创造了诸多“中国第一”。中国社科院原院长刘国光先生曾评价“张謇开创的南通早期现代化之路，一度成为当时国内的一个样板”，使南通成为中国“较早实现近代化的城市”。而这一切都与张謇在南通构建了陆水交通网络有关，交通闭塞的南通，“一变而为四通八达，再进而为事业发达之区”。

2. 缺少过江大通道，20世纪90年代南通退出了“苏南板块”

改革开放初期，南通工业生产蓬勃发展：1980年，南通市区工业总产值达218600万元，人均工业产值10740元，成为继常州后我国又一个人均工业产值超过万元的中等城市。经济效益指标在全国也居领先地位，全员劳动生产率为26248元/人年。1981年，南通市区国内生产总值达235250万元，人均工业产值11197元，全员劳动生产率26085元/人年，每百元资金利税达43.7元，远远超过全省31.8元的平均水平，南通市成为全国220个城市中工业经济效益名列前茅的“明星”城市，与苏州、无锡、常州并列为当时享有盛誉的“苏南板块”。1983年南通港正式对外开放，1984年南通被批准成为全国首批14个沿海开放城市，同年12月，国务院批准南通经济开发区建立。1986年南通跨入全国20个工业总产值超百亿元城市，1991年国内生产总值提前9年实现翻两番。

进入20世纪90年代后，随着改革开放的深入和市场配置资源的力度不断强化，各种生产要素的流动量越来越大，流动速度越来越快，苏南地区凭借着铁路、航空、高速公路、港口立体化的交通网络，经济社会快速发展。南通尽管也加大了交通建设的投入，但是由于缺少与上海和苏南地区的过江通道，原有的陆水交通网络的优势逐渐衰退。1986年5月8日发生的导致百人死亡的过江轮渡沉船事故，暴露了对南不通问题的严重性。南通的地区发展竞争力不断下降,经济发展的速度和水平与苏南地区的差距越拉越大,使得南通逐步退出了"苏南板块"。

3. 建设苏通长江大桥,南通迎来了21世纪头十年的持续跨越发展

建设苏通长江大桥是南通人民的百年梦想。苏通长江大桥如能建成,南通就能冲破长江天堑,成为中国沿海大通道承南启北的重要枢纽,南通就能进入上海"1小时"都市圈,在长江三角洲的地位与作用会显著提升。苏通长江大桥2001年6月经国务院批准正式立项,2002年10月开工建设,2008年建成通车。苏通长江大桥自批准立项起,就极大地推动了南通的发展,为全市产业结构、生产力布局、城市与交通建设带来了极为深刻的变化,使南通的集聚力和辐射力大为提升。国内生产总值方面,2003年突破了1000亿元,2008年为2500亿元,2009年为2800亿元,2010年为3400亿元,2011年为4000亿元,2012年为4500亿元,2013年为5000亿元;财政收入方面,2002年为152.6亿元,2008年为350亿元,2009年为480亿元,2010年为700亿元,2011年为900亿元,2012年为1000亿元,位列全国地级城市第8位;利用外资方面,2000年为7亿美元,2008年为30亿美元,2009至2012年连续4年超20亿美元,位列江苏省第2位。2002—2011年,经济年递增率为14%~15%;城乡居民收入连续多年呈两位数增长,全市6县(市、区)都进入全国百强县。2009年以市为单位达到江苏省小康水平指标。十年持续跨越发展,南通重返全省第一方阵。由此可见,苏通长江大桥对南通进入21世纪持续跨越发展起了何等重要的作用。

二、沪通长江大桥和沪通铁路将对南通经济社会发展产生巨大影响

沪通长江大桥和沪通铁路建设是南通的控制性节点工程,对于打通江苏东部铁路大动脉,提高过江通道能力,加快我国沿海铁路、"长三角"区域铁路网、苏北快速铁路网建设,进一步接轨上海,促进"长三角"经济一体化和区域协调发展都具有重要意义。沪通铁路建成后,南通将成为国家综合运输通道中重要的节点城市,将极大地缩短上海与南通及苏北地区的空间

距离。

如果说苏通长江大桥使南通区位条件发生了根本性变革，对南通进入21世纪持续跨越发展起了重要影响，那么，沪通长江大桥和沪通铁路的建设，将使南通区位条件发生革命性变革，对南通经济社会发展产生巨大影响。

1. 南通将成为国家综合运输大通道上的重要城市，集聚力、辐射力将有极大提升

南通与上海隔江相望，但长期以来交通并不便利，难以融入“长三角”核心区域，问题的关键在于其交通运输体系是以公路运输为主，铁路建设滞后，江港、海港无铁路线，铁路港口综合集运体系尚未形成，各种交通运输方式衔接效率低。由铁道部、上海市、江苏省共同投资建设的沪通铁路，是国家铁路“十二五”规划建设的重点项目，是国家沿海铁路大通道——黑河至三亚运输通道的重要组成部分。沪通铁路跨越长江，江苏境内长119.54千米，上海境内长17.74千米。项目按国铁Ⅰ级、设计时速200千米标准建设，客货两用。沪通铁路建成后将开行动车组，届时上海至南通有望1小时内互达。沪通铁路北可至东北三省，南可达东南沿海区域，现由上海发出或到达上海的许多火车今后将从沪宁线分流至沪通线，南通将成为国家综合运输通道中的重要城市。

沪通长江大桥，按铁路四线、公路六车道设计，铺有50万伏过江电缆，建成后将成为世界上功能最齐全的公路铁路两用桥，并超越苏通大桥成为世界第一跨度的斜拉桥，其对南通经济跨越发展的影响必将大大超过苏通大桥。

中国（上海）自由贸易试验区的建立会对周边地区产生巨大的“溢出效益”。沪通长江大桥和沪通铁路建设，使南通承接自由贸易试验区“溢出效益”有了更好的条件，国际、国内的优质资源将会更多地向南通聚集，大大提升南通的竞争力和影响力。可以预计，10年内南通的GDP完全有可能突破万亿元大关。

2. 南通将成为江苏沿江城际轨道与上海、浙江衔接的节点城市，交通方式将发生历史性变革

2012年4月，国家发展改革委员会批准了江苏沿江城市群城际轨道交通网规划，南京、镇江、常州、无锡、苏州、扬州、泰州、南通等沿江8个城市将建城际轨道。沪通长江大桥是（南）通、苏（州）、嘉（兴）城际铁路和（无）锡、（南）通高速公路的共用通道，南通由此而成为江苏沿江城市群城际轨道与上海、浙江交通网衔接的节点城市，战略地位的重要性不言而喻。

沪通长江大桥集快速铁路、城际铁路和高速公路功能于一体，建成后将与苏通大桥、崇启大桥、崇海大桥、新长铁路、宁启铁路、通苏嘉城际铁路、沿江城际铁路、沈海高速公路、虹桥机场、浦东机场和南通沿海沿江各港口构成完备的立体交通网络。同时，规划中的南通地铁设计了四条线路，总长度为180千米。地铁建成后，不仅市区道路网络将更加完善，而且地铁的西部出入口与沪通铁路相连。“铁铁换乘”的交通方式将使南通地铁与国家综合运输大通道实现有机衔接，南通的交通方式和格局将发生历史性变革。

3. 南通将成为我国东部重要经济增长极中的新兴中心城市，城市布局将发生重大变化

沪通长江大桥和沪通铁路的建设大大促进了南通产业结构调整与优化：在产业发展模式上，改变了既有的上海带动苏南、苏南辐射苏中、苏中影响苏北的模式，形成南通融入上海、对接苏南、辐射苏北的新模式，加速南通实现产业结构现代化；在产业发展载体上，南通现有的12个跨国跨江合作工业园成为产业结构调整与优化先行区的功能将更为凸显；在产业发展空间上，南通构筑沿江、沿海、沿上海、沿大通道、沿重要节点的“五沿”产业发展空间框架将更加完善，形成结构合理、技术先进、特色鲜明、分工协作、集约高效的产业发展格局，基础更加坚实，大大加快南通与上海、苏南地区在海洋工程、精密机械、生物工程和现代服务业等方面的转移、合作和对接的步伐。

沪通长江大桥的建设，使沪通铁路向北连接海（安）洋（口）铁路至洋口港。苏南和苏中地区的集装箱，通过铁路和公路经沪通长江大桥直抵洋口

港出海,时间与成本均会低于洋山港和宁波港,这将大大提升江苏经济的竞争力。过去,南通由于处于铁路网的“神经末梢”而无法实现火车编组,沪通铁路建成后,南通将具备火车编组的条件,可以始发至浙江、福建、广东方向的列车,这对南通成为交通门户城市、铁路集疏运物流中心很有意义,必将带来南通物流产业的大发展、大繁荣。

《江苏沿海地区发展规划》提出要把江苏沿海地区建设成“我国东部地区重要的经济增长极”。围绕这个要求,江苏省沿海地区将着力建设大港口、培育大产业、服务大腹地、实现大发展。但是江苏沿海连云港、盐城、南通三个城市目前无铁路与上海相连,大大制约了江苏沿海开发的速度与质量。沪通长江大桥和沪通铁路的建设,使国家沿海铁路江苏段北起连云港、盐城,经南通过江至上海,不仅使江苏沿海三城市串联在一起,而且打通了我国沿海发展轴南北联系,将沿江沿海发展轴紧密契合,引领沿海经济要素向内陆辐射。南通处于沿江沿海发展轴契合点,区位优势突出,发展前景广阔,必将发展成为我国东部重要的经济增长极中的新兴中心城市。

沪通长江大桥的建设,其规模和影响远远大于苏通大桥,将直接带动南通城镇体系的调整优化,改变现有的城市沿江条状式布局,形成以桥、港、路三位一体为主动脉的开放式、放射状城市新空间,南通城市格局由此将发生重大变化。南通市区在经过了向南发展、向东拓展后,必将迎来往西北发展的新高潮,还会对通州区和港闸区的功能定位、产业集聚、城镇布局产生重大影响,从而使沿线乡镇加速崛起,进一步增强城市发展活力和加快城乡一体化进程。沪通长江大桥的建设,还将使南通与“长三角”各城市特别是与上海、苏南地区的联系更趋紧密,为南通在更高起点上布局城市发展提供动力。

三、关于设立沪通长江大桥经济开发区的建议

沪通长江大桥和沪通铁路建设对南通有重大影响,我们要认真研究,及早谋划,抓住机遇,布局南通的新发展。设立沪通长江大桥经济开发区应提上议事日程,笔者见解如下。

（一）设立沪通长江大桥经济开发区的必然性与必要性

1. 沪通长江大桥周边会形成产业集聚区

沪通长江大桥和沪通铁路建成后，将极大地缩短南通与上海的时空距离，有利于加强南通南向上海和苏南地区，北向苏北地区乃至华北和东北沿海地区的辐射功能，并实现南通与上海和江南的沿岸产业联动发展。特有的区位优势和与上海、苏州、无锡等城市"一小时通勤"的功能必将产生强大的磁场效益，吸引本地和国内外的各种生产要素在沪通长江大桥周边集聚。我们应提早谋划，利用沪通长江大桥和沪通铁路在国内外的巨大影响，设立沪通长江大桥经济开发区，对沪通长江大桥周边生产要素集聚进行科学规划和有序安排。

2. 应用新体制布局沪通长江大桥产业集聚

沪通长江大桥和沪通铁路的强大磁场效益会吸引各种生产要素的集聚。沪通长江大桥和沪通铁路沿线分别是通州区和港闸区的有关乡镇，如果以常规方式来安排，既难以实现生产要素集聚的集约化、生态化发展，又会受到现有体制的制约，缺少制度与机制的竞争力。设立沪通长江大桥经济开发区，不仅会更多更好地招商引资引智，更为重要的是，开发区的管理体制会大大减少行政干预和商务成本，为经济发展提供更好的政务环境和制度竞争力，并以其示范效益极大地推动沪通长江大桥和沪通铁路沿线相关城镇经济社会管理服务水平发生革命性变革。

3. 以快速铁路网为依托的经济开发区优势明显

改革开放以来，南通相继建设了南通经济开发区、南通高新技术开发区、南通滨海园区和苏通生态科技园等工业园区。经济开发区和工业园区实行产业集群发展、集约发展和产业转型升级与城市一体化发展，大大加快了南通现代化进程。而以快速铁路网为依托的沪通长江大桥经济开发区，以与上海和苏州、无锡等城市几十分钟的通勤时间，以及可实现铁路与航空、海运、江运、高速公路、内河及地铁联运和换乘的便利，比南通现有的开发区和工业园区有更加突出的交通优势、时间优势和成本优势，从而具有其他开发区和工业园区难有的综合竞争力和核心竞争力。

4. 有获得上级批准和干部、群众支持的条件与基础

沪通长江大桥经济开发区特有的区位优势和功能，必将引起高层关注，经过充分论证易获批准，不仅可以吸引国际投资，而且可能获得国家重大项目和央企入驻。沪通长江大桥和沪通铁路建设会使沿线地区经济社会发生跨越式发展。因而设立沪通长江大桥经济开发区，必将得到沿线地区干部和群众的拥护。

（二）关于设立沪通长江大桥经济开发区的若干建议

1. 选址方案

沪通长江大桥经济开发区选址方案可有四种：

一是在南通火车西站所在地平东镇。

二是在沪通长江大桥北桥头堡所在地平潮镇。

三是将平潮镇与平东镇、李港镇三镇合并为沪通长江大桥经济开发区。

四是将平潮镇、平东镇、李港镇与港闸区合并为沪通长江大桥经济开发区。

四种选址方案各有特点：

第一选址方案的优点在于：平东镇是南通火车西站所在地，处于现有的南通火车东站与沪通长江大桥桥头堡的中间，同时，平东镇还是江苏城际铁路南通站的所在地，沪通长江大桥经济开发区放在此，可综合发展桥与路优势，使南通火车西站建设与开发区建设同步推进，实行产业和城市建设与桥和路建设同步统筹。缺点在于：平东镇除红线保护的农耕地外，已无空地能使开发区落户，且此处人口密度大，拆迁成本高，现预留的4平方千米规划面积只够容下火车站及建设一个以物流为主业的园区，而要建设一个综合性的开发区，缺乏建设基础与条件。

第二选址方案的优点在于：平潮镇是通州五大市镇之一，也是南通的工业重镇，是南通西大门，交通便捷，第三产业较为发达，南通肿瘤医院、平潮高级中学可提供优质医疗、教育服务。为大桥建设配套的大桥产业园已落户平潮镇，以大桥产业园为基础布局沪通长江大桥经济开发区，可收到立竿见影之效，这与平潮镇提出的打造“大桥新城”的发展战略相吻合，也会使通

州区的产业布局和城镇布局发生重大变革，为通州新发展注入新动力，必将得到通州区全力支持。缺点在于：平潮毕竟是个乡镇，而且正因为靠南通太近，多年来通州对该镇的基础建设几乎不投入，虽然处于交通便捷之地位，但镇与交通干线之间通行不畅。作为一个乡镇，在大桥下搞一个工业园尚可，但要建成一个经济开发区，无论人力还是物力都是无法承担的。

第三选址方案的优点在于：将平潮镇与平东镇、李港镇三镇合并为沪通长江大桥经济开发区，不仅地盘大（平潮镇、平东镇和李港镇的面积分别为62、48和38平方千米，合计为148平方千米），而且可以使三镇的产业、基础设施和城镇建设统一规划与布局，避免重复建设与同质竞争，实现特点包容和优势互补，并可使经济社会发展由"三农"格局跃升至工业化、城市化、市场化、信息化、国际化的"五化"格局。缺点在于：平潮、平东和李港三镇毕竟是乡镇，现有的软硬件条件都难以使经济开发区很快和很顺利地落户。

第四选址方案的优点在于：将平潮镇、平东镇和李港镇与港闸区合并为开发区，能使沪通长江大桥经济开发区有发展的广阔空间（合计有300平方千米，具备良好的硬件条件，港闸区的城市化率达90%以上，并且服务业发达），能消除平潮、平东和李港承接能力不够与港闸区发展空间受限的局限，实现一区三镇的产业、基础设施和城镇建设统一规划与布局，使现在的一区三镇在一个开发区的框架中，盘活盘优经济存量，统筹安排经济增量，显著提高经济社会发展的档次与水平，增进人民福祉，构建起一个工业化、城市化、市场化、信息化、国际化"五化"加速发展的崭新的"南通西区"。缺点在于：平潮、平东和李港三镇属于通州区，与港闸区合并为开发区后，涉及区划调整，须经国务院和省政府审批，时间长，手续繁，同时，大桥经济开发区的设立会缩小通州区的地盘，影响通州区的诸多统计指标，甚至会减少财政收入，可能会出现平潮、平东和李港三镇与港闸区积极性高，通州区顾虑较多的问题。

以上四种选址，不是相互分割、相互对立的，可采取循序渐进逐步发展与扩大的方法来相互衔接推进，即先将沪通长江大桥经济开发区设立在平东镇，发展到一定时间和规模后将其扩展到平潮和李港地区，等条件成熟后扩展至港闸全境,如同南通经济开发区在逐步发展过程中不断调整区划那样地发展。我们需重视的问题是,设立沪通长江大桥经济开发区,谋划要早、起点要高、视野要开阔、动手要快,不能左顾右盼失去机遇(苏州市亦有可能在沪通长江大桥南边设立经济开发区),不能因本位主义、山头主义、眼前利益而影响大局,不能因区划问题造成重复建设、重复投资,甚至出现恶性竞争与体制性内耗。

2. 开发区功能定位

南通设立经济开发区至今已有 30 年历史,积累了丰富的经验,今日设立沪通长江大桥经济开发区,不需再用摸着石头过河的方法,而可以从顶层设计开始,邀请国内外顶级专家和权威咨询设计公司,对沪通长江大桥经济开发区进行科学规划,使其成为一流的国家级开发区。如何建设沪通长江大桥经济开发区?笔者以第四种选址方案为假设,对开发区建设提出若干基点,供有关方面参考。

(1) 工业立区。建设沪通长江大桥经济开发区的第一基点就是工业立区,将其建成我国一流的先进制造业工业园区。这是因为:第一,2008 年爆发的金融危机对我们有一个极为深刻的教训,即实体经济是国民经济最坚实的基础,而发达国家率先走出危机的经验之一,也正是通过"新工业化"大力发展先进制造业。我国经济受国际环境影响,由持续近 30 年的两位数高速增长转向7% ~8% 的增长,在这样的背景下,夯实实体经济这个国民经济最坚实的基础显得格外重要。第二,南通要建成"长三角"北翼经济中心,首要的是建成"长三角"北翼先进制造业中心,除加快纺织、建筑等传统产业升级优化,推进船舶修造、海洋工程、机械电子、化工、轻工食品、医药、电力能源和新材料、新能源等新兴产业发展外,必须大力推动产业结构向高端攀升。第三,现平潮、平东和李港三镇与港闸区,船舶修造、海洋工程、机械电子、化工、轻工食品、医药、电力能源等是基础产业,其是财税的主要来源和就业的主渠道,在促进其稳定健康发展的同时,须加快转型升级的步伐。从这三个方面看,将沪通长江大桥经济开发区定位为我国一流的先进制造业工业园区,是适应天时地利之需求的正确决策。从国家层面讲,在"长三角"

地区建成一个国内一流的先进制造业工业园区，将有利于提升我国制造业的国际竞争力；从区域经济讲，这不仅使南通建成"长三角"北翼先进制造业中心有了一个坚实的支撑点，而且将使平潮、平东和李港三镇与港闸区的制造业发展有了"发动机"，甚至产生质的飞跃。那种一提到建设沪通长江大桥经济开发区，就以为是抛弃现有产业另起炉灶，或是将沪通长江大桥经济开发区定位成物流园区或现代服务业园区的思想，是不现实的。

（2）科技兴区。沪通长江大桥经济开发区不仅要成为我国一流的先进制造业工业园区，还要成为科技水平国际领先的开发区，走科技兴园之路。这方面要做好几个工作：第一，要引进国内一流、国际领先的先进制造业企业，树立起开发区制造业发展的高端标尺；第二，要用先进技术、先进流程、先进装备对现有制造业企业进行改造、重组和提升；第三，要充分发挥沪通长江大桥经济开发区与上海、苏南城市交通便捷、处在"1小时"通勤圈内的优势，运用各种优惠政策，向国际、国内科研院所、高端人才敞开大门，吸引他们来开发区发展；第四，以上海北高新城为载体和示范，在开发区设立各类科技园或科技孵化园；第五，提升辖区内南通理工学院、江苏商贸学院和南通中专等院校的办学水平，以其为载体，与国内外高校进行多层次、多类型的合作，吸引著名高校来办分院或设立科研（实习）基地，用走出去、请进来等多种方式开展对企业家和员工的培训。

（3）物流旺区。平潮、平东和李港三镇与港闸区，通江达海，与上海和苏州、无锡等苏南城市隔江相邻，沪通长江大桥通车后，与这些城市处在"1小时"通勤圈内，沈海高速、锡通高速、沪通铁路、宁启铁路、通苏嘉城际铁路、新204国道、通吕运河以及和九圩港连接的洋口运河，多在区内起源或在区内交汇，到兴东机场仅20分钟车程，到虹桥机场、浦东机场也仅有1.5~2小时车程，可实行铁路与航空、海运、江运、高速公路、内河及地铁联运和换乘。沪通长江大桥经济开发区可依托这立体型、多载体、多功能的现代交通网络，大力发展生产型服务业，尤其是现代物流业。物流旺区将是沪通长江大桥经济开发区的显著特征与优势。

（4）生态护区。平潮、平东和李港三镇与港闸区合计面积300平方千米，有常住人口30万，流动人口15万，区内企业数量多、人口密度大。沪通长江大桥经济开发区设立后会有更多的企业与人员落户，加之其处于交通枢纽地位，环境保护形势严峻。经济发展不能以牺牲环境为代价，沪通长江大桥经济开发区的建设须实行最严格的环境保护标准，要将开发区建成生态环境优良区。为此应做到：第一，将环境保护规划纳入开发区总体规划中，实行环境保护与产业布局、城镇建设、交通建设同步规划、同步实施、同步建设；第二，利用设立开发区的机会，对能耗大、污染重、效益低的现有企业进行淘汰、改造与重组，对全区内的污染源进行普查与整治；第三，设立进入开发区企业与项目环保评估先行制度，坚决将环保不达标的企业与项目拒之门外；第四，改革现行环保工作体系，改变目前三镇一区环保工作软弱、滞后、无力的状态，建立适应国际惯例、符合开发区实际的先进、高效、精干和低成本运作的环境保护监察执法体制与机构。

（5）体制优区。沪通长江大桥经济开发区要建成国内、国际一流的先进制造业和科技园区，不仅要靠区位条件、产业基础、交通便捷、商务成本低等硬件条件，还要靠制度、政策、体制机制优等软件条件。因此，从开发区建立开始，就要确立以最优体制立园兴园之思路。为此：第一，开发区不是简单地实行“1+1”模式（三镇一区合并），也不是新瓶装旧酒，而是构建全新的经济社会发展模式，必须在干部群众中进行深入的思想观念“洗脑”工作；第二，开发区不可能承袭原有的工作机构与体制，不能采取“归堆”的办法（即将三镇一区领导班子合并）搭建开发区领导班子和工作机构，而应按照国内一流开发区的要求，组建具有国际视野、专业知识的领导班子和按开发区模式运转的工作机构；第三，现在就需搭建相关机构，聘请专家学者，认真研究中国（上海）自由贸易试验区、浦东新区、天津新区、综合保税区、苏州工业园区和我国各类开发区以及国际先进开发区的各类政策、制度、体制、机制，研究将来可借鉴适用沪通长江大桥经济开发区的内容，先走一步，或边走边试，尽早提出关于开发区管理运行及招商选资引智的相关政策与机制，打造出领先的制度竞争优势。

3. 工作步骤建议

（1）组建课题组。

① 由南通市发改委、铁路办等单位牵头联合有关单位，组建本地专家学者对此问题先进行调研和咨询论证。

② 委托南通市外有关机构（或邀请高层专家学者）进行咨询论证。

③ 作为课题公开发标招标。

（2）组建工作班子。

① 建议由一位南通市委常委（或副市长）挂帅，领导此项工作。

② 在南通市委办公室（或市政府办公室）设立工作班子。

③ 条件成熟时，建立沪通长江大桥经济开发区筹备委员会（或筹备领导小组）。

（3）近期工作。

当前应重视做好以下工作：

① 重新调整产业、交通和城市规划，招商引资亮出沪通长江大桥旗帜。按照南通成为我国新兴的交通枢纽城市和我国东部新的经济增长极的城市定位，重新调整定位南通产业、交通和城市规划，要加快南通港、如皋港区、吕四港区、通州湾等港区铁路专用线的规划建设，提升港口集疏运层次，增强港口竞争力和以港兴市的拉动力；要根据铁路建成后的新情况和新格局，修订和完善南通产业发展规划，重点承接发达国家和上海的船舶修造及配套、机械装备制造、电气机械及器材制造、通信及电子设备制造业等先进制造业，从而有效地提升南通的产业能级，加快南通经济总量的扩张；沪通铁路建成后，南通西部地区的区位优势将得到空前放大，因此要重新修编和调整西部地区的总体规划，在沪通长江大桥北端和沪通铁路沿线科学规划布局产业集群、工业园区、物流园区，加快城市化进程。招商引资亮出沪通长江大桥旗帜，加大对外宣传力度，吸引更多更好的生产要素向南通聚集，最大限度地发挥沪通长江大桥、沪通铁路对南通发展的辐射带动作用。

② 同步布局基础设施建设和社会事业发展，提早布局南通西区城市新中心。在沪通长江大桥、沪通铁路建设的同时，同步规划布局和加大南通西

区的基础设施建设和社会事业发展，尽早启动南通西站区域的基础设施建设。一是要尽早启动市区（县区）至南通西站的快速客运系统，尽量将正在规划的地铁一号线、公交、长途客运等一并纳入到南通西站的建设当中，确保同步建成，实现零换乘，发挥综合交通客运枢纽的作用；二是围绕城市副中心功能的要求，大力推进商贸、食宿、教育、医疗、娱乐等配套设施建设；三是可根据沪通铁路南通西站的方位，启动港闸区行政中心（或称之为沪通长江大桥经济开发区管委会〈筹〉）搬迁（建设）工程，带动各类资源要素向南通西区集聚，打造南通城市新中心，形成市区第三城市组团，并以此为契机大力提升南通的城市化水平。

③ 积极探索和争取与路桥央企长期合作，争取更多央企来南通投资落户。承担沪通铁路和沪通长江大桥建设的中国铁路总公司和中铁大桥局集团不仅具有建设能力，而且具有发展产业的雄厚实力和先进技术。中铁大桥局集团现已在平潮镇设立占地 400 亩的沪通铁路大桥产业园，园内设立中铁大桥局集团直属子公司、船舶分公司、预应力厂、钢结构制造厂、物流公司等；中铁大桥局承建沪通长江大桥，将诸多工程设备和结构交由南通企业建造（主桥钢沉井由南通熔盛重工承建），这些工程与项目极大地促进了南通装备制造业和船舶产业的技术提升和战略转型。南通应主动与承建沪通铁路的中国铁路总公司合作建设客运枢纽、开发站场周边地产和建设铁路物流企业，在土地使用、政策引导、产业配套、政府服务等方面给予积极配合。通过沪通铁路和沪通长江大桥建设，争取更多央企来南通投资落户。

中共南通市委党校　季建林

（本研究报告为 2013 年江苏沿海沿江发展研究院招标课题《沪通铁路大桥建设对南通社会经济发展影响研究》研究成果）

南通交通基础设施建设投融资模式研究

建设长江经济带需要实施大规模的交通基础设施建设。交通基础设施建设需要投入巨额资金。由于政府财政支持力度有限,政府融资平台负债过高,必须尝试导入其他更为有效的投融资模式。TOD投融资模式是一种较为理想的模式,在发达国家已得到广泛运用。在我国也已有部分城市开始尝试这一模式。本研究报告在介绍国内外四个城市的经验的基础上,提出以下三点建议:(1) 建设多个相互有机连接的TOD社区;(2) 采用以TOD投融资模式为中心、结合其他模式的混合模式;(3) 采用"借用还一体化"方式。

一、南通交通基础设施建设的现状与存在的问题

2014年4月28日,国务院总理李克强在重庆主持召开座谈会,研究依托黄金水道建设长江经济带,为中国经济持续发展提供重要支撑。建设长江经济带是国家沿海开发战略和"长三角"经济带战略的延伸和补充。作为国家两大战略的叠加区域,南通将迎来新的黄金发展期。

建设长江经济带需要实施大规模的交通基础设施建设。经过多年的发展,南通已初步形成了一套比较完善的交通体系。关于高速公路,南通地区主要有沈海高速、宁通高速、启扬高速、通锡高速和通洋高速,南通市区设有6个互通上下道口。苏通大桥和崇启大桥是南通到上海与苏南地区的便捷通道,南通的公路网日益成型,日趋成熟。关于铁路,新长铁路和宁启铁路穿境而过,境内主要客运车站有南通站、如皋站和海安站。南通站已融入国

家铁路网，海安站则是江苏省除徐州以外最大的二级编组站。南通东站也已开通货运。2014 年 3 月 1 日，世界最大跨度公铁两用斜拉桥——沪通长江大桥在长江下游南通段打下第一桩，标志着沪通大桥正式进入实质化建设阶段。大桥建成后，南通到上海只需 1 小时左右。南通轨道交通建设开始进入环评阶段，南通轨道交通远景线网由 4 条市区线和 4 条市域线组成，线网总长约 324 千米，其中城市轨道交通总长 170.8 千米，市域轨道交通总长 153.2 千米。

尽管近年来南通市交通基础设施建设取得了辉煌的成果，但交通基础设施供给不足的市情没有变，经济发展呼唤交通先行的要求没有变，社会公众便捷安全出行的需求没有变。与此同时，建设长江经济带的战略也必将对南通的交通基础设施建设提出更新更高的要求。机遇与挑战是并存的，南通必须围绕“打造综合交通运输体系”的目标，着力提高各种交通运输方式间、区域交通与城市交通间、重要经济社会节点间的衔接水平，提高交通对经济发展的支撑引领能力，在建设长江经济带的工作中彰显南通优势。

交通基础设施建设需要投入巨额资金。目前，南通交通基础设施建设的资金有一部分来源于政府的财政投入。2013 年，南通市级财政支出为 229.81 亿元，其中还包括教育、社会养老保险和医疗卫生等多项支出，仅靠财政支出无法满足实际需求。交通基础设施建设资金的相当大一部分来源于南通国投等融资平台。根据南通市交通局的数据，2012 年，南通共完成交通投资 65 亿元，而通过《南通市 2012 年财政预算执行情况和 2013 年财政预算草案的报告》可以得知，2012 年市级财政支出中投入交通运输的仅为 3 亿多元。虽然两者的差额不能完全等同于融资平台的融资额，但仍可以间接地得出南通交通基础设施建设对融资平台的依赖度较大的结论。由于融资平台普遍存在负债高、风险大的问题，国家自 2011 年以来加大了对政府融资平台的清理力度。因此，推进投融资模式多样化、控制负债规模、提高资金使用效率已成为一个至关重要的课题。

在与城市基础设施建设，尤其是与公共交通系统建设有关的政府投融资模式中,TOD投融资模式是一种较为理想的模式,在发达国家已得到广泛运用,在我国也已有部分城市开始尝试这一融资模式。本研究报告将就南通导入TOD投融资模式的问题进行分析和探讨。

二、国内外运用TOD投融资模式的经验

TOD(Transit Oriented Development)即“以公共交通为导向”的开发模式,是规划居民区或者商业区时,让公共交通的使用得到最大化的规划方式。TOD投融资模式是指基于TOD规划的投融资模式。政府利用垄断城市规划具有的信息与资源优势,对规划发展区的用地以较低价格征用,在此基础上进行基础设施建设,使土地价值上升,然后再出售基础设施完善的“熟地”,利用“生地”与“熟地”之间的价差收回公共交通先期投入。

关于TOD投融资模式对地价、房价的影响,国际研究表明,利用该模式建设轨道交通,对周边地区的地价以及商业发展具有明显的提升作用。提升比率一般会达到5%~10%,最高可达到20%~30%。此外,国内学者通过对深圳地铁的分析,得出以下结论:轨道交通的空间增值效应非常显著,其影响范围为地铁站点距离700米半径内的区域;700米半径区域内平均增值幅度为19.5%,400米半径区域内平均增值幅度为21.8%;增值影响最大的是地铁站点100米区域内的房地产,房价增值幅度高达37.8%。

下面介绍4个国内外运用TOD的经验:

1. 香港地区

香港地区人口600万,是世界上人口最稠密的城市之一。香港之所以能保持城市交通的顺畅,有效地控制交通污染,与香港居民极高的公共交通使用率是分不开的。从20世纪80年代开始,公共交通一直负担着全香港80%以上的客流量,仅有大约6%的居民使用私人交通工具。尽管香港的轨道交通线网建设起步较晚,但经过10多年的发展,香港轨道交通通车里程已达到130千米。香港的成绩很大程度上归功于基于TOD的土地利用形态。全港约有45%的人口居住在距离地铁站仅500米的范围内,在九龙、新九龙以及香港岛这一比例更是高达65%。港岛商务中心内以公共交通枢纽

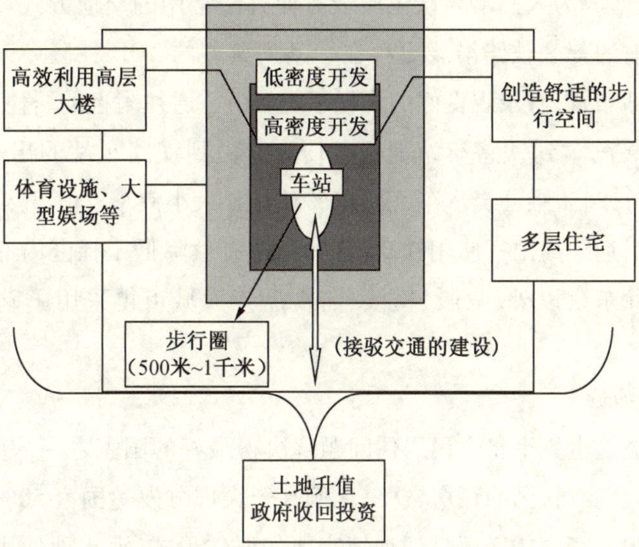

TOD 示意图

为起点的步行系统四通八达，凡与步行系统相连的建筑本身就是步行系统的组成部分，其通道层及邻接的楼层通常作为零售商业和娱乐用途，为行人提供了极大的方便。香港地铁公司创造出"地铁＋物业"的联合开发模式，已经成为世界范围内 TOD 开发的典范。这种模式通过地铁公司统筹，将铁路规划、建设、运营与沿线物业规划、建造、市场运作等紧密结合起来，使地铁和物业达到最大协同效应。同时，这种模式可将市域铁路建设的一部分外延效益返还给投资者，利用物业开发回收增值部分，令项目得到合理回报，以补贴地铁建造成本。

2. 东京

东京是一个国际性大都市，仅距城市中心半径 20 千米的范围内就聚集着 800 多万人口。高密度发展的城市形态使城市内部交通量高度集中。铁路是这个城市最主要的交通方式，也是世界上少数能够盈利的城市铁路系统之一。以 20 世纪 70 年代开发的新宿副中心为例，商业娱乐中心及其周围的办公楼集中在距铁路车站不足 1 千米的范围内，有空中、地下步行通道保护行人免遭汽车和恶劣气候的侵扰。由于大量活动直接在车站附近完成，轨道交通成为人们出入该区域最方便且最常用的交通方式。由环形铁路向外放射的郊区铁路沿线更存在一系列典型的TOD社区。大型社区中心围绕车站布置，有景观良好的步行系统从中心通往附近的居住区，居民步行和乘公共汽车到铁路车站都很方便。居民到铁路车站的出行总量中，68%为步行，24%乘公交汽车，仅有6%使用私人小汽车。很显然，这种用地布局在吸引远距离出行使用铁路的同时，还有效降低了社区内部的机动车交通量。除东京以外，大阪、横滨、名古屋等大城市也采用了基本相同的模式。

3. 新加坡

新加坡是世界上将全民居住问题解决得最好的国家之一，有90%以上的新加坡人拥有自己的住房，这一比例高于大部分发达国家50%～60%的水平。其中高密度的新镇是新加坡主要的居住形式，而土地使用功能与公共交通的有机结合，是新加坡新镇规划的突出特点，“地铁+购物+住家”的TOD投融资模式则是高密度大规模居住区开发的核心途径。新镇包括地区商业中心、工业、基础设施、快速路网、地铁网络、绿化环境等。以淡滨尼新镇为例，设施布局合理，交通便捷并配合土地使用，密度高但居住环境好，新镇中的各级商业中心、洁净工业、新加坡博览中心、樟宜科技园、淡马锡理工学院等工作空间提供了大量就近就业的机会。淡滨尼新镇典型TOD投融资模式获得了联合国BSHF颁发的1991年度世界人居奖（World Habitat Award）。

4. 广州

广州轨道四号线采用了TOD与SOD相结合的模式。TOD模式的资金来源是：政府利用规划带来的信息优势，在规划的建设区域首先按非城市建设用地低价征用土地，然后通过基础设施的建设引导开发。政府基础设施建设的全部或主要资金来自于出售基础设施完善的“熟地”，利用“生熟地价差”，平衡建设资金。广州地铁一、二号线主要通过老城区的“熟地”，建设前后地价差别不大。而南沙区作为新区，新区的“生熟地价差”较大，轨道开发的收益和投资得到平衡。SOD模式的资金来源是：政府通过利用行政垄断权的优势和行政及其他城市功能的迁移，使新开发地区的市政基础设施和社会服务设施同步完成，进一步加大“生熟地价差”，从而同时获得空间要素调整资金。南沙区是新区，行政中心、大型公共设施的建设势在必行，需要通过公共设施的建设带动整个南沙地区的发展。从广州的经验来看，TOD 和 SOD 的结合，也就是大型公共设施和轨道四号线的结合，更加强化了 TOD 模式所发挥的作用，两者相辅相成。

三、TOD 的类型

如下表所示，TOD 投融资模式可细分为三种类型，即政府控制型、市场导向型和政府资助与政策导向型。

（1）政府控制型：政府在 TOD 规划建设中处于主导地位，典型代表是新加坡。项目建成后整体资产上市，政府控制 60% 以上的股份。

（2）市场导向型：在企业追求利润的市场导向作用下，形成车站周边综合开发，典型代表是日本东京。项目建成后以公私合营的方式运营。

（3）政府资助与政策导向型：政府制定相关法律法规等保障体系，通过各种政策引导公共交通发展。典型代表是香港地区。项目建成后整体资产上市，但与新加坡不同的是政府控制 70% 以上的股份。

TOD 的三种类型

发展模式	城市	土地所有制	规划主体	建设开发（投融资）方式	企业所有权	运营方式
政府控制型	新加坡	76% 国有	政府中央集权式规划	起步阶段政府投资，后期整体资产上市	上市后，33.7% 私有化	政府控股企业和私营企业共同运营，均已上市
	斯德哥尔摩	74% 国有	政府规划	政府投资建设	政府所有	特许经营，60% 市场竞争
市场导向型	哥本哈根	90% 私有	政府规划	政府投资建设	政府所有	政府控股企业
	纽约	58% 私有	政府规划	早期以私营投资为主，后期政府并购	政府所有	政府运营，需大量财政补贴
	东京	65% 私人和法人所有	政府规划 企业规划	公私合营	以私有为主	公私合营

续表

发展模式	城市	土地所有制	规划主体	建设开发(投融资)方式	企业所有权	运营方式
政府资助与政策导向型	香港地区	除新界少数用地外,其他土地为政府所有	地铁公司规划,政府审批	起步阶段靠政府投资和银行贷款,后期整体资产上市,地铁公司招标,邀请开发商合作开发	上市后23%私有化	政府控股企业,已上市
	库里蒂巴	70%私有	政府规划	公私合营	以私有为主	公私合营

根据我国土地所有制的特点,新加坡和香港地区的做法值得借鉴。即:由政府进行规划,或由政府联合相关企业(国有企业)进行规划。在起步初期由政府负责投资,项目建成后可选择整体资产上市,并规定合理的政府控股比例。运营方式可以采用政府控股企业运营的方式。

四、南通如何导入TOD投融资模式

导入TOD投融资模式,可以充分引进社会投资者,解决项目资金融资难的问题,缓解政府的财政压力,有利于控制政府负债的增长。采用TOD投融资模式可以实现交通沿线土地的"深加工",让政府获取土地增值收益,并使土地增值收益反哺公共交通的建设和运营。

关于南通如何导入TOD投融资模式这一问题,下面介绍几种具体的构想。

1. 建设多个相互有机连接的TOD社区

根据东京的经验,一个城市可以包括若干个TOD社区。目前,南通正在打造"1+5+8"中心城市格局,可以尝试在5个二级中心或8个三级中心分别建设具有不同功能的TOD社区,实现TOD社区之间的错位发展。根据每个社区的特点,在具体做法上可以借鉴香港地区的"地铁+物业"模式,也可以借鉴新加坡的"地铁+购物+住家"模式,或独立开发其他模式。在此基础上,使用公共交通系统将各个TOD社区有机地连接起来。这一做法可以保证各个二级中心或三级中心在"生熟地价差"上不出现失衡的情况,有利于政府从整体上收回投资成本。

2. 采用以TOD投融资模式为中心结合其他模式的混合模式

TOD投融资模式与其他模式相结合,可以发挥更大的功效。

(1) TOD社区中除轨道交通外,还可能包括高速公路和一般公路等交通运输方式。可以利用“TOD + BOT”投融资模式建设TOD社区内的高速公路等经营性交通基础设施,利用“TOD + PFI”投融资模式建设TOD社区内的非经营性交通基础设施。此外,TOD社区内可能包括机场,此时,可以采用TOD投融资模式将地铁或BRT公交系统延伸至机场内,在机场的改扩建工程中可以使用PPP模式融资。

(2) 以“TOD + BOT + EPC”投融资模式开发沿海沿江港区。港口不应仅具有运输货物的功能。根据东京、横滨等日本大城市的经验,港口周边往往是商业、金融、休闲与观光较为发达的地区。可以借鉴日本的经验,通过TOD投融资模式将铁路、地跌或BRT公交路线延伸至港区附近,建设公共交通站点。同时结合BOT和EPC模式建设相关接驳交通等基础设施。在此基础上,以公共交通站点为中心吸引办公楼、商业设施、酒店、游乐园、会展中心、美术馆及音乐厅等设施落户。通过这种方式可以建立起类似于横滨“港湾未来21”的港口与商业、休闲、旅游等融合发展的新型多功能港区。

(3) 采取不同的混合模式应对老城更新和新城开发。TOD投融资模式的第一步是以低价征用土地。由于老城区可征用的土地有限,且价格均有不同程度的上升,“生地”与“熟地”价差较小。单靠TOD融资模式不能实现融资的最大化。此时,可以同时运用适用于已建成的经营性基础设施的ABC(资产证券化)投融资模式,一次性融入大笔资金。而进行新城开发时,则可以利用“TOD + SOD”模式,同时实现城市功能转移、空间疏解与优化、政府财政状况改善等多重目标。此外还需要指出的是,SOD尤其是以政府为核心的行政中心转移,给社会带来的巨大示范效应和心理预期效应是无法衡量的。

3. 采用“借用还一体化”方式

在采用TOD投融资模式建设交通基础设施的初期,需要政府投入一定的资金。为了克服财政预算紧张,同时,也为了保证交通基础设施建设得到顺利推进,政府可以为项目公司配置沿线可开发土地,授予土地一级开发权,要求进行“融资—投资—建设—运营—经营—偿债”一体化运作,形成良性循环资金链,实现可持续发展。

南通大学江苏沿海沿江发展研究院　冯　俊

实现农民人均纯收入倍增目标的思考

——以南通市农民人均纯收入为例

本文在解剖以往农民增收原因和增收渠道的基础上，分析了影响和制约农民增收的主要因素：贫富差距大是农民增收、走向共同富裕途中难以破解的“一个结”；自然和市场风险是影响农民增收而又看不见的“两只手”；增收门路、劳动技能和社会保障是横亘在农民增收面前的“三道坎”；经营规模小、产业层次低、科技支撑弱、社会化服务不到位是影响农民增收的“四处痛”。南通要实现农民5年倍增目标，全市农民人均纯收入必须由2010年的9914元提升到2015年的19828元（力争突破两万元大关）。笔者认为，工资性收入增15.6%的目标有望实现，经营性收入增加2530元的目标有望完成，财产性收入增加408元的目标空间较大，转移性收入增加828元的目标途径较多。最后，提出了实现农民收入倍增目标的7条实用性对策建议：建立城乡统筹发展机制，增强农民就业创业能力，充分挖掘农业内部增收潜力，推进农村产权制度改革，加大对“三农”政策的支持力度，大力发展村级集体经济，切实抓好农村低收入群体的增收工作。

党的十八大首次提出了“城乡居民人均收入比2010年翻一番”的量化指标。江苏省委、省政府早于2011年提出启动实施城乡居民收入7年倍增计划，并将农民收入倍增列为首项重点目标。南通市委、市政府也提出了努力实现城乡居民收入5年倍增计划的目标。经测算，南通要在5年内实现农民收入倍增目标，则年增幅必须达到14.9%。从历年的增幅来看，实现这一目标的难度是很大的,但难度大不等于没希望。只要进一步创新工作举措,把握关键环节,加大推进力度,则“十二五”期末实现农民收入倍增是大有希望的。

一、“十一五”期间农民增收的现状分析

“十一五”期间,南通市农民收入主要得益于高效农业的推动、民营经济的拉动、外出务工的带动、惠农政策的调动、脱贫攻坚工程的启动等多方面的合力作用。

(一)高效农业的发展促进了农民收入的增长

“十一五”期间,南通市按照城郊型、外向型农业的定位谋划现代农业的发展,瞄准“争创高效农业规模化”的目标,以项目农业建设为抓手,深入实施高效农业规模化“133行动计划”,使现代高效农业的发展促进了农民收入的增长。一是农业综合生产能力显著增强。2010年,南通市粮、棉、油产量分别达324.95万吨、5.95万吨和42.13万吨,比2005年分别增长10.5%、16.4%和3.6%。水产品总产量达59.6万吨,其中,海洋捕捞产量达29.9万吨,海水养殖产量达29.7万吨。二是高效规模农业快速发展。2010年,南通市高效农业面积达327.65万亩,占耕地面积的46.8%;生猪、肉禽、蛋禽规模养殖占比分别达69%、97%、95%;设施农业面积达72.27万亩,占耕地面积的10.32%。南通高效农业面积在江苏省处于领先地位。三是生态农业发展明显加快。到2010年年底,南通市建成无公害粮油、无公害蔬菜、无公害果品等无公害农产品产地442个,面积达418万亩。现有绿色食品121个(含水产品),基地面积45万亩;有机食品(含水产品)37个,基地面积7000亩。至2010年,全市森林覆盖率达20%。四是外向型农业再上新台阶。2010年,南通市农业实际利用外资2.37亿美元,完成农产品出口额2.79亿美元。有4个县(市)跻身“全省农产品出口十强县(市)”行列。五是农机作业水平显著提高。2010年年末,南通市农机总动力达325.46万千瓦,平均每百亩耕地拥有农机动力47.28千瓦,分别比“十五”期末增加37.19万千瓦和8.28万千瓦。随着农机新技术、新机具的广泛推广

应用，农机作业已从种植业延伸到养殖业、加工业，从粮食作物延伸到经济作物，从服务本地拓展到服务全国25个省、市、自治区。至“十一五”期末，全市农业综合机械化水平达73.59%，主要粮油作物的耕、种、收、植保综合机械化水平达79.3%。其中，水稻种植机械化水平达79.65%，是“十五”期末的2.95倍；水稻机收水平达92.93%，比“十五”期末提高了5.21%。六是农村经营机制不断创新。南通市规模以上农业产业化经营龙头企业有696家，经国家和省认定的重点龙头企业有42家。2010年，龙头企业实现销售收入343.91亿元，带动农户117.08万户。全市共有农民专业合作组织1863个，其中在工商部门登记的有1590个，农民专业合作社成员总数达39.7万户，带动农户120.57万户。年销售10万元以上的农产品经纪人有14.36万人，农产品经纪额达51.73亿元。农产品专业市场有237个，交易总额达213.34亿元。高效规模农业的发展有效地提高了农民从一产中得到的收入。调查显示，2010年农民从家庭经营一产中得到的收入人均为1545元，比2005年增加了433元，年均增长6.8%。

（二）民营经济快速发展拉动了家庭经营非农收入

“十一五”期间，南通市努力推进民营经济的发展，通过推进全民创业，引导农民由打工型向创业型转变。民营经济快速发展，吸纳农村劳动力人数不断增加，对农民增收的贡献越来越明显。民营经济已成为扩大社会就业、增加城乡居民收入、创造社会财富的重要来源。调查显示，2010年农民在本地域内劳动得到的纯收入人均为1965元，比2005年增加968元，年均增长14.5%。从家庭经营二、三产业得到的人均收入为1774元，比2005年增加了878元，年均增长14.6%，高于同期纯收入平均增幅2.1%。

（三）农民就业渠道的拓宽推动了务工收入的增长

“十一五”期间，南通市将统筹城乡就业、加快农村劳动力内转外输和解决农民工问题纳入当地经济社会发展规划，逐步实行统一的就业政策，进一步消除城乡、身份等各种限制，逐步消除城乡居民在劳动报酬和社会保障等方面的差异，形成城乡人口自由流动、城乡统筹就业的劳动就业格局。一是实施户籍制度改革。建立起以实际居住地登记户口为基本形式，以合法固定住所、稳定职业(生活来源)为户口准迁条件的新型户籍管理制度,调整和放宽市区居民户口准入政策。县城以下的小城镇(含县城)实行了开放式管理,取消城乡户籍限制,实行户籍登记制,实现城乡人口的自由流动。通过户籍制度的改革,解决了农村富余劳动力“出得来”“进得去”的问题,促进了城乡人口的自由流动。二是统筹城乡就业制度。按照建立城乡统筹就业机制的要求,全面清理和取消了流动就业证卡制度等各种限制农村劳动力就业的规定。建立城乡统筹的就业管理制度,完善覆盖城乡的就业服务和信息网络,加强农村劳动力职业技能培训,建立农民工进城就业援助制度。加大了对农村劳动力的培训力度,建立了劳动保障部门牵头、多部门联手协作、利益直接到人的培训券补助机制,实现了培训主体多元化、培训专业品牌化、培训方式多样化、培训就业一体化。到2010年,全市转移农村劳动力达222.67万人,66.67%的农村劳动力转向非农产业。调查显示,2010年农村劳动力输出比重为31.61%,比2005年提高了2.43%。2010年,南通农民外出务工得到的劳务收入人均3343元,比2005年增加了1521元,增长12.9%,占农民纯收入的33.7%,比2005年提高了0.6%。

(四)惠农政策力度的加大增加了转移性收入

“十一五”期间,南通市严格执行中央和省各项涉农政策,积极创新工作思路,确保政策效果得到更好发挥。一是深化农村税费改革。创新“一事一议”筹资筹劳管理办法,实行“一事一议”项目化管理,其经验在全国得到推广。通过实施农村公益事业“一事一议”筹资筹劳财政奖补制度,提高了财政支持农村公益事业建设的力度。二是全面落实强农惠农政策。全市水稻直接补贴276.9万亩,农资增支补贴面积571.6万亩,粮棉油良种推广补贴总面积420.0万亩,累计补贴资金达2.6亿元。发放能繁母猪补贴与保险、生猪标准化饲养基础建设补贴和生猪调出大县奖励等,共计8000多万元。发放农民培训工程、农村清洁能源建设补贴资金1500多万元。“十一五”期间,国家全面取消农业税和农产品特产税,推行农机具购置补贴、农资综合直补,实施粮食最低保护价政策、义务教育阶段学杂费减免等各项惠农政策,切实减轻农民负担,有效地促进了农民增收。调查显示,2010年,南通农民人均转移性纯收入为 650 元，比 2005 年增加了 360 元，年均增长 17.5%，占纯收入的比重由 2005 年的 5.3% 提高到 6.6%。

（五）实施脱贫攻坚工程使农民增收有了重要保障

在“十一五”期间，南通市认真贯彻落实对农民“多予、少取、放活”的方针，通过实施农村脱贫攻坚工程，实行农民最低生活保障，推行农村新型养老保险，普遍建立农村最低生活保障制度，保障了农村贫困人口和农民工等特殊人群的权益，农村低保标准提高到每人每月 210 元，实现了省政府提出的“1 美元”保障标准。同时对农村五保户、农村最低生活保障对象的家庭成员、因患大病造成生活特别困难又无自救能力的其他农村家庭成员实行医疗救助机制，使农民真正得到了实惠，对农民收入的增加起到了重要的保障作用。

二、当前影响和制约农民增收的主要因素

从总体上看，“十一五”以来南通农民人均纯收入以两位数的速度较快增长，农民收入进入了提升的快车道。但通过对农民收入增长分类数据的分析和研究，农民收入的进一步增长面临着许多制约因素，这突出表现在以下几个方面：

1. 贫富差距大是农民增收、走向共同富裕途中难以破解的“一个结”

从 2009 年以来，南通农民收入的增幅超过了城市居民收入的增幅，但城市居民和农村居民收入绝对额仍呈现出扩大化趋势，农村内部收入也有加剧分化的趋势。从社会现实层面讲，农村富裕户一般是头脑灵活、有一技之长、有一定资本积累的家庭，增收门路多，技能支撑强，增收速度快。与此相反，农村贫困户一般是家庭缺乏劳动力、缺乏劳动技能，或因病、残疾等多种原因造成的，有的仅能维系简单的生活，没有能力增加投入促进增收。从国家政策层面讲，国家虽对“三农”的投入不断增加，但重点是以项目扶持的形式进行的，是以激励先进为主的，这客观上也为先富起来的农户增添了发展动力，使富裕户“锦上添花”，发展速度更快；而低收入困难户需要的是“雪中送炭”，然而他们仅靠低保标准和社会救助标准的缓慢提高来增加收

入，这往往还跟不上物价的提升。所以，缩小城乡居民收入差距，特别是缩小农村农民内部贫富差距是一个难以破解的结。

2. 自然和市场风险是影响农民增收而又看不见的"两只手"

虽然科技以惊人的速度向前发展，可上九天揽月，可下五洋捉鳖，但目前人们尚不能完全掌控自然风险。狂风、暴雨、干旱、病虫害等对农业的侵袭使农民每年所受的影响和损失，实在不可小视。近年来，农作物病虫害呈高发态势，各地普遍加大了防治力度，相应增加了农业成本；局部旱涝灾害时有发生，农业"靠天吃饭"的局面短期内还难以得到根本扭转，有时甚至颗粒无收。此外，畜禽疫病始终如高悬之利剑，不仅对农业生产造成很大威胁，且对人们的消费心理造成很大影响。有些畜禽疫病虽未在本市发生，但对市场畜禽价格影响很大，导致一些养殖户亏损严重，血本无归。

市场风险对农民的威胁更大。农产品供求由卖方市场向买方市场转变，造成农产品区域性、结构性过剩，加上信息不对称，农产品卖难、增产不增收的现象时有发生。农户单家独户的生产经营方式和土地承包经营权的分散，一定程度上也制约着规模化、专业化生产，造成土地生产率和农业劳动生产率难以提高，加上近年来农资价格连年上扬，农业生产成本居高不下，农业平均利润率呈现出不稳定状态，甚至出现不升反降的现象。农民增收的主渠道"工资性收入"，也受国际、国内宏观经济的变化影响而呈现出不确定性。

3. 增收门路、劳动技能和社会保障是横亘在农民增收面前的"三道坎"

现在，农民普遍有致富的强烈愿望，但询问其致富打算时又普遍感到门路不广、渠道不多。当前，农民有三盼：一盼送项目，即盼望能有一个好的赚钱项目进自己的家。同时，政府给予政策和资金上的扶持，加强社会化服务，把农业生产技术、致富信息等送进家。二盼学技能，即盼望能学到一技之长，在工作环境相对较好、收入相对较高的岗位就业，改变靠体力吃饭、收入不高、收入不稳定的命运。三盼有保障，即盼望加强农村社会保障机制建设，解决农民子女上学难、农民医疗费用大和负担重以及老年人基本生活保障问题。这"三个盼望"，其愿望是好的，但真正到了实际生活中，往往落空。

有时,真的项目来了,但他没有资金、没有技能,经营不了。有时,政府办免费培训班,帮助他们学技能,但他们没有文化,缺乏信息。有时有了资助,但他不会“钱生钱”,还是没有用。有的虽然有了医疗保险、最低生活保障,但越是这些人越是“屋漏偏遭连夜雨”,有人称其为“扶不起的阿斗”。所以,增收门路、劳动技能和社会保障实际上也是横亘在农民增收路上的“三道坎”。

4. 经营规模小、产业层次低、科技支撑弱、社会化服务不到位是影响农民增收的“四处痛”

从农村实情看,农村居民增收受资源制约、市场影响等宏观环境影响依然较大。主要表现在:一是规模化水平不高。现代农业产业园区、基地的数量偏少,规模不大,示范辐射能力还不强。农业标准化生产水平亟须提高。二是产业化层次较低。目前,南通市农产品加工率仅30%左右,且大多为粗加工,缺乏一批拉动力强、辐射范围广的农业产业化龙头企业。特别是畜产品销售仍以鲜活产品为主,以分割、分级、保鲜为特征的畜产品初加工拓展不够,深加工龙头企业数量更少,辐射带动力不强,制约了养殖户的持续增收。三是科技支撑不力。现在,农业的基础设施仍然相对薄弱,气候、价格等不确定因素在增加,农业的机械化、信息化、精准化水平还不高。四是社会化服务不到位。由于农户居住分散,面广量大,社会化服务往往不到位,加上农民受传统的小农经济耕作的影响,往往单独实施。此外由于组织化程度低,服务费用少,带动能力小,经营部门不情愿服务,更增添了服务不到位的现象。所以,农民专业合作组织存在规模扩不大、运作不规范,产业层次低、抗风险能力差,生产技能缺、科技支撑能力弱,组织化程度跟不上、社会化服务不到位等问题,成为农民增收的“四处痛”。所有这些问题都还有待于进一步化解。

三、实现农民收入倍增目标的希望所在

虽然实施农民收入的倍增工程存在不小的难度,但也面临着诸多机遇。只要我们认真克服困难,勇于创新,破解难题,实现农民收入倍增计划还是

大有希望的。

（一）农民收入倍增目标分解分析后存在诸多机遇

经测算，实现农民5年倍增目标，全市农民人均纯收入将由2010年的9914元提高到2015年的19828元（力争突破两万元大关）。再将目标具体分解，其中：工资性收入由5758元提高到11897元，增加6139元，年均增长15.6%；经营性收入由3319元提高到5849元，增加2530元，年均增长12%；财产性收入由187元提高到595元，增加408元，年均增长26.05%；转移性收入由650元提高到1487元，增加837元，年均增长17.68%。如果此分解后的目标得以实现，则农民收入结构将进一步优化，工资性、经营性、财产性、转移性收入的四项比重将由2010年的58.1：33.5：1.8：6.6调整为2015年的60：29.5：3：7.5。

表1 “十二五”期间农民收入倍增目标规划表

类别	2005年		2010年			“十一五”年均增幅（%）	倍增计划实现数		5年倍增年均增幅（%）	与2010年相比占比增减百分点
	实绩（元）	占比（%）	实绩（元）	占比（%）	占比比2005年增减百分点		总额（元）	占比（%）		
农民人均纯收入	5501	100.0	9914	100.0		12.50	19828	100.0	14.90	
工资性	3131	56.9	5758	58.1	1.2	13.00	11897	60.0	15.60	1.90
经营性	2008	36.5	3319	33.5	-3.0	10.60	5849	29.5	12.00	-4.0
其中：一产	1112	20.2	1545	15.6	-4.6	6.79	2270	11.4	8.00	-4.20
二产	267	4.9	749	7.6	2.7	22.90	1505	7.6	15.00	0.40
三产	629	11.4	1025	10.3	-1.1	10.26	2074	10.5	15.13	0.20
财产性	72	1.3	187	1.9	0.6	21.00	595	3.0	26.50	1.11
转移性	290	5.3	650	6.6	1.3	17.50	1487	7.5	17.68	0.94

1．工资性收入增15.6%的目标有望实现

从2010年农村劳动力普查的情况看，全市共有农村劳动力284万人，其中，已实现就业的有274万人，占96.5%，可转移的劳动力空间已很小，没有转移的大多为丧失劳动能力的病残群体，扩大就业、增加工资性收入的空间非常有限。因此，增加工资性收入的主要途径是大力提高劳动者报酬。

中央和江苏省委、省政府已明确要求，“十二五”期间工资性收入要实现翻番，低收入者应当增长更快一些。可以预期，普通职工的工资“十二五”期间能够稳定较快增长，再加上我们的努力，工资性收入增加15.6%的目标有望实现。

2. 经营性收入增加2530元的目标有望完成

农村居民家庭经营性收入由一产经营收入、二产经营收入和三产经营收入三部分组成。要巩固稳定一产经营性收入，大力提升二产、三产经营性收入。“十一五”期间，家庭一产经营收入平均增幅为6.79%，“十二五”期间的平均增幅要力争达到8%以上。这一目标可通过大力发展现代高效农业，努力增加亩产来完成。全市亩效益2000元以上的高效农田面积力争新增150万亩（其中新增设施农业面积比重不低于30%），则为农民增收的贡献累计达750元以上。按照市“十二五”规划，5年城市化率提高9个百分点，农村人口减少70万人，综合计算收入增加、人口减少，可实现农民人均增收1800元以上。

3. 财产性收入增加408元的目标空间较大

南通市农民财产性收入的权重在农民收入构成中虽然占比小，只占1.89%，但增长的空间大，2010年南通市农民财产性收入增幅就高达52.03%。从该项收入的主体来源看，主要有农民股份合作收入、房产租金收入、征地拆迁收入、利息理财收入等。这方面，要大力推进农村社区股份制改革、农地股份合作社和农民专业合作社发展，不断提高农村“三大合作”经营水平，增加股金分红比例，提高农民合作的财产性收入，力争农村“三大合作”股权收益为农民人均收入增长贡献300元以上。此外，通过积极发展“房东经济”、提高征地拆迁安置标准、引导农民将中长期储蓄转化为各种投资理财产品等措施，力争其他财产性收入为农民增收贡献110元以上。

4. 转移性收入增加837元的目标途径较多

转移性收入的主体仍然是离退休金、养老金等保障性收入。这是城乡居民收入剪刀差的最大部分。按照“十二五”农村基础养老金翻番的要求，由每月60元提高到每月120元以上，南通市120多万60岁以上农村老人增加的收入可增加农民人均收入150元左右;今后进入退休年龄段的农民基本上享受"城保",按每年将新增1.5万人计算,5年可增加7.5万人,综合考虑享受城保人数的增加和人均养老金标准的提高,可促进人均增收200元左右;实施农民从"新农保"转为"地保",5年可转化老年农民10万人左右,此项可促进农民人均收入增长100元左右;加大财政补助农民的力度,增加农民医疗保障收入,预计增加转移资金8亿元,人均收入可增加150元以上;农村低保将由2010年的每月210元提高到2015年的每月420元,低保的投入将增加4亿元,此项可促进农民人均增收100元;根据"十一五"期间国家对农民补助的投入情况,预计国家"十二五"期间增加的农民补助性收入人均可达100元以上。以上加起来就能增加800元,已接近目标了。

(二)南通市农民人均纯收入已进入快速增长期

纵观南通市农民收入的增长历程,我们发现,南通市农民人均纯收入已进入快速增长期,发展趋势比较好,主要呈现如下几个特点:

1. 经过"N"字形的走势后收入增长明显加快

表2　南通市历年农民人均纯收入增幅情况

时间	"七五"期间	"八五"期间	"九五"期间	"十五"期间	"十一五"期间	2011年
年均增幅	14.2%	23.9%	7.8%	8.2%	12.5%	18.3%

从表2中可看到,经历了"七五"期间年均增长14.2%和"八五"期间年均增长23.9%的快速增长后,"九五"期间年均增长为7.8%,进入了谷底。"十五"期间年均增长为8.2%,又开始上升,在"十一五"期间,农民收入增长速度再次得到提升,年均增幅达12.5%,比"九五""十五"期间分别高4.7、4.3个百分点,明显加快。尤其值得一提的是,"十一五"期间,农民人均纯收入增幅每年都在10%以上,均以两位数的速度增长,是改革开放以来农民收入增长周期变化中的一个较快时期。而且增长幅度波动明显减小,农民增收的稳定性趋强。2011年,农民人均纯收入11730元,比上年增长18.3%。从这一轨迹来看,只要不发生特别的意外,农民人均纯收入还会保持较高水平的增长。

2. 农民收入水平大幅提高

2010 年,全市农民收入水平比 2005 年增加了 4413 元,年均增加 882.6 元。2006 年农民收入超过 6000 元,2007 年接近 7000 元,2009 年突破 8000 元,顺利超过省定全面小康目标。2010 年全市农民收入水平比全省高 796 元,位于苏中之首。六县(市、区)中,海门市、启东市、通州区的农民收入均已超过万元。

3. 农民收入结构有所改善

在农民收入增长的同时,收入结构也发生了变化。主要表现在:一是工资性收入比重继续提高。工资性收入由 2005 年的 3131 元增加到 2010 年的 5758 元,年均递增 13.0%,占纯收入的比重为 58.1%,比 2005 年提高了 1.2%。二是非经营性收入比重快速提升。2010 年农民人均非经营性收入(财产性和转移性收入)达 837 元,年均递增 18.3%,占纯收入的比重为 8.45%,比 2005 年提高了 1.85%。三是收入主体非农化趋势明显。2010 年,农民非农收入占纯收入的84.4%,比 2005 年提高了 4.6%。

表3 "十一五"期间南通市农民人均纯收入情况

指标名称	2005 年(元)	2010 年(元)	年均增长(%)	占纯收入的比重(%)	
				2005 年	2010 年
人均纯收入	5501	9914	12.5	100.0	100.0
工资性收入	3131	5758	13.0	56.9	58.1
经营性收入	2008	3319	10.6	36.5	33.5
财产性收入	72	187	21.0	1.3	1.9
转移性收入	290	650	17.5	5.3	6.6

4. 收入质量显著提高

农民收入中既包括现金收入,也包括实物收入。其中,现金收入比重的高低是衡量收入质量的重要标志。调查显示,2010 年的农民人均纯收入中,现金纯收入为 9235 元,占纯收入比重为93.2%,比 2005 年提高了 2.9%。农民收入中货币化程度的提高,说明农民家庭生产商品率提高,市场参与能力增强，这必将推动农民收入增长方式的转变，从而带动收入质量的提高和增收步伐的加快。

（三）农民增收工作面临诸多机遇

农民增收工作面临诸多机遇主要表现在：国家粮食收购价格不断提高和主要农产品价格稳定上扬，有利于农民提高家庭经营收入；农民务工收入不断增长，有利于农民增收主渠道——工资性收入的稳定增长；国家不断调整国民收入分配格局，有利于农民转移性收入的持续增加；农村改革深化和农村经营体制转变，有利于增加农民财产性收入；等等。因此，促进农民收入较快增长是机遇与挑战并存。我们要牢牢抓住有利机遇，大力推进农村改革，加快制度创新，突破农民增收原有的体制、机制束缚，不断优化增收环境，努力为实现"十二五"期间农民收入倍增创造条件。

四、促进农民增收倍增的对策思考

促进农民增收倍增是一项艰巨的任务，必须置于经济社会发展整体环境中加以统筹考虑。

（一）建立城乡统筹发展机制

要把城市和农村作为一个整体，从更高层面、更宽视野来考虑城乡架构、产业分布、功能配套，推进城乡经济融合、产业联动和设施共享。首先，要统筹城乡经济发展。统筹城乡发展规划、城乡生产力布局、城乡产业发展和结构调整，培育城乡共同发展的增长极和聚集带。大力推进城市建设，积极合理推进小城镇建设，择优培育重点中心镇发展。其次，要统筹城乡社会公共事业发展。加大对农村教育、卫生、文化事业的投入，切实改变农村社会事业相对落后的局面。加强城乡一体的交通、水利和生态环境建设，加快城市基础设施向农村特别是城市周边农村的延伸，尽快形成与城乡系统配套的基础设施。再次，要统筹城乡区域发展。进一步加大对经济薄弱地区的帮扶力度，大力推进产业转移、科技转移、劳动力转移、资金转移，促进区域协调发展。

(二) 增强农民就业创业能力

一要完善农村劳动力职业技能培训体系。要围绕提高农民素质,加强技能培训,推进农村人力资源的开发,增强就业创收能力。二要建立健全统一开放、竞争有序的城乡劳动力市场体系,大力培育劳务中介组织,拓展职介功能,提高农村劳务输出的组织化程度,促进劳动力有序转移。同时,按照建立城乡统筹就业机制的要求,建立健全进城务工农民的社会保障制度,并落到实处。做好随父母进城的子女在同城中小学就近就读的工作,减免困难学生有关费用,解决进城务工人员的后顾之忧。三要大力鼓励和支持农民自主创业。这应作为今后一段时期的重点工作加以推进。创业具有开发岗位、带动就业的倍增效应,是解决就业问题、促进农民增收的重要途径。要研究出台农民自主创业优惠政策,切实解决融资、用地等创业基础条件,引导城市资金、技术通过农民工回乡创业向农村转移,促进农村劳动力转移由"民工潮"向"创业潮"的转化和升华。

(三) 充分挖掘农业内部增收潜力

要建立农业集聚发展机制,挖掘农业内部增收潜力,千方百计增加农业经营收入。一要大力发展农业板块经济。通过板块经济的发展,推动要素的集聚、产业的提升。要突出抓好农业特色村镇、现代农业园区、农产品加工集中区、农产品物流园区四大载体建设,大力培育农业龙头企业、农民专业合作经济组织和农产品批发市场三大主体,促进农业集聚发展的加速形成。要研究制定促进农业产业集聚发展的政策措施,进一步加大产业集聚发展的引导力度。二要完善农业社会化服务。农业社会化服务是现代生产要素注入家庭经营的重要纽带。但当前基层公益性服务机构职能弱化、经营性服务组织发育不足的问题仍然比较突出,难以适应现代农业发展的需要。要加快建立新型社会化服务体系,支持专业服务公司、农民专业合作组织、龙头企业等开展农机作业、农资销售、产品营销等形式多样的服务,保障现代农业的顺利推进。三要建立科学、准确、有效的市场预警机制,实行生产、销售、价格等信息的定期发布制度,积极引导企业、合作组织和农民生产,尽量避免农业生产出现大的波动。要加强对农业生产资料价格的调控,有针对性地采取措施,加强市场监管,严格控制农资价格不合理上涨,为现代高效农业发展保驾护航。

(四)推进农村产权制度改革

南通市农民的财产性收入尽管目前占比还很低,但近年来保持了较高的增速,成长性很强。建立稳定的农民财产增收机制,对于促进农民增收具有十分重要的意义。因此,建立归属清晰、权责明确、保护严格、流转畅通的农村产权制度,是深化农村改革、促进农民增收的重要任务。要积极推进农村土地、房屋、集体资产产权制度改革,对农村土地所有权、农村集体土地使用权、农民土地承包经营权进行确权登记,实现土地承包关系的长久不变;要通过建立社区股份合作社等多种形式,推动农村资源资产的股份制改革。同时,逐步建立城乡统一的产权交易市场,实现农村、农民资产的资本化,努力增加农民的财产性收入。要积极推动农村集体资产的确权发证工作,为农村集体资产的有序流动打好基础。

(五)加大对“三农”政策的支持力度

一要严格执行各项财政支农政策。确保实现“三个高于”,确保各级财政新增教育、文化、卫生等事业用于县以下的比例不低于70%、市县土地出让金纯收益15%用于农业土地开发以及新增建设用地有偿使用费留存部分用于农业土地开发。二要进一步加大对“三农”的扶持力度,建立财政支农资金稳定增长机制。完善粮食直补和良种补贴,积极探索相关农产品补贴政策,建立灾害保护体系,进行农资价格补贴,开展农业政策性保险。制定产业集聚发展规划,出台农业产业集聚发展扶持政策,进一步加大对农民、农业龙头企业、农民专业合作经济组织的支持力度。三要加快建立新型农村社会保障体系。农村最低生活保障制度要根据经济社会发展要求不断完善。要研究制定“十二五”期间扶贫工作措施,将人均纯收入低于5000元的农户作为帮扶对象,建档立卡,实施帮扶。四要高度重视失地农民的权益保障问题。在完善和推广“土地换社保”做法的同时,逐步缩小他们与城市居民保障的差距,为失地农民提供稳定、可靠的保障。在征地、使用土地时,也要给集体经济组织适当的留用地补偿,为村级集体经济发展留存空间。

（六）大力发展村级集体经济

村级经济是农民增收的重要基础。目前,村级财力状况好的地方,农民的收入和福利普遍都比较好。其中的原因是,村级经济在目前形势下很大程度上发挥着第二公共财政的作用。在公共财政还不能全面顾及的情况下,殷实的村级经济等于给农民又增添了一份收入支持。当前,高速推进的城市化在给村级经济发展带来挑战的同时,也带来了新的机遇。新形势下,对于如何通过政策引导,特别是用足用好村集体建设用地、实行部门单位帮扶、村企结对共建等行之有效的措施,不断优化村级经济发展环境,促进村级经济加快融入城市化发展,实现更快转型和更好增值,需要做大量的研究探索工作。村级集体经济从根本上来说,还是全体老百姓的,要通过发展壮大村级集体经济,不断对符合条件的村居实行社区股份合作制改革,从而达到增加农民财产性收入的目的。

（七）切实抓好农村低收入群体的增收

目前,农村与城市收入差距扩大的趋势已得到初步扭转,而农村内部高收入群体与低收入群体的收入差距却有继续扩大的趋势,富人富得更快,穷人缺少发展的机会。中央再三要求要使低收入群体的收入增长更快一些。因此,应在农村脱贫攻坚工程的基础上,迅速启动新一轮农村脱贫攻坚工作,组织党员干部与贫困户结对帮扶,逐步缩小农村内部的贫富差距。

南通市委研究室　黄鹤群

（本研究报告为2012江苏沿海沿江发展研究院委托课题《关于农民收入倍增工程的调研与思考——以南通为例》研究成果）

新形势下南通滨海园区（通州湾）的产业定位以及布局研究

通州湾开发是南通经济社会发展中的一件大事，是建设“长三角”北翼经济中心的重要支撑。其远期发展目标是建设“长三角”北翼新港城、南通区域副中心城市。为了实现这个长远目标，我们必须坚持“两化并重（产业高端化和城市生态化），双轮驱动（科技创新和改革），港产城一体”的发展方针，以临港产业为先导，积极推进产业集聚，不断拓展城市发展基础和发展空间，努力实现港、产、城互动发展的良好态势，为南通实现基本现代化打下坚实基础。

通州湾位于“长三角”北翼，陆域面积292平方千米，海域部分0米线以上滩涂面积约293平方千米，远期规划控制总面积约820平方千米。通州湾区域拥有150千米深水岸线，可以规划建设上百个5～10万吨级的码头，10多个20～30万吨级的码头。通州湾拥有良好的建港条件和丰富的土地资源优势，是“长三角”区域面积最大的待开发区域。开发通州湾是南通市政府的重大战略决策，它是“长三角”区域经济一体化发展的需要，是南通建设“长三角”北翼经济中心的重大战略举措。通州湾的产业布局和产业发展是通州湾开发的战略核心。本课题拟就国际、国内新形势对通州湾开发的影响、通州湾的产业定位和发展重点展开探讨，并就如何推动通州湾产业发展提出一些对策意见，以期为推动通州湾区域经济的健康可持续发展贡献自己的一分力量。

一、通州湾的产业定位

欧债危机、美国财政危机导致世界经济需求不旺，增速下滑，短期内这种状况难以改变，中国经济进入结构性减速期，这些变化着的形势将对通州湾开发的需求、力度、资本条件和开发的效益产生重要影响。虽然外部条件复杂多变，世界经济的发展扑朔迷离，但是，考虑到通州湾地处“长三角”核心区，拥有良好的建港条件和丰富的土地资源，且受到加快长江经济带开发的利好支撑，后发优势较为明显，通州湾的开发对“长三角”北翼区域经济的发展具有重要的战略意义。通州湾的开发应该走港、产、城一体化的发展之路，而产业发展乃是区域发展的核心，在复杂的经济形势条件下，通州湾必须根据区域经济发展的特点，瞄准第三次工业革命的新兴产业，找准产业定位，为区域发展勾画美好可行的远景蓝图。

1. 引领第三次工业革命新兴产业先导区

在美欧经济被债务问题困扰，世界经济处于低迷之际，全球都在期待第三次工业革命能带来产业振兴和经济发展。第一次工业革命和第二次工业革命分别以蒸汽机和电气的使用为突破口带动产业的突破，第三次工业革命最有可能会以新能源、新材料、新一代信息技术、生物医药为突破口带动产业发展。通州湾的产业定位必须瞄准第三次工业革命，把可能引领第三次工业革命、技术相对成熟的产业作为区域发展的主导产业。但与第三次工业革命密切相关的新兴产业必须根据区域发展特点和基础条件有针对性地加以选择。在新能源、新材料、新一代信息技术、生物医药等产业中，虽然新能源产业有良好的发展前景，但该产业属于技术和资金密集型，风电受自然条件影响，光电转换率技术突破难度大，区域内该行业的技术、人才和资本相对不足，且产品对国际市场的依赖性较强，市场风险较大，因此该行业不是本区域内新兴产业的首选产业，只能作为备选产业。海洋工程、新材料、新一代信息技术、生物医药在区域内有一定发展基础，技术相对发展成熟，市场前景看好，应作为通州湾开发的首选产业。

2. 长江经济带物流中转基地

随着长江经济带产业振兴步伐的进一步加快，长江经济带的经济发展和国际化程度将进一步提高，能源和大宗物资的流通将进一步加快，上海港的物流压力将会逐步增加。通州湾区域依托良好的建港条件和便捷的交通运输通道，有望建成集运输中转、信息服务、仓储交易、流通加工、公铁水联运于一体的物流新枢纽和“长三角”北翼出海大通道。

3. 陆海统筹产业示范区

坚持“以陆促海，以海带陆，陆海统筹”的原则，加快培育现代海洋产业体系。优先发展海洋第三产业，重点发展滨海旅游，着力优化渔业结构，发展休闲渔业；依托港口资源，加快发展海洋工程装备制造；改造提升水产品加工，建设水产品加工出口贸易中心、重要的水产品价格形成中心和冷链物流基地。

4. 上海高端产业、技术和资本转移承载地

紧紧抓住融入上海“一小时”交通圈的契机，全面接轨上海的产业分工。充分利用独特的区位优势和日益凸显的港口和旅游优势，及时掌握上海产业转移的最新趋向和产业动态，结合南通产业发展的特色优势，积极创造条件，将上海产业的外溢优势项目引入通州湾园区，力争成为上海产业链延伸的重要承载地；加快制度创新，吸引区域产业发展的高端企业落户通州湾，努力提升技术创新能力和核心竞争力；推进金融制度创新，加强沪通两地金融部门的合作，努力构建新型融资平台，为通州湾区域产业发展提供资本支持。

二、通州湾的产业布局与发展重点

坚持走高端路线、走港产城一体化发展之路是通州湾产业发展的方向。通州湾的产业布局一方面要注意空间布局的合理高效，另一方面要坚持走高端、生态发展之路，围绕第三次工业革命先导产业，突出发展重点，优先发展新兴产业和高新技术产业，不断提升产业核心竞争力。

（一）通州湾产业布局的基本原则

1. 通州湾产业在空间结构布局上要坚持区位原则和效率原则

区位原则就是产业的布局要考虑交通运输自然条件，物流和制造业企

业要选择在交通条件方便的港口和交通要道附近布局。效率原则就是产业布局要注意充分发挥基础设施的功能效用，一般采取园区集聚的方式。

2. 在行业结构布局上要坚持高端化、生态化、特色化原则

所谓高端化，就是要把区域产业布局与全市的产业结构调整结合起来，要大力发展为制造业服务的第三产业，要走高新技术、新兴产业发展路线，要向价值链的高端转移。生态化就是要高起点定位，发展低能耗、低排放的产业，在项目准入上坚持生态标准一票否决。特色化就是要大力发展依托南通的自然资源条件和一定的产业基础的优势产业，并通过技术改造和知识产权提高市场竞争力，推进企业"走出去"，提升国际化水平。

3. 在产业集聚形式上坚持工业入园区、集群化发展原则

要推进工业集中布局，实行优胜劣汰，集约开发，充分发挥各种要素的协同效应。要根据产业关联度培育产业集群，以专门化特色工业园区为主，加强同类行业的空间整合，更好地适应社会化分工和专业化协作的原则，形成一批规模较大、特色明显的产业集群。要在引进带动能力强、科技含量高、产品附加值高、环保型的高效率项目上下功夫，吸引更多更具有实力的企业入园发展。

4. 在开发时序上，坚持规划先行，稳步推进原则

通州湾的开发与滩涂围垦密切相关，不可能一步到位，必须实施稳步推进、滚动开发的策略。根据水文地质的自然条件，应采用东港西城的总体布局。因此，必须做好港口、产业、城市的发展规划，并加强三者之间的协调。水电、排污、交通等工程要统筹规划建设，防止无序开发、重复建设。

5. 在资源配置上，坚持市场主导、政府引导原则

产业布局要充分发挥市场配置资源的决定性作用，尊重市场在实现结构调整、要素整合、技术创新等方面的决定和选择作用。与此同时，我们要科学界定政府职能，充分发挥政府在宏观调控和规划引导、政策导向方面的作用，借助法规、市场准入、监管来营造良好的投资发展环境，努力实现产业布局的科学化、合理化。

（二）发展重点

1. 高端装备制造业前景广阔

(1) 海洋工程装备。发展钻井平台、生产平台、浮式生产储油船(FPSO)、卸油船、起重船、铺管船、海底挖沟埋管船、海洋监管船、潜水作业船以及浮标体和港口机械产品。

(2) 航空设备。通州湾应以轻型飞机制造为起点,逐步向通用航空业发展。要注意引进中小发动机生产技术,注重发展飞机零部件产业,发展航空深度保养和大型维修、改装业务。

(3) 轨道交通装备。通州湾地区应根据南通市新材料、机械制造的优势条件,注重发展基础零部件和基础材料的研发和生产。重点开展与高速铁路客车、重载铁路货车、新型城市轨道交通装备等配套的轮轴轴承、传动齿轮箱、大功率柴油机、转向架、钩缓、减振装置等关键零部件的研发生产。

2. 新材料产业商机可期

(1) 化工新材料。一是发展功能膜材料。重点发展超低压、抗污染、抗氧化反渗透膜及海水淡化用高压反渗透膜、微孔滤膜(纳滤、超滤和微滤)的生产。二是发展特种纤维及其复合材料的生产。三是着力培育锂盐等新型化工新材料,重点发展无机纳米粉体材料、无机功能性新材料、无机有机复合材料的生产。

(2) 能源新材料。研发推进高温超导材料的产业化,重点发展高温超导电缆和超导变压器。加强纳米技术与信息技术、生物医药、能源与环保等领域的交叉融合,开发纳米磁性材料、纳米微波材料、纳米电池材料、纳米传感材料、纳米催化剂、纳米缓释药物等高新技术产品。

3. 生物医药产业前途光明

(1) 生物技术药物。开发基因重组技术、原生质融合技术,进行微生物发酵的菌种改良和优化。在抗生素、维生素、皮质激素等大宗原料药传统优势领域推广应用酶法、生物转化等绿色清洁生产工艺替代化学工艺,以微生物培养和发酵工艺生产天然活性成分。

(2) 海洋生物医药产业。通过引进、消化国内外海洋高新技术产业的成果,逐步发展海洋生物制药。近期以医用海洋动植物的养殖和栽培为重点,加快人才的培养与引进,加强与区内外科研机构的联合开发,发展海洋生物制品业和海洋药业,主要包括生产以多糖、蛋白质、氨基酸、酯类、生物碱类、萜类和淄醇类等为主的生物制品、医药产品和功能食品。

4. 新一代信息技术产业前景向好

(1) 集成电路。发展重点整机产品所需要的集成电路、国内优势电子产业所需的集成电路。支持发展多芯片集成封装技术、倒装焊技术、硅通孔技术(TSV)、圆片级封装、高密度三维系统级等先进封装技术的研发和产业化。

(2) 发展超小型片式电容器、电感器、二极管、三极管、特色功率器件、石英晶体器件以及集成无源元件、微波介质器件、声表面波(SAW)器件、电声器件等产品。重点发展高密度互联连多层印刷电路板(HDI)、多层挠性板(FPC)、刚挠印刷电路板(R-FPC)、IC(集成电路)封装载板等印刷电路板产品。

5. 现代物流大有作为

要紧紧依靠港口资源,完善配套设置,提升管理水平,大力发展现代物流业,并且与商贸流通、批发市场、交易中心等载体相互作用,形成联运、仓储、配送、加工、保税、报关为一体的区域物流中心。加快引进国际知名的物流跨国公司和国内物流龙头企业,大力扶持本土成长型物流龙头企业,发展第三方物流。建设高标准的物流仓储区,建立覆盖港区的生产流通和仓储运输企业的网络平台,整合现有物流资源,强化各种运输方式、中转节点、储运企业之间的衔接、协调和配套,实现与协作企业、客户和有关管理机构的信息共享,形成港口之间、港口与海关、港口与货主、港口与承运商的无缝连接,真正构建起快速畅通、高效便捷的物流体系与网络。

6. 健康旅游产业前景看好

通州湾的健康产业应以"预防保健、康复理疗、养生休闲、旅游度假"为核心,以生命科技的高端医疗措施和特色医疗为依托,通过文化传承、养生体验、健康管理、学术交流、产品研发、种植观赏、科普教育等多维共生的产业体系，全方位打造高端健康旅游基地。

通州湾要努力打造“长三角”北翼旅游度假胜地。要高起点定位，按照国家级旅游度假区的标准，搞好基础设施和基本配套建设，要建设具有地域特色、独特海洋风情和具有市场前景的亮点项目。可考虑建设海立方主题公园、人工浴场等多个具有区域特色的项目。主题公园应考虑建设海洋森林、海洋水族馆、水上滑道、水上探险漂流，形成融都市、文化、科研、生态旅游及休闲度假等于一体的旅游目的地。

三、 推进通州湾产业发展的对策建议

通州湾开发是南通经济社会发展中的一件大事，是建设“长三角”北翼经济中心的重要支撑，其远期发展目标是建设“长三角”北翼新港城、南通区域副中心城市。为了实现这个长远目标，我们必须坚持“两化并重(产业高端化和城市生态化)、双轮驱动(科技创新和改革)、港产城一体”的发展方针，以临港产业为先导，积极推进产业集聚，不断拓展城市发展基础和发展空间，努力实现港、产、城互动发展的良好态势，为南通实现基本现代化打下坚实基础。

1. 坚持区域一体化发展方向，努力实现产业错位发展

南通在“长三角”区域内属于后发地区。随着沿海开发的纵深推进，该地区经济社会将会有一个跨越式发展，将有助于“长三角”区域内的协调发展。而影响该地区健康发展、科学发展的关键是错位发展问题。这里的错位发展不仅指“长三角”区域内的错位发展问题，也包含本区域内的错位发展问题，在产业布局上要避免与浙江、上海和苏州、无锡、常州的同质化问题。随着经济圈内区域经济合作的加强，专业化分工进一步深化，“总部—加工基地”功能分工逐步形成，上海与江、浙两省已形成一个互动的产业生态链。一方面我们要结合自身的优势和产业基础，选择适合自身发展的产业链；另一方面要力求向产业链的高端挺近，提升发展质量。就产业布局来说，切忌一哄而上、恶性竞争。例如，就临港产业来说，应根据各自不同的特

点，分别选择能源、化工、海工、集疏运等产业，防止产业发展体系上的大而全、小而全，避免无序竞争。与此同时，我们要重视区域发展中的合作问题，要选择适当的模式推进区域合作。目前，在合作模式上可以采用下列三种模式：一是飞地模式。启东外高桥、江阴—靖江模式就是这种模式的典型，它将本地的合作园区划给上海、苏南地区的开发园区，作为其分园，双方政府成立协调机构对重大事项进行决策，园区的建设、招商和日常管理由上海、苏南方面组建管委会负责。二是园区共建模式。即由合作双方政府主导，公共事务、税收、统计属地管理，GDP、收益等协议分成，苏通园区就是采用的这种模式。三是采取股份制公司开发经营模式。即由合作双方一方出资另一方出地，或者双方出资在拟合作的园区内购地，成立股份公司，由股份公司开发经营合作园区。目前，通州湾开发处于起步阶段，资金短缺，集聚效应不明显，因此，选择恰当的合作模式将对开发的成功和速度产生重要作用。笔者认为，科教城可采用飞地模式，以利于引进大学、大院、大所，产业园可采取共建模式，港区开发可采用股份公司开发模式。

2. 坚持陆海统筹，促进海洋经济又好又快发展

通州湾要以陆海统筹综合改革为契机，大力发展海洋经济。一是统筹陆海经济规划布局，协调海域、海岸带开发，实现海陆资源互补、布局互联、海陆产业互动，统筹开发重点地区和发展举措，以陆域经济、技术为依托，以港口为龙头，以海陆产业发展和海涂开发为重点，以城镇和园区建设为支撑，推动海洋经济发展。二是积极培育海洋工程装备制造、海洋新能源、海洋生物医药、海水利用、现代海洋服务业等海洋战略性新兴产业，激发海洋经济发展的活力。三是改造提升海洋渔业、滩涂农林牧业、海盐化工业等海洋传统产业，做大做强海洋船舶修造、海洋交通运输和港口物流、临港精细化工、滨海旅游等海洋优势主导产业，进一步增强海洋经济的整体实力。四是加强基础设施建设。进一步加快交通、水利、能源等重大基础设施建设步伐。实施进港航道工程建设，完善内河航道、铁路、公路综合交通体系，健全以引排水工程、防洪与海堤工程为主的水利设施，推进沿海信息化基础设施建设，高起点、跨越式推进沿海滩涂围垦综合开发，科学高效利用匡围新地。

通过整体实施基础建设，推进一体化发展，全面提高对海洋经济的支持、服务、保障能力。五是强化海洋综合管理。坚持依法管海、科学用海，严格执行海域使用“三项制度”以及围填海计划管理等制度，统筹各行业用海需求，规范用海行为，提高海域资源的科学利用水平。坚持生态发展原则，坚持在保护中开发，在开发中保护，加快海洋资源环境保护体系建设，强化海洋环境监督管理，有序推进入海污染物总量控制、减排降污和污染损害生态补偿工作，加强海陆污染综合防治和生态建设，推进区域海洋经济健康、稳定、可持续发展。

3. 坚持港、产、城联动，加快推动产业集聚

港、产、城联动最根本的问题是要实现三者的相互融合和相互协调，确保港、产、城真正实现有效融合、联动发展。在港、产、城发展关系上，通常，港口是产业发展的先导，产业是城市经济发展的基础，城市是产业发展的平台。港、产、城发展主要有三种模式，即港口—城市型（依托港口贸易促进城市发展）、港口—产业—城市型（依托港口物流促进产业发展，推动城市发展）、临港产业—城市型（依托港口资源优势发展临港产业，通过产业的发展促进城市的发展）。

通州湾采取何种发展模式，将决定通州湾开发的速度、质量和效益。通州湾虽有建设30万吨级深水大港的优势条件，但在“长三角”区域，通州湾与宁波港和连云港相比区位优势不明显，宁波港依托江浙腹地，走水水中转物流贸易之路，连云港依托陇海线和中西部腹地走海陆联运贸易之路，而通州湾与上海港的直线距离不到100千米，在物流的海进江、江出海方面，上海港更为便捷，只有在上海港的通过能力较为紧张时，通州湾的港口通过能力才有发挥的机会。当然长期来说随着长江经济带经济的进一步活跃，上海港受土地资源、人力资本的约束，通过能力将会受到影响，通州湾必将为上海港分流一部分物流压力，但短期来说这种可能性不大，如果过早盲目建设大型港口，风险较大。因为决定经济活动成败的往往不是供给而是需求，找准市场需求定位是成功的关键。所以，就目前来说，通州湾的开发可以有两种模式进行选择：一是港口建设与临港产业同时并举；二是先发展临港产

业,待时机成熟时再进行大规模的港口建设。通州湾处于上海中心扩散效应波及的较为有利的区域,并且有着丰富的土地资源,是上海中心产业转移的最佳地区,因此,走临港产业一城市型发展之路风险小,见效快。为了推动港产城联动发展,首先,我们要加强规划建设,科学制订围垦规划、港口建设规划、产业发展规划和城市发展规划。规划的制订要坚持生态、低碳、可持续发展原则,并且要注意各个规划之间的协调和统筹,努力实现港、产、城的一体化发展。其次,要加强宣传,要通过各种渠道多种形式来宣传通州湾,让社会各界特别是经济界、产业界了解通州湾,关心通州湾的建设发展,为通州湾的招商、发展献计献策。再次,要加强基础设施建设。要围绕港、产、城一体化发展定位,统筹建设供电、排水、排污工程,重点规划建设好高速公路、高等级公路与港口、内河航道通达配套工程,为港、产、城联动创造良好的发展条件。

4. 坚持科技创新,提升产业核心竞争力

目前,通州湾的优势主要是建港条件和土地资源。就建港条件来说,与宁波、连云港还有一定差距,而仅仅依靠土地资源优势很难实现可持续发展。当前,我国已进入老龄化社会,人力成本将不断增加,而世界经济在相当长的时间内难有大的起色,通州湾的发展只有依靠科技支撑才能实现可持续发展。通州湾的科技创新要根据不同的发展阶段采取不同的科技创新发展战略。

在通州湾开发的初期,可考虑引进新兴产业企业、高新技术企业和创新能力较强的传统行业的大企业,借助高新技术园区形成高新技术企业的集聚。与此同时,以科教城为依托,注重引进大院、大所,推进中科院南通海洋所、中远船务海工研究院、南京大学新材料研究院、东大工业研究院等一批高层次研发机构尽快落户通州湾科教城,形成人才和技术的创新高地。

在通州湾开发的中期,注重加强创新平台建设,推动产学研合作。加大对企业技术中心、工程技术中心、企业博士后科研工作站、院士工作站建设的扶持力度,对企业科研机构进行规范化管理,提高其运行质态。建立以产品的产业链为主线的产、学、研合作战略联盟模式,鼓励产、学、研各方联合开发关键、核心技术,共同解决产业发展中的重大技术难题,鼓励企业之间、企业和科研院所之间形成创新联盟,努力提升企业的科技创新能力。

在通州湾开发的成熟期,积极实施知识产权标准化战略,提升产业核心竞争力。重点关注海洋工程平台用动力装置、通信导航的核心技术、太阳能级硅材料提纯技术、晶硅电池转换技术、新型电子元器件用新材料、磁性材料、动力电池材料、中药现代化、海洋药物、重大传染病防治疫苗、新型诊断试剂及生物芯片、关键医药中间体技术、数控及机电一体化设备技术、工业机器人、高速精密数控机床、智能型纺织机械、智能输变电成套设备、极端制造(微纳、宏大制造)等产业核心技术,力求有重大突破,并实施专利标准化战略,鼓励企业在技术创新过程中形成"技术专利化—专利标准化—标准许可化"链条,提升产业核心竞争力。

5. 坚持改革开放,改善产业发展环境

通州湾要想在"长三角"北翼实现跨越发展,其竞争优势主要应来源于港口和土地资源优势、科技红利和改革红利。通州湾区域深化市场经济体制改革主要应做好三个方面的工作。

一是推进自贸区建设。通州湾开发一方面要注意对接上海自贸区建设,接受上海高端产业的转移,另一方面要积极谋划,创造条件建设通州湾自贸区。自贸区因其税收方面的优惠、金融的开放和投资的便利,会吸引一些国际化程度较高的企业来区域内投资经营,也有利于区域内企业参与国际化竞争,提升经济开放水平。可考虑划定一定区域建设出口加工区,然后申报保税区,区域内对市场经济的管理可在国家政策允许的范围内,参照上海自贸区的有关管理制度,待条件成熟后,再申报自贸区。

二是加强融资平台建设。为推进通州湾区域开放,可考虑建立以资本为纽带的区域联动共享机制,坚持"政府主导、市场运作、统一规划、分步实施、多元开发"的发展理念,建设通州湾开发公司。公司按照法人治理结构要求,实现决策层和经营层相分离。公司设董事会,负责公司重大事项决策。公司经营层要对董事会负责,具体业务操作由各下设部门负责。公司同时设监事会,负责对公司各项决策进行监督。公司董事长和监事会主席由政府任命,经营层可以由政府来选派,也可以采用市场化的方式选聘职业经理人。其经营范围主要是投资及资产管理、沿海滩涂资源开发利用、土地一级开发、房地产开发与经营、基础设施建设、港口航道建设、酒店管理、物业服务、房屋租赁、建设材料经营。要建立资本金注入机制。可以在国家政策范围内,将国有土地、矿产、水力资源等资源的出让收益划入有关投融资公司。要注重盘活行政事业单位资产,将其培育成为有实力的担保机构,可以利用这些资产对外开展融资抵押贷款,为基础设施建设等融资提供便利。公司要建立健全管理机制,建立投融资的风险识别、监控分析和防范体系,提高监控水平和风险预警能力,建立偿债准备金,增强防范风险能力,要强化事前风险防范和事中风险控制相结合,促进风险监控日常化、制度化、规范化。要加强对项目的贷后管理,确保国有资产安全。运用市场竞争机制,从项目的可行性研究、评估、决策、经营等环节强化管理,提高项目的经营管理水平和经济效益。

三是创新人才管理机制,改善产业发展环境。要加快引进一批国际化领军人才。要积极实施多层次的立体化的人才发展战略。一方面要加强高端人才的引进培养。要利用“江海英才人才计划”“南通市产业人才发展312行动计划”和“科技领军人才创新创业计划”,围绕通州湾产业发展需要,精准定位海内外精英人才、国家千人计划人才,紧盯不放,努力产生“招引一个领军人才,带来一个创新团队,壮大一个科技企业,培育一个新兴产业”的良好效应。另一方面要创造有利于人才集聚的良好环境。以科教城和科技园区等创新创业载体汇聚人才,以重大技术项目实施、自主品牌塑造、创新型企业培育等创新实践培育人才。要给予人才必要的创业启动资金、科研经费资助、小额贷款和购房补贴等政策扶持,探索股权配给、期权激励、职称评定、成果奖励、知识产权入股等创新措施,建立人才与资本、技术与贡献相结合的分配导向,让一流人才获得一流回报。要解决好人才的居住、医疗和子女教育等后顾之忧,为创新提供周到、全面、细致的服务,确保高端人才引得进、留得住、用得好。

中共南通市委党校　乔桂银

(本研究报告为2012年江苏沿海沿江发展研究院招标课题《新形势下南通滨海园区的产业定位以及布局研究》研究成果)

南通沿海产业布局新构想

优化南通沿海产业布局、转变经济增长方式、促进沿海产业转型升级是南通沿海产业发展的必然要求。本文从空间布局和行业分布两个方面对南通沿海产业布局的构想进行了探讨,南通沿海应依据产业布局合理、资源充分利用、空间开发有序的原则,不断优化产业空间布局,促进区域资源要素整合,构建支柱型产业集群和具有竞争力的产业区域板块;立足沿海实际情况,优化调整行业分布,形成具有南通沿海特色的,以现代农业为基础、先进制造业为主体、生产性服务业为支撑的产业协调发展新格局。

南通市位于苏中沿海,是我国首批对外开放的14个沿海城市之一。"十一五"时期,南通按照"依托江海,崛起苏中,融入苏南,接轨上海,走向世界,全面小康"的总体发展思路,实现了跨越发展、科学发展、和谐发展和经济社会的全面发展,实现了大桥通车、大港通航、大城市建设、大园区开发的美好蓝图。进入"十二五"时期以来,拥有江苏沿海开发和"长三角"区域一体化两大国家级战略叠加优势的南通,应更加坚定信心,抢抓机遇,立足南通沿海实际,合理规划、科学布局,坚持体制、机制创新,加快经济增长方式转变,促进沿海产业转型升级,打造沿海新的经济增长极。

一、优化南通现有沿海产业布局的机遇和制约因素

(一) 优化南通现有沿海产业布局的机遇

1. 有利的政策条件

2009 年国务院批准实施的《江苏沿海地区发展规划》和 2010 年国务院批准实施的《长江三角洲地区区域规划》均把南通列入其中。2011 年江苏省第十二次党代会报告明确提出“支持南通建设长三角北翼经济中心”。两大国家战略和省党代会对南通“长三角”北翼经济中心定位的确立,为南通集聚国内外各种优势资源和吸引各类产业特别是新兴产业和重大项目创造了宝贵的政策条件,提供了良好的现实机遇,为南通优化沿海产业布局、推进沿海大开发创造了极为有利的政策条件。

2. 良好的经济基础

2011 年南通全市生产总值达 4080.22 亿元,按可比价计算,比上年增长 12.1%,高于江苏省的 11%、全国的 9.2%,在江苏省排第 4 位,超前于同为沿海城市的连云港(江苏省第 12)、盐城(江苏省第 7)。

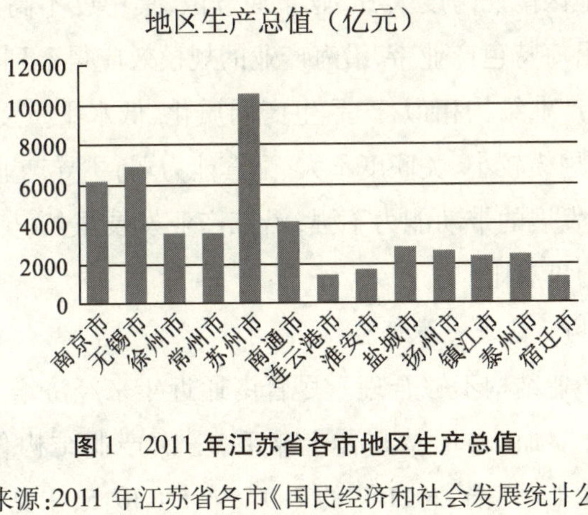

图1 2011 年江苏省各市地区生产总值

数据来源:2011 年江苏省各市《国民经济和社会发展统计公报》。

3. 独特的区位优势

南通与上海隔江相望,同处沿海经济带与长江经济带 T 形结构交汇点和长江三角洲洲头,是我国沿海地区土地资源最丰富的地区之一。随着苏

通大桥、崇启大桥建成通车，洋口海港、吕四海港通航，南通承接上海和苏南产业转移的区位优势十分明显。南通与海洋经济极为发达的日本、韩国隔海相望，形成了互为市场、互为补充的良好发展格局。目前南通拥有9个沿江港区和2个沿海港区，全市范围内形成了规模和覆盖范围较大的港口群，保证和促进了南通沿海产业合理布局、快速发展。

4. 丰富的空间资源

南通拥有海岸线210千米，其中可建5万吨级以上深水泊位的岸线有40多千米；海岸带面积1.3万平方千米，沿海滩涂21万公顷，是我国沿海地区土地资源最丰富的地区之一。根据《江苏省沿海地区发展规划》，到2020年全省将围垦滩涂18万公顷，其中南通市将超过8.3万公顷。围垦滩涂为海淡水养殖等渔业经济发展提供空间，同时也是沿海港口、临港工业发展的依托和支撑。沿海地区广阔海域以及潮汐活动等使南通的环境容量较大，丰富的沿海空间资源为南通沿海产业发展提供了保证。

（二）优化南通现有沿海产业布局的制约因素

1. 空间布局有待进一步优化

南通沿海地区南北跨度大，产业布局分散，集中度不高，缺少有影响力的产业集群和沿海特色产业带，沿海产业的规模效应得不到充分发挥；沿海地区各自为政，产业结构相似，产品生产同质化、低水平重复建设现象较为普遍；沿海产业规模较小、关联度不大、配套能力弱，主导产业的辐射能力有限，对区域经济发展的带动能力不强；沿江产业发展虽然已见成效，但对沿海产业的延伸力度有限。

2. 产业结构还需进一步调整

一是三次产业结构不够合理。尽管南通近年来经济增长速度快，增幅大，结构调整力度加大，但从整体上来看，三次产业结构仅从2005年的11.0∶55.9∶33.1调整至2011年的7.0∶54.5∶38.5，未见明显改善，三次产业结构仍与沿海发达地区存在较大差距。

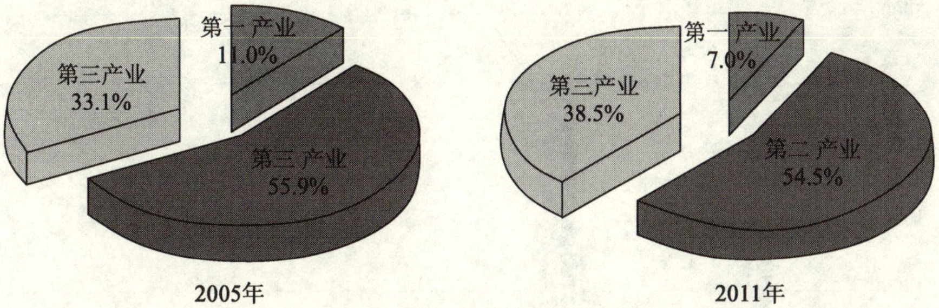

图 2　南通三次产业构成

数据来源:2011 年《南通统计年鉴》《南通市国民经济和社会发展统计公报》。

二是现代农业结构有待优化。虽然南通农业总体生产能力逐年上升,但由图 3 可知,在农业产值构成中,渔业占比最小,贡献率最低。沿海滩涂农业和现代渔业发展程度严重不足。

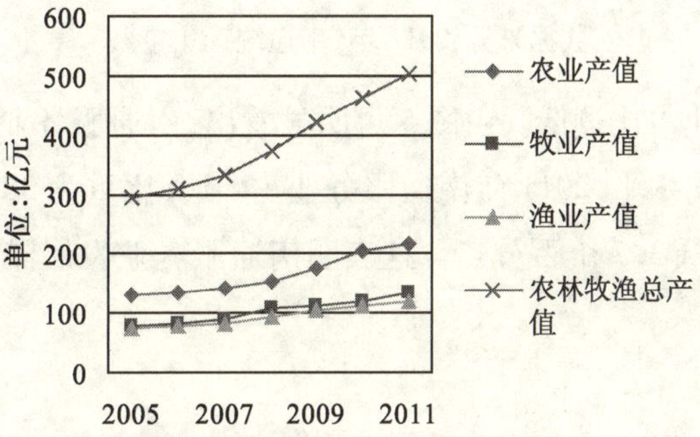

图 3　南通市农业发展变迁图

数据来源:各年度《南通统计年鉴》《南通市国民经济和社会发展统计公报》。

三是制造业规模偏小,横向差距大。近几年来,南通工业制造业虽然有了较快的发展,但与苏南地区产业规模相比还有明显不足。

从图 4 可以看出,南通的企业数较多(7589 个),仅次于苏州和无锡两市,而相应的总产值只有 7383.16 亿元。表明从总体上看,南通单个企业的规模较小,产值较低,缺乏对区域产业起带动作用的龙头企业。

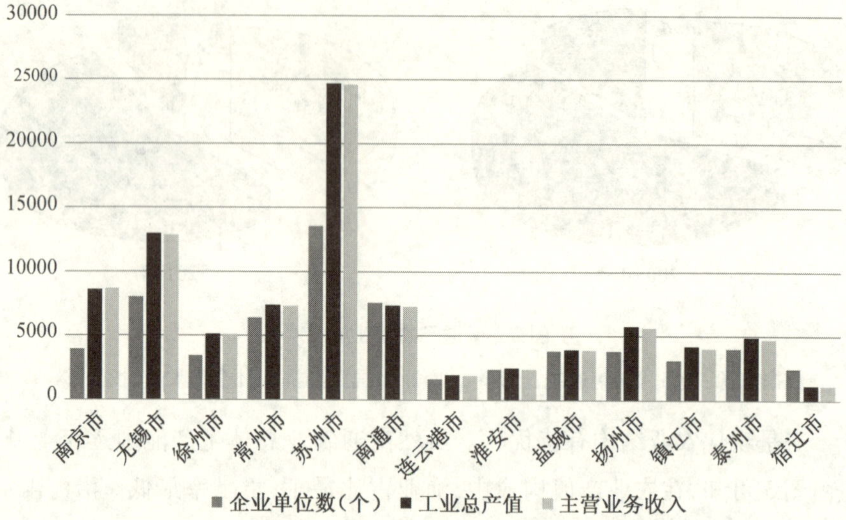

图4 2010年江苏省各市规模以上工业企业主要经济指标

数据来源:2011年《南通统计年鉴》。

四是服务业占比过低。由图5可明显看出,南通服务业占GDP比重一直低于江苏平均水平,2011年南通服务业占GDP比重为38.5%,比全省平均水平42.2%低3.7个百分点。这表明南通服务业发展滞后,产业结构需进一步优化调整。

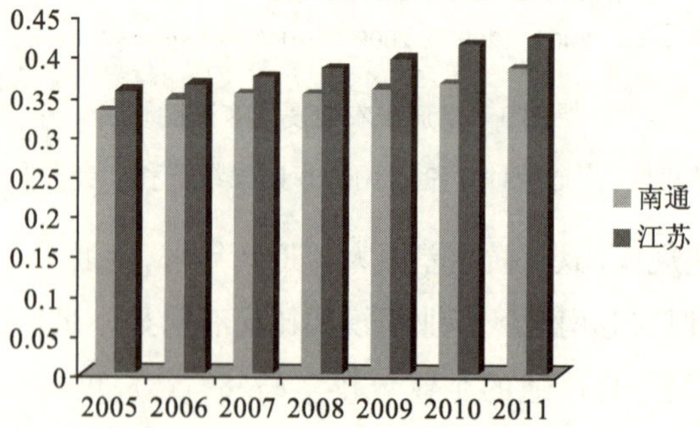

图5 南通与江苏服务业占比比较

数据来源:2011年《南通统计年鉴》《江苏省统计年鉴》《南通市国民经济和社会发展统计公报》《江苏省国民经济和社会发展统计公报》。

3. 科技创新能力不足

南通的研发投入强度（即 R&D/GDP）偏低，一直以来都处于全省平均水平之下。2011 年南通市研发投入强度（2.05%）虽高于全国平均水平（1.83%），但仍未能超过江苏平均水平（2.2%）。见图 6。

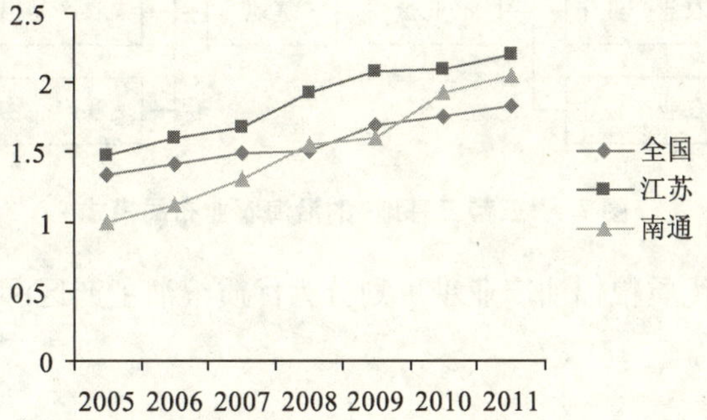

图 6　2005—2011 年全国、江苏、南通 R&D/GDP 趋势

数据来源：全国、江苏、南通各年度《国民经济和社会发展统计公报》。

4. 人口红利正逐步消失

南通是全国著名的长寿之乡，也是人口老龄化最快的地区之一。第六次人口普查数据显示，至 2010 年末，全市 65 岁及以上人口为 1202487 人，占 16.51%，比全省高出 5.62 个百分点，老龄化程度居全省首位。其中，如东县老龄化程度最高，为 26.69%，居全国首位。由老龄化带来的直接体现即人口红利消失，近年来南通沿海民工荒现象正是其具体表现。

二、优化空间布局推动南通沿海产业统筹发展的基本构想

南通推进沿海产业转型升级，必须依据产业布局合理、资源充分利用、空间开发有序的原则，不断优化产业空间布局，促进区域资源要素整合，构建支柱型产业集群和具有竞争力的产业区域板块。

1. 南通沿海现代农业空间布局

根据现有农业分布和发展状况，优化空间布局，引导优势农产品向优势区域集中，在沿海地区构建优质粮棉油产业带、高效特色农业产业带、生态观光农业产业带和农产品加工基地、农产品出口基地、农产品物流基地，促

进南通沿海地区现代农业的发展。“三带三基地”的沿海农业布局模式如图7所示。

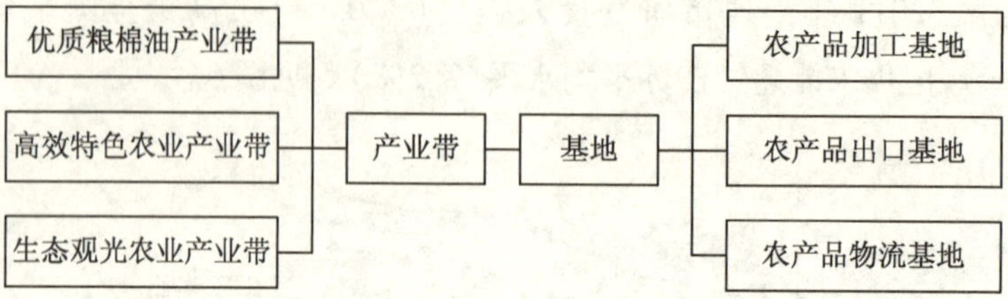

图7　“三带三基地”的沿海农业布局模式

南通沿海优质粮棉油产业带可划分为优质粮油主产区和沿海高品质棉区。见表1。

表1　优质粮棉油产业带

分类	区域	建设重点
优势粮油主产区	如东、通州西部	发展早熟晚粳稻区
	海安里下河	发展迟熟中粳稻区
	全境沿海地区	发展优质弱筋小麦生产,打造双低油菜产业带
沿海高品质棉区	如东垦区、启东、通州	发展杂交棉和高品质棉

可按水产业、畜牧业、园艺业和特色产业来布局南通沿海高效特色农业产业带。见表2。

表2　高效特色农业产业带

分类	区域	建设重点
水产业	浅海养殖带	进行浮绳(筏)式海带、紫菜等藻类养殖和贻贝、扇贝等贝类吊养,海水抗风浪网箱养殖,底播贝类等养殖
	滩涂养殖带	进行半浮筏式紫菜养殖和文蛤、青蛤、四角蛤、杂色蛤等贝类养殖
	海水池塘养殖带	进行海水虾、蟹、鱼、贝类的养殖,陆上海水设施养殖
	淡水养殖渔业区	进行淡水特种水产品养殖
	海洋捕捞渔业区	进行海洋捕捞的流刺网、围网、拖网、定置网、钓具等各种捕捞工具的生产作业

续表

分类	区域	建设重点
畜牧业	如皋、如东、海安、通州	发展优质商品猪生产
	如东	发展苗猪生产
	如东、如皋、启东、海门	发展肉鸡生产
	海门、启东、如皋	发展山羊生产
	启东、海门	发展奶牛生产
园艺业	南通全境	生产豆类蔬菜、青花菜、芦笋、绿叶菜类等，建成我国沿海重要的出口加工蔬菜产业群，建设出口创汇蔬菜主产区；发展大中棚、连栋大棚，以生产西瓜、甜瓜及茄果类、叶菜类蔬菜为重点，大力发展大棚防虫网覆盖栽培，建设设施蔬菜主产区；建设番茄、茄子、辣椒、豆类以及耐盐蔬菜沿海特色蔬菜基地，发展沪销蔬菜；发展灵芝、蛹虫草等高档保健、药用食用菌，建设食用菌主产区；新建高档鲜食葡萄基地
	南通入海口县市	建设小青菜、菠菜、荠菜、生菜、芹菜及韭菜等优质安全绿色叶菜生产基地
	如皋	发展罗汉松、黄杨、银杏等地方特色的树种盆景，开发新树种盆景，建设观赏苗木生产基地、商品盆景生产基地
	如东、启东、海安	新建优质梨基地
	海门、启东、通州、如皋	新建草莓基地
特色产业	海门、启东	发展高效特经特粮、高效四青作物、高效特色作物
	南通高沙土地区、里下河地区、通州地区	建设蚕桑生产基地

在南通市城郊地区可布局生态观光农业产业带。见表3。

表3　生态观光农业产业带

区域	建设重点
南通城郊地区	发展以观光农业景观为主的观光型农业、以参与农业活动为主的体验农业、以休闲娱乐为主的休闲型农业、以民族文化为主的农业活动节

在南通沿海各县市建农产品加工基地。布局优质粮油加工集聚区、茧丝绸加工集聚区、特色蔬菜加工集聚区、干鲜果品加工集聚区、畜禽加工集

聚区和特种水产加工集聚区。见表4。

表4　农产品加工基地

分类	区域	建设重点
优质粮油加工集聚区	如东、通州	发展粮油食品和附加值高的精深粮油加工业
茧丝绸加工集聚区	海安	整合蚕茧产业生产结构，培育壮大蚕茧产业化龙头企业
特色蔬菜加工集聚区	南通	发展精深加工产品和出口创汇产品
干鲜果品加工集聚区	如皋	建设草莓基地，发展速冻草莓加工
畜禽加工集聚区	海门、如皋	延长产业链条，由初加工向精深加工转变
特种水产加工集聚区	全境沿海地区	提高优质鱼、虾、蟹、贝、藻和海蜇等产品的精深加工，发展鱼虾特别是低值鱼虾类加工

在南通沿海各县市建农产品出口基地。布局出口蔬菜、果品生产加工基地，出口特粮特经原材料生产加工基地，出口畜产品生产加工基地和出口海淡水产品生产加工基地。见表5。

表5　农产品出口基地

分类	区域	建设重点
出口蔬菜、果品生产加工基地	如东、启东、通州、海门	新建扩建蔬菜出口生产加工基地、出口示范基地
出口特粮特经原材料生产加工基地	南通近郊	建设花生、薯类及豆粕等特色粮油及原材料出口生产加工基地
	南通	建设出口中药材原材料生产加工基地
	海门、如皋	建设出口豆类生产加工基地
	海安	新建扩建出口厂丝生产加工示范基地
出口畜产品生产加工基地	如皋、如东	新建扩建猪肉、肠衣、禽肉等出口畜产品生产加工基地、出口示范基地
出口海淡水产品生产加工基地	如东、海安、启东	新建扩建出口紫菜基地、出口示范基地(区)、出口贝类基地

在南通沿海各县市建农产品物流基地。布局物流中心、综合市场、专业市场和其他市场。见表6。

表6　农产品物流基地

分类	区域	建设重点
物流中心	南通的过江通道	建设接纳江苏腹地和中西部、服务“长三角”和面向国内外的大型农产品物流中心
综合市场	南通	发展综合性批发市场
专业市场	南通	建设南通百花果品批发市场
	海门	建设海门实成蔬菜批发市场
	通州	建设通州水芹批发市场
	海安	建设海安县大公山羊市场、禽蛋市场
	如皋	建设如皋花木大世界
	启东	建设启东吕四海水产品市场
	如东	建设如东天一紫菜市场
其他市场	南通	建设南通和盛农资市场等

2. 南通沿海先进制造业空间布局

一是加快推进各种优势资源向南通沿海各县市集聚，坚持主导产业高端化、新兴产业规模化、传统产业品牌化的发展导向，重点布局发展海洋工程与船舶及重装备、新能源与能源及其装备制造、精细化工及新材料、石油化工、电子信息等产业。南通各县市沿海先进制造业空间布局详见表7。

表7　南通各县市沿海先进制造业空间布局

名称	产业	支柱企业	目标
如皋市	船舶海工及配套	熔盛重工、华泰船务、通宝、长青沙船舶	打造千亿级船舶海工及配套产业板块
	汽车及零部件	江苏英田、双钱轮胎、力星钢球、汤臣汽配	形成整车生产、汽车零部件、轮胎三大类系列产品，打造500亿级汽车及零部件产业板块
	装备制造	锻压设备、昌昇集团等	培育壮大数控锻压、数控印刷、输变电设备、环保机械、纺织机械、工程机械、食品机械、塑料机械等特色板块，打造500亿级装备制造板块

续表

名称	产业	支柱企业	目标
海门市	装备制造	宝钢金属、海新重工、海隆重机	加快发展先进装备制造业
	家纺服装	三星叠石桥国际家纺城	做大家纺服装业
	生物医药	联海生物、慧聚药业、现代制药	加大自主知识产权新产品和新技术开发
	电子信息	通光光缆	做长产业链
启东市	船舶海工	中远船务、宏华油气、太平洋海工、蓝岛来福士、道达重工	重点发展海洋工程平台、船舶辅机、甲板机械、通信和自动化等主要船用设备
	能源及新能源装备	大唐电厂、韩华新能源、神通阀门	加快发展高效、清洁电力能源,高转化效率太阳能电池、薄膜多晶硅太阳能电池,核电阀门等特色装备
	电动工具	东成、国强	打造天汾电动工具产业园,重点发展塑料、橡胶、制箱、模具、电工、铝铸以及轴类、钢片、齿轮、开关等加工企业,延长电动工具产业链条,提高产业本地配套水平
	化工医药	好收成、希迪化工	加快发展化工医药产业
海安县	新能源	欧贝黎、吉阳恒基、卡姆丹克、中联科伟达	重点发展太阳能光伏电池及组件、LED新光源,打造光伏、LED两大特色产业链
	纺织服装	联发集团、鑫缘丝绸、文凤化纤	巩固和提升丝绸、棉纺、色织、化纤等传统优势产业
	装备制造	晓星变压器、鹏飞机械、万力机械、申菱电器	加快培育输变电(智能电网)、建材机械、锻压设备、电梯、汽车零部件、轨道交通、农业机械、船舶配套等特色板块

续表

名称	产业	支柱企业	目标
如东县	化工医药	以洋口化工园为载体	发展壮大农药、医药、特色精细化工产业
	装备制造	明阳风电、如石机械、通用机械	加快发展风电设备、石油机械成套设备
	能源及新能源、新材料	LNG 接收站加快推进燃气电站和燃气电厂项目；龙源、中广核、华润东凌、中天科技，以赛得利差别化纤维为支撑	大力发展风电，建设“海上三峡” 延长产业链，重点发展以光电缆为主体的电子信息新材料产业 加快发展纺织新材料粘胶纤维

二是加快推进各类优势资源向国家级和省级开发区集聚，引导现有产业从沿江逐步向沿海地区转移，加快基础设施配套，系统整合提升现有制造业产业布局，形成区域统筹、特色鲜明、错位发展、配套完善的现代制造业布局体系。经济开发区先进制造业发展重点空间布局详见表8。

表8 南通14个经济开发区先进制造业发展重点

级别	开发区名称	发展重点
国家级	南通经济技术开发区	现代装备制造业、新材料、精细化工、新医药及现代服务业
	江苏海安经济开发区	纺织、丝绸服装、电力装备制造、机械机电制造、农产品深加工、新能源、新材料、节能环保、软件和服务外包
省级重点	苏通科技产业园	电子信息、新能源、新材料、生物医药、精密机电、船舶海工配套及现代服务业
省级	江苏崇川经济开发区	电子信息、高新机电、新能源、塑胶建材、现代纺织服装、现代物流、服务外包和港口加工型产业
	江苏港闸经济开发区	装备制造业、港口能源业、新能源及其装备业，现代物流、研究开发、销售等生产性服务业
	江苏启东经济开发区	总部经济、服务外包、科技孵化三大基地，着力建设电子信息、新型能源、生物医药三大产业园

续表

级别	开发区名称	发展重点
省级	江苏吕四海洋经济开发区	电动工具、电力能源、石化新材料、港口物流、重型装备制造、特种钢铁产业以及海洋渔业、滨海旅游业
	江苏通州经济开发区	精密机电、光电信息、新材料、新能源和现代服务业
	江苏海门工业园区	现代家用纺织产业和物流等生产服务业
	江苏海门经济开发区	船舶修造、港口机械、新能源、生物医药、现代物流、电子信息
	江苏如东经济开发区	风电、光电、石油机械成套设备、汽车电子信息和循环经济
	江苏洋口港工业园区	石化、能源、冶金产业和现代物流
	江苏如皋经济开发区	电气、新材料、汽车配件、特色食品、纺织服装
	江苏如皋港经济开发区	船舶修造及配套、精细化工

三是加快推进各种优势资源向重点新兴产业基地集聚，利用南通沿海港口、滩涂和潮汐带等资源，合理规划，科学布局，主攻海洋工程、新能源、新材料三大产业，打造特种船舶、风电、光伏、化工新材料等产业链。南通沿海重点新兴产业基地空间布局详见表9。

表9　南通沿海重点新兴产业基地

基地名称	主导产业	类型
南通船舶海工产业基地	高科技、高附加值船舶，港口机械，海洋工程装备，基础零部件生产	高端装备制造业
海安新能源特色产业基地	LED钻石光源基材、太阳能电池、太阳能及生物质发电设备	新能源产业、节能环保产业
如皋新材料产业基地	密封件、空心复合绝缘子、支柱复合绝缘子、线路复合绝缘子、复合套管和复合绝缘杆塔等系列产品，玻璃纤维、玻璃钢及其制品	新材料产业
如东风电装备产业基地	风力发电机组及零配件	新能源产业、节能环保产业
海门特种金属材料产业基地	特种钢材、特种铜材、特种光缆、特种镀饰	新材料产业

续表

基地名称	主导产业	类型
启东新能源产业基地	硅棒、硅片、太阳能电池片、电池组件、光伏发电系统	新能源产业、节能环保产业
通州光伏产业基地	零晶、海晶薄膜太阳能电池	节能环保产业
崇川区电子信息产业基地	集成电路封装、测试、呼叫产业	新兴信息产业
南通开发区电子信息产业基地	光纤通信、电力传输产品	新兴信息产业
南通开发区化工新材料产业基地	化工新材料、新能源材料、生物医用材料	新材料产业

3. 南通沿海现代服务业空间布局

充分利用南通沿海区位优势，重点集中布局于中心城区和各县（市）城区及重点镇，大力发展现代物流、旅游观光、服务外包、现代商贸、商务服务等现代服务业，优化服务业空间布局，加快建设现代服务业集聚区，打造上海都市圈服务业新高地。南通沿海现代服务业集聚区空间布局详见表10。

表10 南通沿海现代服务业集聚区空间布局

县/市	区	集聚区名称	级别	类别	目标方向
南通	崇川区	南通软件园	省级	软件与服务外包	优化提升
		南大街商业中心	市级	商务服务	优化提升
		南通中央商务区	市级	商务服务	示范带动
		江苏崇川科技创业园	市级	科技服务	优化提升
		1895 红街区	市级	休闲娱乐	示范带动
		南通飞越百度文化广场	市级	文化与创意	优化提升
		南通新城金融集聚区	市级	商务服务	重点培育
		南通江海民俗文化博览园	市级	文化与创意	重点培育
	港闸区	城港路汽车市场群	市级	市场与商贸	示范带动
		火车站站前集聚区	市级	市场与商贸	优化提升
		南通火车站北物流园	市级	现代物流	优化提升
		南通火车东站物流园	市级	现代物流	重点培育

续表

县/市	区	集聚区名称	级别	类别	目标方向
南通	港闸区	南通船舶配套产业集聚区	市级	服务外包	优化提升
		南通软件园北园	市级	软件与服务外包	示范带动
		上海市北高新(南通)科技城	市级	科技服务	重点培育
		港闸天生汽车文化广场	市级	市场与商贸	示范带动
		南通北翼新城核心商务区	市级	商务服务	优化提升
	通州区	南通家纺城	省级	市场与商贸	示范带动
		兴东空港产业园	市级	现代物流	重点培育
		通州南通汇晟建材市场	市级	市场与商贸	优化提升
		通州东大商贸市场群	市级	市场与商贸	示范带动
		通州开沙岛旅游度假区	市级	生态旅游休闲	优化提升
		通州城区金游城中心商务区	市级	商务服务	优化提升
	开发区	能达商务区	省级	商务服务	示范带动
		通富路物流园	市级	现代物流	优化提升
		星湖街区	市级	市场与商贸	优化提升
		南通综合保税区(争创)	市级	现代物流	重点培育
		苏通智慧产业园	市级	科技服务	重点培育
如皋市		如皋科技创业园	市级	科技服务	优化提升
		如皋花木交易市场	市级	市场与商贸	优化提升
		如皋港现代综合物流园	市级	现代物流	示范带动
		如皋软件外包产业园	市级	软件与服务外包	示范带动
		如皋长寿文化集聚区	市级	文化与创意	重点培育
海门市		叠石桥国际家纺城	省级	市场与商贸	示范带动
		海门都市科技创业园	市级	科技服务	优化提升
		海门商业步行街	市级	商务服务	优化提升
		海门叠石桥物流中心	市级	现代物流	优化提升
		海门和洲汽车产业园	市级	市场与商贸	示范带动
		蛎岈山国际海洋生态旅游度假区	市级	生态旅游休闲	重点培育

续表

县/市 区	集聚区名称	级别	类别	目标方向
启东市	天汾电动工具商贸城	省级	市场与商贸	优化提升
	启东中心商务区	市级	商务服务	示范带动
	启东水产品市场	市级	市场与商贸	示范带动
	启东科技创业园	市级	科技服务	优化提升
	圆陀角旅游度假区	市级	生态旅游休闲	重点培育
海安县	海安奥华商贸集中区	市级	市场与商贸	优化提升
	海安苏中医药物流园	市级	现代物流	示范带动
	海安正元港务物流中心	市级	现代物流	优化提升
	海安 523 文化产业园	市级	文化与创意	示范带动
	海安现代商贸物流集聚区	市级	现代物流	重点培育
	海安软件科技园	市级	软件与服务外包	示范带动
如东县	如东天一批发市场	市级	市场与商贸	优化提升
	如东三元世纪城	市级	商务服务	示范带动
	如东县银河棉纱市场	市级	市场与商贸	优化提升
	如东县港汇国际广场	市级	市场与商贸	优化提升
	南通国际软件产业园	市级	软件与服务外包	重点培育
	南通洋口港现代物流产业园	市级	现代物流	重点培育
	南黄海旅游度假区	市级	生态旅游休闲	重点培育

三、 调整行业分布推动南通沿海产业转型升级的对策措施

1. 大力发展高效的沿海现代农业,夯实南通产业发展的基础

一是合理发展滩涂农业。调整种植业结构,发展双低油菜、专用麦、棉花、耐盐蔬菜、瓜果、中药材等经济作物,不断提高单产水平,建立一批具有区域特色的沿海经济作物基地;实施绿色海岸带工程,建立完善的沿海林业生态体系,建立省级示范苗圃基地;因地制宜发展沿海畜牧业,利用海域滩涂围填增加土地资源,建立优质禽畜生产基地。

二是加快发展现代渔业。在沿海滩涂、浅海、辐射沙洲和垦区发展紫菜、文蛤、梭子蟹等沿海高效生态养殖;以吕四国家水产品加工基地、海达国家藻类加工研发分中心等为依托,大力发展水产品加工,建设出口海淡水产品生产加工基地;以吕四渔港、洋口渔港等为依托,建设集渔民居住、水产品加工、贸易、物流、餐饮、休闲等于一体的渔业经济集中区,发展渔港经济;稳定发展海洋捕捞,创造条件加快远洋渔业发展。

三是做强特色优势产业。进一步壮大海安蚕丝绸产业、生猪家禽产业、如皋花木盆景产业等产值超百亿元的特色产业;进一步建设通州水芹、海安蚕茧、启东四青作物、如皋盆景和海门山羊等省级现代特色产业示范基地;利用沿海区位优势,创建沿海生态农业品牌,放大特色产业效应,建设高效特色产业生产基地;依托外向型农业综合开发区,大力发展出口农业,促进农业外向型经济发展。

2. 加速提升沿海先进制造业发展水平,强化制造业在南通沿海产业发展中的主体地位

一是推进沿海三大深水港区建设,积极发展临港产业。依托蓝沙洋北水道,合理布局码头作业区,将洋口港区建设成服务我国东部沿海地区和长江中下游流域的多功能、现代化、综合性大型深水港区;利用小庙洪水道,加快推进10万吨级进港航道工程,将吕四港区打造成我国沿海地区能源储备、中转的主要港区和重要的临海工业港;在充分论证的基础上,启动通州湾围垦一期工程和港区起步码头建设,科学开发、统筹推进,将通州湾打造成“苏东门户、产业航母、海上新城”。

二是高端发展沿海优势产业。稳定发展主导产品,加快发展高端产品,强力推进装备配套,建设国家级船舶海洋工程产业基地;大力推进以大型火力发电为主体的重大电力项目建设,加快发展电力能源装备制造工业,建设“长三角”地区重要的电力能源及装备制造基地;大力发展光纤光缆、电子元器件、集成电路测试封装、信息技术应用等重点产品,努力推动电子信息企业由简单加工向打造自主品牌、掌握核心技术转变,建设技术先进的电子信息产业基地;优化沿海化工园区布局,加快信息化与生产过程相融合,推广

管控一体化技术，促进行业的精益化生产，构建循环经济体系，建设国内重要的化工产业基地。

三是培育壮大沿海新兴产业。优化电源结构，提升新能源发电占比，加快风能、太阳能、潮汐能、生物质能的开发利用，建设国家绿色能源示范基地；发挥区位和产业优势，充分利用沿海特色新材料园区，做大做强做优新材料产业；加大具有自主知识产权的新产品和新技术的开发，提升产业层次，壮大生物医药产业规模；选择一批重点企业和重点项目，孵化一批具备较强竞争力的创新型中小企业，突出重点发展智能装备产业；围绕建设国家级海洋工程装备先进制造业基地，提升南通海洋工程装备的研发、设计、制造、配套和总承包总集成能力；重点攻克一批关键共性技术及装备，培育自主品牌，大力发展节能环保产业；以南通科技园、南通软件园、能达商务区、如皋科技城、海安软件园等为依托，加快发展软件和信息服务产业。

3. 积极发展现代服务业，为南通沿海产业发展提供有力支撑

一是大力发展现代物流业。完善物流空间布局，着力推进南通综合保税区、兴东空港产业园、南通火车东站物流园、如皋港现代综合物流园、如东洋口港现代物流产业园等重点物流园区建设；加强华东地区农副产品物流交易中心、南通粮食物流中心、如皋港300万立方米石化仓储等一批现代物流项目建设；以基地型航空、航运龙头企业为重点，加快培育和引进一批现代物流大企业、大集团；整合南通物流信息资源，建设一体化、综合性、全功能的南通物流信息公共服务平台。

二是加速发展沿海旅游休闲业。充分利用滨海旅游资源，挖掘打造新的滨海旅游景点和路线，择优布局旅游度假区、生态旅游示范区，培育旅游基地和生态休闲旅游带；整合现有旅游资源，促进临海旅游景区集群，建设南通特色旅游体系；拓展旅游产业链，加快餐饮、住宿、交通等旅游基础配套设施改造建设，优化旅游消费环境；创造条件引进发展邮轮经济，开发日、韩海上旅游航线，培育自驾游基地、游艇俱乐部、旅游装备制造业及旅游演艺等旅游新业态。

三是积极培育高端服务业，支持发展现代金融。大力吸引各类金融机

构来南通设立机构或开展业务，推进南通新城金融集聚区建设，争取建设基金园；完善多层次的金融市场体系，建立各类金融服务平台，建立支持中小企业发展的融资平台，建立健全沿海开发投融资体系；加快金融产品创新，鼓励金融机构开发适合船舶海工、电力能源等支柱产业特点的金融产品和服务。

南通大学商学院　杨春蕾

南通沿海城乡统筹与产业优化耦合研究

通过SWOT综合比较及GIS缓冲分析研究发现，南通沿海经济社会发展不平衡，空间差异显著，城乡产业结构与资源耦合程度低，城乡统筹规划与区域协调机制不完善，基础设施差距明显。课题组提出五点对策建议：一是空间优化城乡产业，形成沿海产业空间特色；二是实施退居还田工程，引导农民集中聚居，推进小城镇建设，促使城乡基础设施和公共服务高度融合；三是树立沿海沿江“一盘棋”理念，以科学规划引领城乡空间资源合理利用，促进产业优化耦合；四是建立生态补偿机制，促进生态文明城乡耦合；五是创新市场体制和政府引导机制，实现城乡统筹与产业优化耦合。

2009年国务院批复《江苏沿海地区发展规划》，标志着江苏沿海开发进入崭新阶段。探究南通沿海城乡统筹与产业优化耦合之策，既有助于沿海地域分工，促进城镇建设与城乡一体化，实现区域经济发展与转型升级，又有利于推动沿海“五位一体”协调发展，提升南通城市综合竞争力及“长三角”城市地位。

一、南通沿海城乡经济社会发展现状

南通沿海带有海岸线的开发前沿镇，自北向南包括海安的老坝港/角斜镇（“区镇合一”），如东的栟茶镇、洋口镇、丰利镇、苴镇、长沙镇、大豫镇，通州的三余镇，海门的包场镇/东灶港（同上），启东的吕四港镇、海复镇、近海镇、东海镇、寅阳镇等14个。共有陆地面积15.44万公顷，人口

113.25万，其中建成区面积为 5790 公顷，人口为 26.3 万人，分别占总数的 3.75% 和 23.23%；地区生产总值 388.54 亿元（2011 年），占全市的 11.43%，三次产业结构比为 17.7 : 51.6 : 30.7。这表明南通沿海开发前沿镇处在工业化中前期阶段。

南通沿海坐拥深水通道多、深水岸线长、滩涂面积广、淡水资源富、风能资源足等优势，及优先接受上海和苏南地区辐射的区位、“长三角”核心区域先行先试等优势。2009 年以来，南通沿海在《江苏沿海地区发展规划》和《长江三角洲地区区域规划》两大国家战略规划支持下，海港建设全面提速，基础设施明显改善，产业项目加快集聚，园区开发取得突破，初步形成了“两港三带三基地”空间格局雏形。南通沿海开发及其主要产业分布现状如图 1 所示。

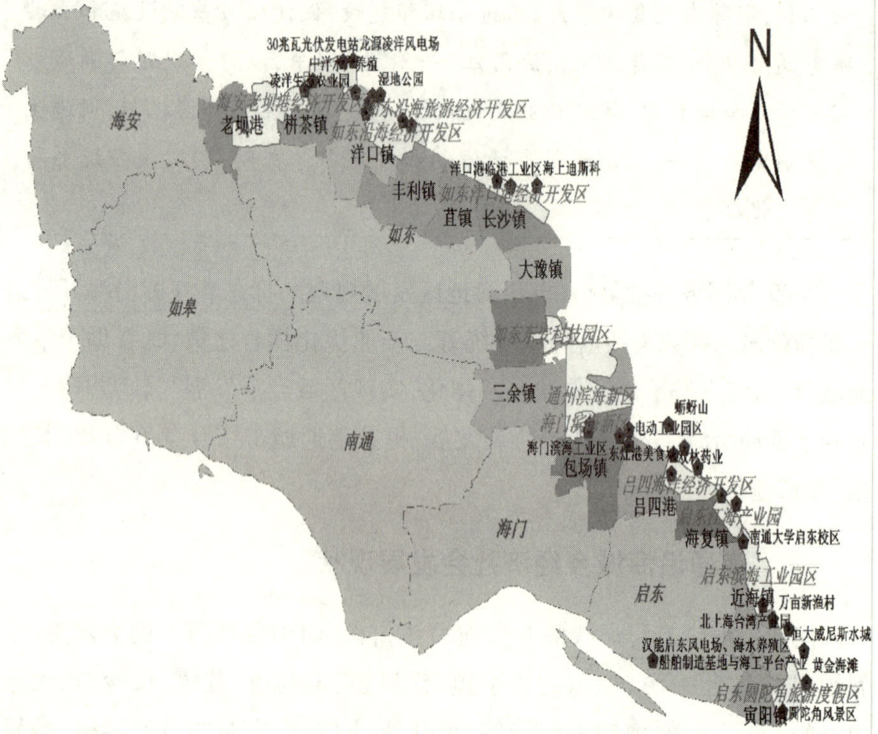

图 1　南通沿海前沿镇开发利用现状示意图

南通沿海总体上区位优越，产业基础较好，农业发达，工业门类多，三产速度快，初步形成了低层次产业链。表现在：① 洋口、吕四港、东灶港等沿海深水海港群初步建成，通州湾建港论证、围垦工程及码头建设的前期工作取得成效。② 沿海现有11个产业开发园区发展如火如荼，随着大唐吕四电厂、江苏LNG接收站、三一重工、华峰尼龙、大型风电公司、中远海工等落地生根，及中洋集团、金蛤岛度假区、南黄海风情区、东灶港美食城、圆陀角度假区等景观建设，沿海新能源和制造产业带、景观带布局形态初步显现。③ 吕四、洋口、东灶等国家级中心渔港的海洋捕捞、海水养殖、海产品加工、海洋机械制造等产业初具规模，海洋产业基地和产业特色渐显。④“区镇合一”管理模式理顺了权属关系，政府组建沿海开发集团公司等投融资主体为沿海开发注入活力，交通基础设施建设和公共服务设施稳步推进。

二、南通沿海开发存在的四个关键问题

南通沿海开发前沿存在的影响城乡统筹和可持续发展的现象和问题有：

1. 南通沿海经济社会发展不平衡，城乡统筹与城镇建设严重滞后，空间差异显著

依据2011年《南通统计年鉴》中各乡镇数据，运用GIS缓冲分析技术将南通沿海开发前沿14个镇的46项指标进行百分比标准化，再按各指标所反映的内容分类，将其分为基础设施、城市服务农村、农村服务城市、社会服务等四类指标。从表1分析结果看，南通沿海开发前沿镇存在着较大的差异，超半数乡镇的基础设施低于平均水平，城镇服务农村的能力强镇少、弱镇多，农村服务城镇的能力差异较小，社会服务能力呈正态分布，差异不大。图2、图3所示的各指标空间差异显著。吕四港镇基础设施指标、城镇服务能力和农村服务能力指标突出，显示其有较强的经济实力和服务能力；包场镇、三余镇、洋口镇、老坝港镇等相对较好；长沙镇社会服务指标最好；洋口镇沿海开发特色较明显。

表1　南通沿海开发前沿镇城乡基础设施、服务能力对比分析表

序号	乡镇	基础设施	城镇服务农村	农村服务城镇	社会服务
1	老坝港镇	0.25	0.25	0.43	6.16
2	栟茶镇	0.11	0.14	0.23	8.32
3	洋口镇	0.28	0.28	0.28	8.75
4	丰利镇	0.22	0.22	0.28	10.46
5	苴镇	0.15	0.14	0.20	5.90
6	长沙镇	0.14	0.12	0.15	2.51
7	大豫镇	0.21	0.14	0.30	12.16
8	三余镇	0.26	0.28	0.27	9.92
9	包场镇	0.29	0.33	0.37	8.92
10	吕四港镇	0.47	0.47	0.61	10.97
11	海复镇	0.10	0.09	0.17	7.18
12	近海镇	0.19	0.20	0.24	3.97
13	东海镇	0.14	0.12	0.20	4.39
14	寅阳镇	0.19	0.22	0.28	6.40

南通沿海定量分析与SWOT综合分析的结果基本一致，表明南通沿海城乡统筹与城镇建设严重滞后，普遍存在发展认识不到位、目标不明确、措施不给力和资金难到位等现象，这与国内外经济发展形势不佳等宏观影响相关，也跟沿海前沿镇的微区位与经济发展基础关系密切。寅阳镇地处江海三水交汇处，紧邻上海，区位独特，船舶工业、外向科技农业及生态旅游的外部竞争激烈；东海、海复、大豫、苴镇、丰利、栟茶等镇虽地处沿海，但相对吕四港、东灶港、洋口港、通州湾等拥有深水海港岸线资源的镇来说，微区位显得很尴尬，在一定程度上不利于经济发展。近海和洋口镇沿海开发起步早，为自我发展奠定了基础；老坝港和通州湾则受惠于独特的政策优势，起步虽晚但发展势头很猛。以建成区面积占比衡量城镇建设：超过5%的镇只有吕四港镇、寅阳镇、包场镇、三余镇、苴镇和老坝港镇等6个，大豫镇和丰利镇建成区占比只有1%；洋口镇建成区占比为3.64%，建成区人口占比仅5%，是最高建成区人口的1/10。因此，沿海前沿这种较大的单项服务能力差异，适合空间错位发展，为空间特色化发展创造了条件。

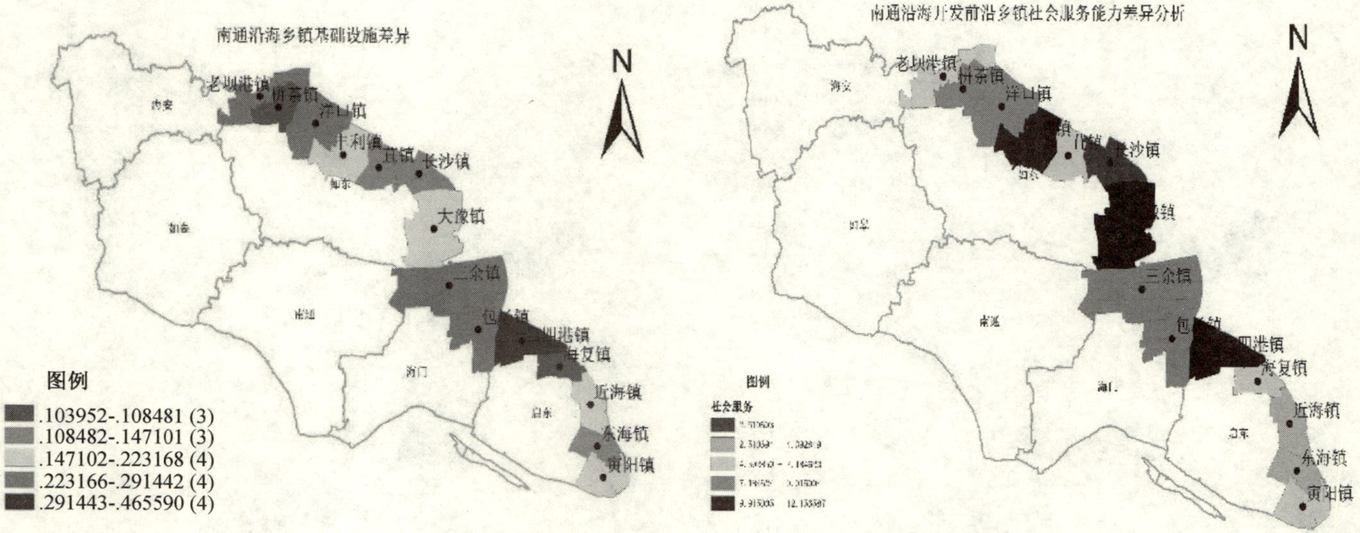

图2 南通沿海开发前沿镇基础设施、社会服务能力空间差异

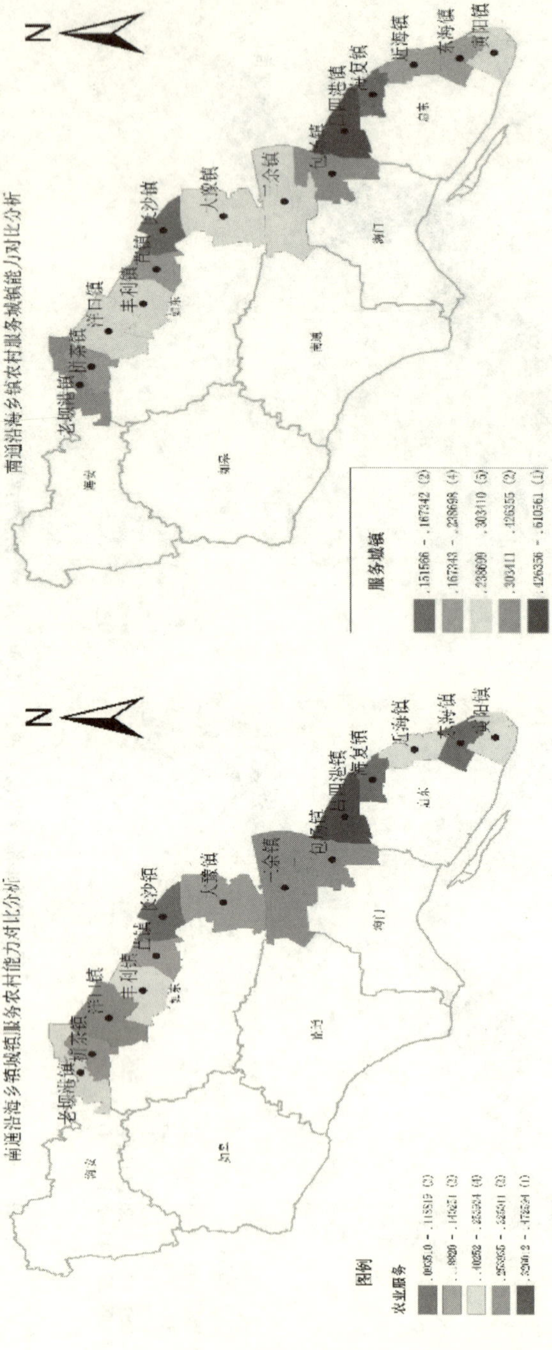

图3 南通沿海开发前沿镇城镇服务农村与农村服务城镇能力空间差异

2. 沿海前沿镇产业结构同质化明显，城乡空间耦合程度低

目前，包场/东灶港镇已从农业经济阶段转型为工业经济阶段，其余各镇的农业产业占比都较高，还处于转型之中。沿海各产业园区选择的发展方式缺少特色化路径，发展的自组织能力和产业集群尚未成熟。具体表现如下：

一是三次产业结构与劳动力就业比例不协调，产业结构同质化竞争日盛。

沿海开发前沿镇中农业产值占GDP比重超过20%的有8个镇，长沙镇最高达到31.4%；从业人口占总人口的比重在45%～69%之间，从各次产业劳动力构成看，除栟茶镇第一产业就业人数占比仅12%外，其余各镇均超出20%，长沙镇竟高达45.5%。在第二产业占GDP比重大于40%的10个前沿镇中，相对应的劳动力比例高于40%，但包场、东灶港镇的劳动力占比仅为31%，远低于第二产业产值占比74%，呈现出极不协调的状态。第三产业就业人数占比以包场、栟茶镇最多，但与产业结构比例似乎不够协调。

在沿海区域统筹协调层面，除南通沿海前沿开发规划外，沿海开发前沿镇及11个产业园区分属5个县级行政区或9个建制镇，各自出台了园区开发建设规划，多从谋求各行政单位利益最大化目标出发，注重项目的引进和产业的落地，旨在使园区尽快集聚产业和人气，导致产业结构低水平、同质化、低层次重复建设的结果。多数园区为中小企业集聚地，工业项目特色差强人意。洋口港开发区除LNG项目正在有序实施外，区内基础设施建设及功能配套近十年来几乎没有变化，围垦用地的投资成本增高，花巨资建设的太阳岛港口功能未能得到发挥。

二是综合吸引力指数分析结果表明产业空间耦合程度低。

依据沿海开发前沿镇社会经济指标的基础数据，运用GIS技术和特菲尔法计算各镇的吸引力指数。计算公式：$l_{xyl} = \sum_{i=1}^{n} pi * Qi$，其中，$l_{xyl}$为吸引力指数，$n$为指标个数，$pi$为百分比标准化后的指标值，$Qi$为对应指标的权重值。计算结果如表2和图4所示。再利用GIS缓冲技术将吸引力指数转化，计算出乡镇服务自然村的数量和服务面积。从图5、图6可以看出，长

沙镇、吕四港镇、老坝港镇、包场镇的服务范围超过镇区范围，其中吕四港镇、老坝港镇超过范围较大，三余镇镇区范围远大于服务范围，主要是三余镇的围垦扩大较多。而洋口镇、丰利镇、大豫镇、海复镇服务能力较弱，这个结果明显与镇建成区规模小密切相关。因此，南通沿海前沿镇综合服务能力与现有行政区域服务范围不匹配，有些腹地范围小，缺乏服务延伸区域，发展空间受到制约，沿海发展空间资源配置亟待调整。

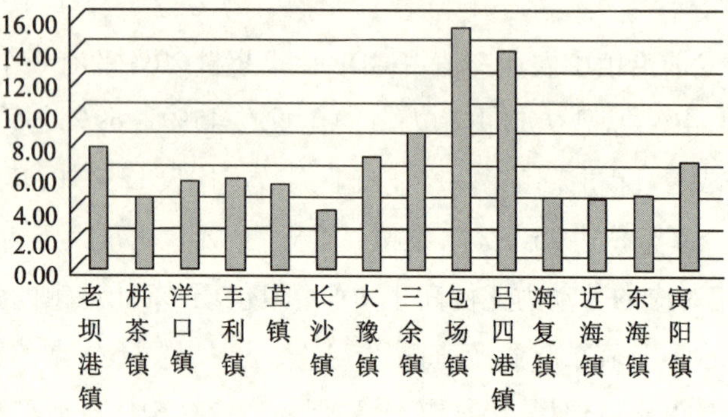

图4　南通沿海吸引力指数空间差异

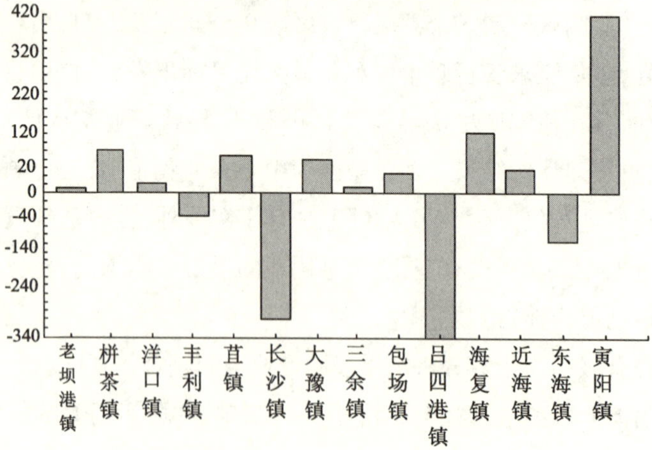

图5　镇区面积与综合服务范围面积差异

表 2　南通沿海开发前沿镇吸引力分析

编号	乡镇名称	吸引力指数	缓冲范围（平方千米）	缓冲面积（平方千米）	服务村数（个）	服务面积（平方千米）
1	老坝港镇	7.90	7896.34	195.88	23	529.03
2	栟茶镇	4.68	4675.94	68.69	25	127.13
3	洋口镇	5.70	5702.97	102.17	27	181.23
4	丰利镇	5.85	5845.28	107.34	19	130.34
5	苴镇	5.47	5465.78	93.85	14	114.27
6	长沙镇	3.82	3821.80	45.89	18	205.57
7	大豫镇	7.21	7213.21	163.46	26	223.79
8	三余镇	8.84	8839.41	245.47	6	30.89
9	包场镇	15.57	15565.69	761.17	84	374.28
10	吕四港镇	14.06	14056.82	620.75	150	510.49
11	海复镇	4.69	4691.24	69.14	5	21.93
12	近海镇	4.55	4549.44	65.02	25	84.87
13	东海镇	4.74	4744.11	70.70	31	117.38
14	寅阳镇	6.93	6931.98	150.96	32	106.37

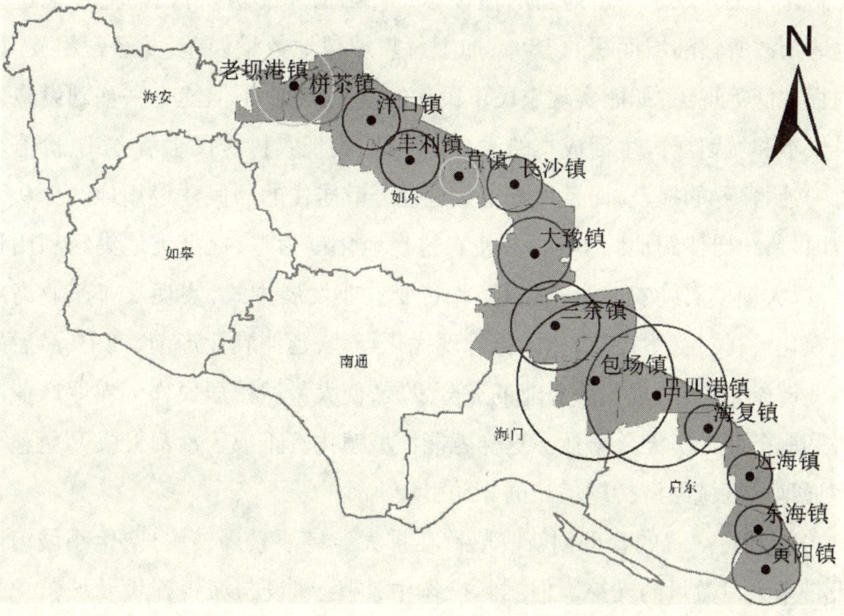

图 6　南通沿海开发前沿镇综合服务范围

3. 沿海土地集约化利用程度亟待提高，城乡统筹规划与区域协调机制亟待完善，城乡基础设施差距明显

南通拥有沿海滩涂面积约309万亩，潮间带面积270万亩，并年均向外延伸淤涨36.3米，含辐射沙洲可年增滩涂面积近万亩，尽显南通后备土地资源之富饶。从已围垦滩涂的土地利用状况来看，75%以上的围垦土地用于农业和养殖业，第二、三产业用地占比偏低。虽然在农业用地中建立了风电场，算作是立体利用模式，但生态用地与农业用地的有效衔接上仍有很大的优化空间。且现有非农用地中，存在只注重投资项目数量和经济总量增加的粗放利用倾向，投资强度明显不足，入园企业产业层次低下，土地占多用少，甚至圈而不用等严重浪费现象。

从城乡土地资源统筹看，城镇建设明显滞后，农村居民居住分散，非农产业职工绝大多数仍在农村占据着大片宅基地，保持着农村生活方式。通过问卷调查得知农村空巢现象普遍，且村民城镇化意愿不高，散居生活习惯及失去土地的后顾之忧导致他们不愿意接受城镇化转移，农村家庭承包责任制让村民养成了小富即安的惯性思维。沿海40万户村民的宅基地建设用地约占所辖陆域面积的18%，加上每户承包地数量误差，及经营粗放、集约程度低等现象，如能实现农民市民化的彻底转变，不但能带来基础设施建设成本和城镇居民生活成本的大幅度降低，实现农村居民生活方式、价值观念、文明素养的提升，而且可节省大规模分散居住的居民建设用地约1.9万公顷，节约居住用地约10%，并使农村土地化零为整，提高土地集约利用程度，以大规模实施农业产业化经营，转变农业发展方式，实现农业产业高度规模化、科技化、生态化、休闲化等现代化经营，延伸农业产前、产中、产后的产业链条，并带动现代服务业的充分发展，使大量城镇居民作为农业产业工人和服务业人员充分就业。这样就能使城镇化真正成为沿海开发乃至整个南通地区区域经济持续增长的驱动引擎。

“园镇合一”的管理创新改革旨在扩大经济要素周转腹地，给小城镇建设带来人口数量的支撑。但实际操作中，园区建设与城镇建设及城镇化推进不协调。因基础设施建设投融资渠道依赖于政府财政资金，投入的巨大

需求和财政资金有限的矛盾突出，沿海城乡基础设施共建共享程度低，交通、市政公用、水利、环保等重大基础设施建设仍以园区和镇区建设为主，城乡道路、供水排水管网和污水处理设施有效衔接不足，农村环卫设施与垃圾统一收集处理建设仅仅处于起步阶段。现有产业园区与城镇建设脱节，隔离了园区发展与镇区建设的有机联系，这对利用产业转型与优化、人口城镇化作为沿海经济社会发展引擎都存在深刻影响。

此外，沿海开发中缺乏行政区域间的协调工作研究和沟通磋商机制，城乡统筹与区域协调机制亟待完善。在实施中只要有发展需要或资金许可，就想方设法围垦，区域选址短期性、功利性和随意性突出。

4. 生态环境保护意识有待增强，沿海生态用地明显不足

随着滩涂围垦技术与方法的不断改进，沿海地区的围垦速度明显加快，增长势头迅猛。“围而不用”本身是一种浪费资源的开发模式，同时强度过大的围垦可能会产生难以预测的生态环境后果，加上耗资巨大的淤泥质海岸的港口建设，无序和盲目围垦将人为地改变海陆间的物质和能量循环方式及生态系统的稳定性，最终导致生态系统功能部分丧失，给未来生态环境留下隐患。此外，能耗高、污染重的产业项目，规模农业和养殖业粗放式管理造成的各类点源和面源污染都会加剧沿海地区的环境污染。而沿海各镇存在追逐产业利润倾向，对这种投入大、收益小的公益性用地建设重视不够，导致生态用地预留不足战略规划要求的20%，生态系统服务价值难以实现。

三、南通沿海开发前沿镇城乡统筹与产业优化耦合的对策建议

南通沿海开发前沿镇优劣势差异明显，机会与挑战并存。要在江苏沿海开发中脱颖而出，必须贯彻党的十八大精神，努力推进城乡统筹和新型城镇化，促进各种要素动态转变与空间重塑，推动城乡产业耦合、居民就业结构、生活方式和消费模式的转变，让城镇化成为沿海开发与区域经济发展的新引擎。

1. 空间优化城乡产业，形成沿海产业空间特色

鼓励城乡发挥各自禀赋优势，完成城乡产业对接，促使城乡产业链条的形成及区域功能互补，推进城乡统筹与区域协调发展。南通沿海开发应本着全市沿海一盘棋的原则，依托各自的资源、区位、社会优势，寻求资源配置的结构性倾斜，培育城乡有机联系的、分工合理的企业集团，在错位合作与竞争中提高综合实力。

吕四港镇三次产业都很发达，农业产业比重偏高。可依托国家中心渔港寻求海洋水产品捕捞、养殖、初加工、深加工和精加工，形成产业链，并逐步向高端延伸，提高海洋水产品的附加值。同时，发挥现有工业优势，加快传统产业技改与升级，探索科学环保的工业路线，促进园区产业全方位转型。

洋口镇、东灶港具备延伸发展渔业产业链的基础条件，做大做强自主品牌是出路。洋口镇的精细化工产业特色鲜明，应培育产业集群，延伸产业链条；同时金蛤岛度假区及驾考中心等是发展第三产业的驱动力。东灶港可利用蛎岈山的独特资源及渔港海鲜优势，打造滨海特色旅游产业。

老坝港的中洋集团河豚养殖基地为老坝港赢得了“世界河豚之乡”的美誉，被列入现代农业观光旅游景区。要增强科技创新，逐步扩大养殖品种和规模，建成长江珍稀鱼类保护基地。紫菜加工贸易城和科技研发中心作为特色产业，应引入现代化企业管理模式，实行强强联合，以股份制组建大集团，改进紫菜加工技术，提升产品档级与层次，做大做强自主品牌。

寅阳、近海、三余、长沙等镇土地资源较丰富，农业基础优势较明显，满足发展现代农业的条件，同时具备一定的工业基础，只是特色不鲜明。应充分挖掘传统农产品的优势，发展高效、生态、特色农业，提高农业综合竞争力，创造满足市场多样化需求的产品，深度开发特色农产品的国内外市场。寅阳镇具备构建上海后花园的独特区位，应充分把握。长沙镇依托洋口港地理优势，发展能源、石油化工、冶金等临港主导产业群，配建“长三角”北翼现代物流中心，但目前经济总量、产业结构、基础设施建设等不及三余镇，大型临港工业起步不快，需加快建设速度。三余湾的腰沙·冷家沙围垦后可

形成360平方千米陆域及100多千米建港岸线，前途光明。这既是完善沿海港口群、拓展沿江港口功能、提升港口层次的重要依托，也是实现南通港由“江河时代”向“江海时代”历史性跨越的重要环节。

东海、海复、大豫、丰利、栟茶、苴镇等镇都有不少滩涂可供资源围垦，以增加农业用地或生态用地，因地制宜地发展现代立体农业为首选之路。应建立农业科技创新体系，加快农业科技成果转化，促进农业增长向科技推动型转变。

南通沿海随着城镇建设规模的扩大，公用事业、金融保险、居民服务、咨询信息服务、教育文化科研、生活福利等生产生活服务业配套都会相继发展壮大。

2. 大力实施退居还田工程，引导农民集中聚居，推进小城镇建设，促使城乡基础设施和公共服务高度融合

沿海开发可依靠“长三角”先行先试的特殊政策，加大户籍、土地和社会保障制度改革创新力度，建立促进城乡统筹的制度支持系统，完善城镇化运行机制，以农民聚居为手段有序推进沿海40万户农村居民城镇化，让城镇化成为驱动南通沿海经济发展的动力源泉。先行对本地村民及外来务工人员全面放开户籍、就业、居住、子女入学、医保、失业保险、养老保险等制度，鼓励农民将集体经济组织中的资产所有权、土地承包经营权、宅基地及住房置换成股份合作社的股权、城镇社会保障和城镇住房，以“换股、换保、换房”进城进镇落户，纳入城市居民管理，享受公共服务和社会保障。但必须在拆迁、补偿、安置及就业、社保等敏感环节上切实保障村民的利益，为其提供优质公共服务，保障其生活质量不降低。要注重发挥各类教育机构的培训作用，促进“人口数量红利”转向“人口素质红利”。

3. 以科学规划引领城乡空间资源合理利用，促进产业优化与空间耦合

南通沿海开发必须坚持陆海统筹、城乡统筹，树立陆海互动观，沿海开发区域互动，以港口为物流载体，以园区为产业载体，以城镇为人口载体，将港口、产业、城镇融为一体，联动开发、集约开发，将工业集聚区、特色园区与城镇建设统筹耦合。沿海开发应树立沿海沿江“一盘棋”理念，以市场运作

机制突破行政性制约，将城乡产业作为独立、有自组织能力的双主体，提高城乡产业关联性深度与广度。从沿海地理区位及发展前景看，应摒弃各级政府谋求自身利益最大化的错误政绩观，立足大南通，统筹好市县发展关系，避免区域发展相互掣肘，影响资源的有效配置。课题组认为应率先将吕四港镇规划建设成真正意义的中等城市，积极打造通州湾滨海新区，使之成为沿海开发前沿的新增长极。以临海高等级公路为骨架，扶持吕四港、包场/东灶港、通州湾、洋口港和洋口镇等产业规模优势或港口优势明显的中心镇优先发展，构建沿海开发前沿城镇链。

要打造高品质平台以吸引要素集聚、重特大项目落户，为沿海城市化奠定产业基础。研究国家海洋产业、装备制造业、新能源产业和临港工业等产业政策，梳理国内外龙头企业的发展目标与扩张意图，加大对接力度，为产业链较长的孵化型企业落户沿海大开政策绿灯，并为其在有港口优势的三余、吕四港、长沙等镇完善配套措施，创造更好的空间。对凡能列入国家、省重点工程扶持的项目，沿海办应协调政府各职能部门积极包装申报，争取无偿扶持资金或奖励。通过企业联盟或供应链管理整合临海产业链，实现沿海各条产业链的快速响应。

其他前沿镇则实施立体种植、养殖及风电能源工业，或围绕园区产业定位探索合作共赢的途径，通过设立创业基金和创业园，给予土地、项目资金扶持，鼓励科技含量高、成长性好的优质特色中小企业集聚，形成特色鲜明的中小企业产业集群或产业基地，带动新型工业化进程，延伸城乡产业链，提高产业集聚效应，推进城镇建设，保障城乡居民同城待遇，共同构建具有南通特色的海洋经济带。

南通市委、市政府规划沿海建设现代物流、滨海旅游、特色农业三大工程是明智之举。但必须弱化沿海前沿镇的行政边界，形成各镇差别化发展、专业化分工的竞争与合作格局，以形成特色鲜明的沿海产业体系，配套功能完备、生态环境优美的滨海城镇带，及错位发展、功能互补的沿海港口群。建议沿海产业空间最优耦合按不同层级与产业构成叠加，形成错落有致的产业、城镇和生态功能区格局（图7）。从南通沿海发展愿景看，吕四港、包场/东灶港、通州湾在各自发展的基础上,定会出现产业布局集中连片成带状结构,进而形成人口超百万的沿海城镇群。从整体空间上看,未来南通沿海的产业带、城镇带将与沿江产业和主城区遥相呼应,以通吕运河产业带连接江海,将江海联动宏伟蓝图落到实处。

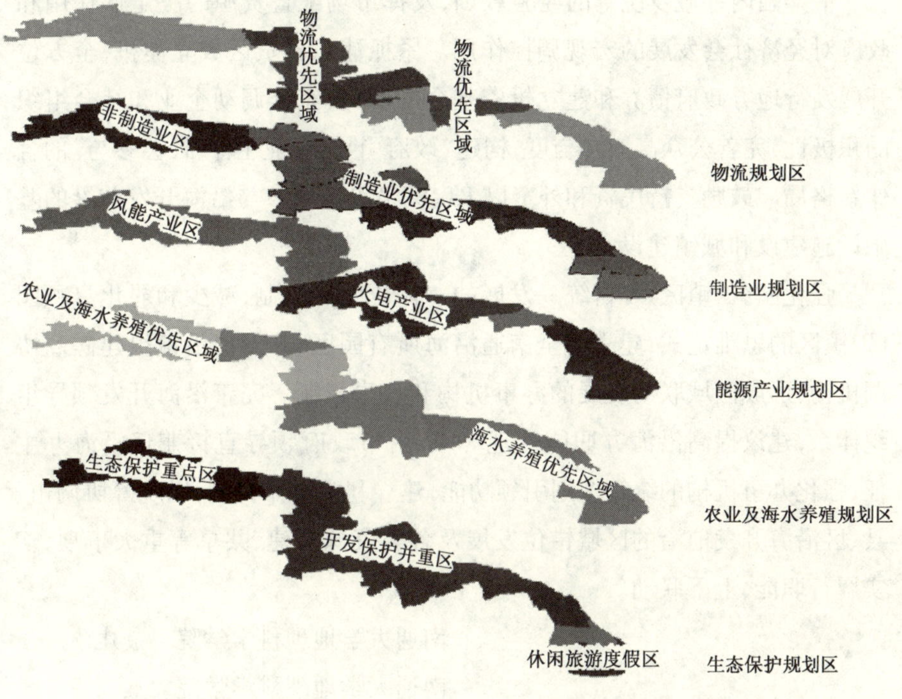

图7　错落有致的产业、城镇和生态功能区格局

4. 建立生态补偿机制,促进生态文明城乡耦合

以经济利益优先固然有助于实现城乡居民生活水平的提高,但牺牲环境的经济发展并不能给城乡居民带来生活质量的提升。应以科学发展观完善南通土地利用总体规划,遵循宜工则工、宜农则农、宜渔则渔、宜林则林、宜滩则滩,促进城乡土地集约利用,实现"五位一体"的城乡产业空间耦合。尤其应加强生态文明建设,以保证产业有序发展,人民生活健康。运用市场经济手段实施合理的环境准入与生态补偿政策,统筹协调南通沿海前沿镇的不同功能区内居民的生活保障。紧抓三次产业转型升级,对围垦土地预

留足够的湿地、森林生态保护区,建立健全城乡之间、沿海区域之间的生态补偿机制,以实现资源利用效率、经济与生态环境效益、城乡共享效果最大化的目标。

5. 创新市场体制和政府引导机制,实现城乡统筹与产业优化耦合

借鉴国内外城乡统筹的经验教训,发挥市场配置资源的决定性作用和政府对经济社会发展的宏观调控作用。紧抓浦东自贸区成立契机,全方位开展发行地方政府债券和建立投资基金的研究,充分调动企业和社会组织的积极性,完善公众高效参与度,构建"政府引导,企业主体,社会参与"的合作新格局。鼓励支持民资和外资以BT、BOT等方式参与沿海开发前沿的基础设施建设和城镇建设。

强化园区、镇区、乡村统一发展的一体化发展机制,减少和弱化只顾园区、镇区的思维定式,建立健全南通沿海所有园区、开发前沿镇组建磋商协调机构,形成区域联动发展的办事机构和议事机制。完善沿海开发领导组织体系,建议提高沿海办职能管理等级,由市政府领导直接兼任沿海办主任,强化办事机构的统筹规划引领功能,建立利益协作机制,以统筹协调市、县、区沿海开发前沿的区域错位发展及各类资源共建、共享等重大事项,切实履行职能,上下联动。

南通大学地理科学学院　余建华

南通大学地理科学学院　盛　明

南通大学地理科学学院　吉云松

南通大学地理科学学院　王　琳

(本研究报告为2012年江苏沿海沿江发展研究院招标课题《南通沿海城乡统筹与产业优化耦合研究》研究成果)

经济危机背景下南通船舶产业的困境与出路研究

本文利用统计分析、DEA效率分析、产业结构分析和区域竞争力分析找出了经济危机背景下南通船舶产业的造船完工量与新承订单量大幅度减少、船舶经济规模偏弱、企业经济效益普遍下滑、行业利润空间不断收窄、船舶配套产业总体水平不高、专业人才资源短缺和从业人员文化素质不高、各船舶企业的效率水平不均等、企业的整体状况参差不齐、企业组织结构不合理、产业集中度低、经济效益低、技术水平参差不齐、产品结构单一等困境。运用经济学理论,从产业发展规律、财税措施激励、人力资源保障三个角度考量,提出了提高产业集中度、培育产业集群、延伸产业链、发展跨区域的大型船舶与海工集团、政府推出有效的财税政策支持、金融部门加大信贷与融资及保险的支持力度、降低人力成本、提高人员效率、提升创新能力等推进南通船舶工业又好又快发展的对策和建议。

南通市被称为"洲据江海之喉",集"黄金海岸"与"黄金水道"优势于一身。拥有长江岸线226千米,其中可建30多千米的万吨级深水泊位岸线;拥有海岸线210千米,其中可建40多千米的5万吨级以上深水泊位岸线。南通江宽港深,微冲不淤,常年不冻,气候宜人。南通市的船舶工业凭借这些优势,经过20年的不断发展,已经形成了以南通中远川崎船舶工程公司(以下简称中远川崎)、江苏熔盛重工集团有限公司(以下简称熔盛重工)、南通明德重工有限公司(以下简称明德重工)等为龙头的企业群体。从全球范围来看,南通基本处于世界修造船企业圈的中心位置,以1500千米为半径的范围内集中了世界上95%的修造船企业。

尽管如此,南通的船舶产业仍面临着不少困境。本文将对这些困境进行分析,并提出相应的对策和建议。

一、经济危机背景下南通船舶产业的困境

通过对2009—2012年南通市船舶工业、部分造船企业与船舶配套企业进行统计分析、效率分析和竞争力分析以及企业调研、访谈,除交船难、运营成本不断升高等问题外,南通船舶产业还存在以下几个方面的主要问题。

1. 南通船舶企业造船完工量、新承订单量大幅度减少

2009年南通市造船完工量达581.87万载重吨,同比增长108.4%,在全省的占比由2008年的35%上升到38%,在全国的占比由2008年的11%上升到12%;新承订单量365.7万载重吨,占全省50%,占全国14%。2010年南通市造船完工量达807万载重吨,占全国12.3%,其中中远川崎的年造船能力突破了200万载重吨;新承订单量为1069万载重吨,同比去年增长了192.3%,占全国14.2%。2011年南通市造船167艘,造船完工量970万载重吨,同比上升了21.2%;新承订单量655万载重吨,同比下降了38.7%。2012年南通造船完工量881.3万载重吨,占全省39.7%,占全国14.6%,同比下降了9.1%;新承订单量104万载重吨,同比去年下降了84.1%。

由此可见,南通市整体的新承订单量从2011年开始就在不断下降,造船完工量则从2012年开始下降。主要的几家船舶企业属明德重工下降情况最严重,其2012年比2011年下降了54.2%,是南通造船完工量下降趋势较为明显的企业,而其余几家虽然没有明显下降的趋势,但增长率不高。

2. 南通船舶企业经济规模偏弱

2009年南通全市船舶工业完成总产值820.5亿元,同比增长25.7%;2010年南通全市船舶工业完成总产值1000亿元,同比增长21.9%;2011年

南通全市船舶工业完成总产值1308.8亿元,同比增长30.9%;2012年南通全市船舶工业完成总产值1483.4亿元,同比增长13.3%,相比2011年下降了17.6%。

2012年南通主要的三家造船企业,明德重工和熔盛重工的工业总产值增长率同比分别降低了14.4%和12.7%,是近几年降低幅度最大的;中远川崎的增长率虽然没有下降,但是同比仅仅增加了3.3%。可见2011年以来,由于受到美国金融危机持续高烧、欧债危机加剧蔓延的影响,南通主要船舶企业的造船工业总产值持续下滑,从而使南通市的工业总产值也受到了极大的影响。

3. 南通船舶企业经济效益普遍下滑

2012年南通三家主力企业明德重工、熔盛重工、中远川崎的主营业收入都呈不同幅度的下降:明德重工实现主营业收入19.3亿元,同比下降13.5%;熔盛重工实现主营业收入75.6亿元,同比下降53.3%;中远川崎实现主营业收入60.0亿元,同比下降7.3%。其中明德重工从2011年开始主营业收入就逐步下降。由此可见,南通市船舶企业整体的经济效益从2011年开始呈大幅度的下滑趋势,2012年整体下滑。

4. 南通船舶行业利润空间不断收窄

目前造船已经过了低水平、高利润时期,人力、原材料成本不断上升,技术要求越来越高,市场却没有明显改善趋势,新船价格反而节节下降,比金融危机前降低了1/3以上,首付比例也从原来的40%降到20%。如此一来,不少船产的现金流大大吃紧,财务压力剧增。甚至有些船厂反馈现在造一艘船基本不赚钱,甚至亏本。

从当前南通的三家主力造船企业看,熔盛重工2012年亏损了1亿元,而其余两家企业的利润也比前几年都有减少:中远川崎2012年比2011年降低了16.7%,熔盛重工2012年比2011年降低了107.7%,明德重工2012年比2011年降低了50%。由此可见,南通的主要几家造船企业的所得利润在2012年都在减少,有的企业甚至是亏损的。

5. 南通船舶配套产业总体水平不高

虽然南通的配套产业有所发展，但船舶配套产业的总体技术水平、生产能力还十分薄弱，主要体现在以下几个方面：一是缺乏规划引导和政策激励，以自发发展为主。二是船舶配套产业规模小，生产企业呈零星分部，本土化船用设备装船率较低。三是产品档次低，所生产的船舶配套产品属于大众化产品，技术含量低、附加值不高；而动力装置类、船舶辅机类、甲板机械类等主要船用设备的生产还基本处于空白状态。

6. 南通船舶企业专业人才资源短缺，从业人员文化素质不高

由于南通的造船规模不断扩大，造船人力资源供不应求，船舶设计、生产、管理、检查等关键岗位和特殊工种出现人才短缺。而且南通各家企业的从业人员文化素质水平不高，据统计南通主要的三家企业中远川崎、明德重工、熔盛重工大专学历以上人数占总人数的比率分别为25%、18.2%和16.5%。虽说三家企业中中远川崎的从业人员文化素质水平是最高的，但是其大专以上人员数也只占企业总人数的25%，其余75%从业人员文化素质水平都属于低水平。

7. 南通市各船舶企业的效率水平不均等

相对于中远川崎，明德重工总体效率极低，纯技术效率处于中等偏上水平，规模效率极低；熔盛重工的总体效率很低，纯技术效率处于中等偏上水平，规模效率处于中等偏下水平。

明德重工和熔盛重工总体效率、纯技术效率和规模效率在2012年都处于下滑阶段，但明德重工的下滑幅度不大，整体状况相对比较稳定，而熔盛重工的下滑幅度比较大，整体状况相对不怎么稳定。

8. 南通市的三家主要船舶企业的整体状况参差不齐

南通市的三家主要船舶企业整体的总体效率处于中等偏下水平，纯技术效率处于中等偏上水平，规模效率处于中等水平，且各项效率在2012年都处于下滑阶段。整体上规模效率对总体效率的影响相对于纯技术效率来说要大一些。相对于中远川崎，近几年明德重工和熔盛重工基本都存在投入冗余和产出不足的现象。

9. 中小型企业数量过多,组织结构不合理

虽然每年南通市会创办很多新船舶企业,但是每年也有一批中小型船舶企业倒闭破产。造船企业数量虽多,但是规模普遍较小,技术水平普遍偏低。这不但占用了许多资源,而且空置了很多可以利用的船台等其他设备,引发产能过剩和产能过剩导致开工率不足的问题。

10. 专业技术、管理人才紧缺

随着近几年新兴造船企业数量的增加,南通市政府对船舶工业给予了大力支持,南通市的造船能力也在不断进步,使得中高级技术人才、管理人员和熟练技术工人的极度缺乏问题越来越凸显。一些懂得管理和特殊技术的高级人员数量严重不足,企业技术创新能力和技术改造能力较弱,一定程度上影响了企业的运转和船舶制造,导致生产进度缓慢、交船延误、资源浪费等一系列问题出现,最终影响的是企业的经营效益。

11. 产业集中度低,经济效益低

南通市船舶工业手持订单数呈逐渐下滑的趋势,虽然总量占全国的比重和往年相差不多,但是单个船厂的订单规模分布不均。像中远川崎这样的骨干企业,目前手持15个订单,这些订单量大概是1年半的工作量;而一些中小型企业只能接到很少订单甚至无单可接。这主要是由于地方造船能力发展过快,特别是一大批中小型企业如雨后春笋般出现,使得船舶工业在经历大规模能力建设后反而出现产业集中度相对下降的趋势。产业集中度低,即产业规模过于分散,会引发企业间的恶性竞争,降低船舶产业效率,导致造船能力过剩,削弱企业抵御市场风险的能力,最终降低企业经济效益。

12. 技术水平参差不齐,产品结构单一

南通市一些骨干船舶企业技术装备上乘,技术力量较为充沛,目前已经具备了一定的高新技术和高附加值的船舶设计、开发能力。但是对于数量众多的中小型造船企业而言,仍然以制造常规的散货船船舶为主,高技术、高附加值的船舶生产能力不足,技术条件参差不齐,船舶产品开发、储备不足,特别缺乏对高新技术船舶的自主开发能力。

应当指出,2013年以来南通市船舶工业产业转型发展成效显著,呈现

发展态势平稳、转型步伐加快、新接订单回升、配套能力增强等特点。必须清醒地认识到，支撑新订单的主要因素是低价格、低首付。面对财务风险和市场风险，企业难以获利，而且新订单的交付期限较远，难以改变企业现期的困境；船舶产业向海洋工程装备产业转型仅是钢结构部件的加工建造，高附加值、高利润的配套设备、水下设备制造基本被国外企业垄断。由此可见，南通市船舶工业仍然没有走出经济危机背景下的困境，南通市船舶工业面临的难题没有得到有效解决。

二、推进南通船舶工业又好又快发展的对策和建议

南通船舶工业如何走出经济危机背景下的困境，我们依据经济学的基本原理，在南通积极谋求产业转型升级的大趋势中，从产业发展规律、财税措施激励、人力资源保障三个角度考量，提出以下对策与建议。

1. 提高产业集中度，培育产业集群，延伸产业链，发展跨区域的大型船舶与海工集团

针对南通船舶工业当前存在的交船难、集中度低、经营效益差等普遍性难题，必须从优化资产要素配置入手，探寻产业发展新路径。

一是做大企业体量，增加经营收入。南通船舶配套工业集中区位于港闸区，其中九圩港片有吉宝（南通）船厂有限公司、亚华船舶制造有限公司、东鑫船舶重工有限公司、通顺船舶修造有限公司、通德船舶制造有限公司、九舜船务工程有限公司、通盛船舶制造有限公司七家船舶建造企业；陈桥片有日华船舶制造有限公司、港闸船舶制造有限公司、天南船舶制造有限公司三家船舶建造企业。这些企业 2012 年的造船完工量均不到 70 万载重吨，规模偏小，存在同业竞争。可以借鉴南通市纺织、服装、家纺等产业的发展历程，通过政府的产业调控和政策引导，在南通船舶配套工业集中区的基础上，鼓励企业兼并盘活资产，引导企业联合整合资产，弱化同业竞争，实行错位发展。通州区平潮镇和五接镇的沿江一带有通洋船务有限公司、华亚船舶制造有限公司、江苏恒通设备制造有限公司、海通船舶修造有限公司、金德钢结构有限公司、韩通船舶重工有限公司及明德重工有限公司七家船舶

建造企业。其中最大的韩通船舶重工有限公司2012年的造船完工量排名江苏省第七、全国第十三,但与本地企业造船完工量相比,仅为中远川崎的一半、熔盛重工的30%。要吸取海安县变压器产业发展的教训,避免单打独斗,可考虑设立南通船舶配套工业集中区平潮五接片,鼓励有关民营企业合作设立股份公司盘活资产,引导企业依据自身优势明确主营业务而强化产业分工,形成合力“打群架”,增加收入。

二是推动产业集群,提升综合竞争力。启东市寅阳镇沿江沿海一带有中远船务(启东)海洋工程有限公司、宏华海洋油气装备(江苏)有限公司、南通太平洋海洋工程有限公司、南通蓝岛海洋工程有限公司、南通润邦海洋工程装备有限公司等海工企业,地方政府应针对企业产品特点和发展趋势,加强行业发展规律研究,及时向企业做出风险提示,有效推动资源整合。可考虑设立以中远船务有限公司为龙头,宏华海洋油气装备(江苏)有限公司、南通太平洋海洋工程有限公司、南通蓝岛海洋工程有限公司、南通润邦海洋工程装备有限公司等海工企业为合作伙伴,周边配套企业为同盟的南通中远船务海洋工程集团公司,形成海洋工程产业集群,做大做强“启东海工品牌”,占领海洋工程产业制高点,努力提升海洋工程产业竞争力。

三是产业优化升级,提高经营效益。如皋港经济开发区、长江镇的沿江一带有江苏熔盛重工有限公司、长青沙船舶工程有限公司、华泰重工(南通)有限公司、通宝船舶有限公司、通城船舶制造有限公司、通茂船舶制造有限公司六家船舶建造企业及海通海洋工程装备有限公司一家海洋工程装备企业。其中最大的熔盛重工2012年的造船完工量排名江苏省第一、全国第三,其余企业造船完工量均不到30万载重吨。江苏熔盛重工有限公司制造散货船、油船、集装箱船、海洋工程四大系列多种船型,开始进军LNG/LPG等高附加值项目;长青沙船舶工程有限公司制造海洋工程船、化学品船、散货船、铺管居住船、大型运输船;华泰重工(南通)有限公司制造散货船、成品油轮、化学品船;通宝船舶有限公司以建造海洋工程为主体的海供船(供给船、维护船)及特种船(居住船、铺管船)为主要方向。以南通市机床行业的发展经历为鉴,可考虑设立南通船舶配套工业集中区如皋港片,鼓励有关民营企业通过资产置换或租赁，努力实现熔盛重工等企业重点发展海洋工程装备、LNG/LPG等高附加值项目，其他相关企业分工制造散货船、油船、化学品船的产业布局，降低生产成本，提高产品质量，精心做品牌、酿精品，增加效益。

四是加快转型经营，延伸产业链条。南通开发区一带有南通振华重型装备制造有限公司、惠生（南通）重工有限公司、南通京华船舶有限公司及江苏海新船务重工有限公司〔招商局重工（江苏）有限公司〕等船舶海工企业。目前，南通振华重型装备制造有限公司、惠生（南通）重工有限公司已进入海工平台总装领域，中天科技有限公司、南通力威机械有限公司等企业成功为船舶、海工项目配套。要充分认识到船舶配套业是船舶工业产业链中非常重要的组成部分，船舶配套企业的生产周期、技术水平和产品质量直接关系到船舶工业的综合实力和竞争力。尽管企业知晓转型经营、延伸产业链的重要性，但有关企业还会在一段时间内延续过去的经营模式，这就是所谓的“惯性”或者说“惰性”。各级政府应主动服务船舶企业创新发展，鼓励企业由传统造船产业向海洋工程装备制造业转型经营，支持其他行业的企业开发海洋工程装备的配套设备、水下设备。要注重招商引资，积极鼓励民间资本参与高档次的船用产品的研制以及动力装置、甲板机械、船用仪器仪表等船舶配套产品的开发。可以考虑在南通开发区建立海洋工程装备产业链延伸示范区，努力提高海工行业利润率。只有建立产业链延伸示范区，有关地区、有关企业才能按图索骥，才能根据当地企业的优势，科学地结盟，合理地延伸产业链。

五是倡导一体化经营，提高整体盈利能力。南通绵延数百里的长江岸线上，拥有船舶制造海洋工程及配套企业400多家，其中骨干企业30多家。受金融危机的影响，有些企业发展得更好，其原因是企业自身扎实的基础和良好的技术；有些企业勉强维持或停产、破产，其原因是资金短缺、订单减少、技术落后。各级政府既要引导企业总结顽强存活下来的一批船舶海工骨干企业如中远川崎、中远船务、振华重工的成功经验，也要吸取少数企业破产、停产的失败教训，还要努力解决保护地方利益的无序竞争、损坏行业产业发展的恶性竞争等问题。要引导企业认识到,船舶产业生产能力的提高主要是通过造船能力的提高来体现的,而提高造船能力的一个重要途径就是在造船企业中广泛推行现代造船模式,即以统筹优化理论为指导,应用成组技术原理,以中间产品为导向,按区域组织生产,壳、舾、涂作业在空间上分道、在时间上有序,实现设计、生产、管理一体化,均衡、连续的总装造船的模式。要积极推动流程重组和再造,将船舶制造全过程纳入自动化、流程化、数字化管理模式,实现从传统造船按功能/系统/专业的设计、生产、管理方式,转变为按区域/阶段/类型的设计、生产、管理方式,把船厂从"全能厂"性质改变为"总装厂",以提高生产"一大(吨位大)、二高(高附加值、高技术含量)、三新(新技术、新工艺、新船型)"船舶的能力;在此基础上推动有关企业按资产、按订单等量化入股,减少行政干预,淡化地域限制,成立南通船舶工业集团、南通海洋工程装备集团。未来的南通船舶工业集团、南通海洋工程装备集团可以行业、产业科学发展为导向,以国内外市场开拓为抓手,实行南通船舶工业、海洋工程装备一体化经营,以提高南通船舶产业的整体盈利能力。

2. 政府推出有效的财税政策支持,金融部门加大信贷、融资和保险的支持力度

南通船舶工业面对人民币持续升值、汇率风险不断增大、信贷紧缩导致融资困难等困境,必须降低企业资金成本,提高资金利用效率。

一是政府提供财政补贴,出台税收政策。多数民营企业至今未能享受"国轮国造"的优惠政策,希望政府能够在政策实施上给予民营企业更多的机会。政府应加大海洋工程装备及LNG/LPG等高附加值项目研发的财政资金补贴,对企业的专利、科技成果等提高奖励力度。另外,对企业所得税给予部分返还,以鼓励企业做大做强。

二是税务部门、海关依据政策及时减税、退税,以减轻企业资金负担。国税局可建立出口退税税银库联网系统,取消以往实行的纸质退还书,对出口退税实行电子化管理,所有数据传输由专线连接,由系统对数据进行安全认证,保证数据的安全性和及时性;实行出口企业分类管理办法,全面开通

出口退税远程申报系统。海关部门需要为企业提供更多服务，例如指导保税仓库的申建工作，制定“船船直取”的通关方式，在业务现场设置“专用窗口”，开通“绿色通道”，为产业升级所需的进出口设备提供通关便利，让企业享受便利通道服务，办事手续更加简化，管理成本下降。

三是提供信贷支持，化解企业财务风险。在现行贷款制度下，船舶企业普遍感到资金紧张、财务负担过重。企业造船越多，资金缺口就越大。为有效支持船舶出口和鼓励中国船东在南通订船，政府应当比照发达造船国家的信贷条件，对造船信贷和担保提供相应的政策支持。目前，政府要协调银行加大对在建船舶抵押融资力度，扩大船舶保函银团管理模式，鼓励金融机构加大对船舶出口信贷资金的投放。政府还要定期组织银行与船舶海工企业交流，使银行及时提供信贷支持，帮助船舶企业规避汇率风险，以确保企业财务运行平稳。

四是定制保险产品，减少企业经营风险。南通船舶企业要针对国际贸易风险不断加大的情况，到中国出口信用保险公司办理出口信用保险，有效化解风险，并充分实现信用保险项下的融资功能。政府应提供财政资金补贴，制定政策鼓励保险公司定制船舶工业、海洋工程装备保险产品，以降低或减少船舶企业的经营风险。

五是进行企业上市辅导，开展证券融资服务。政府要引导证券公司主动为船舶、海洋工程装备企业提供证券服务，选择有成长预期的公司进行上市辅导，为上市公司提供融资服务，以降低企业资金成本。

3. 降低人力成本，提高人员效率，提升创新能力

南通船舶工业面对人力资源效率下降、劳动力成本上升、技术创新水平低等困境，必须优化人力资源配置。

一是提供用工服务，降低劳务成本。目前，南通船舶海工企业主要有三种形式的用工方式：本工、外包工、本工与外包工结合。显然本工对企业发展具有稳定作用，但企业承受成本压力；外包工具有成本低的优点，同时具有用工不稳定的缺陷。船舶海工企业用工工种较多而且都有技术要求（如电焊工、钢板切割工、龙门吊驾驶员），有些特殊工种国内出现用工荒，需要

从国外高薪聘请。另外,各企业的工作强度、工作时间以及待遇都有差异,这就导致企业劳动力队伍不稳定,加大了企业工人招聘、培训、管理及服务的成本支出。为了稳定熟练的船舶修造技术工人队伍,必须实施新型劳动和外包用工制度,强化劳务成本管理。实行新型劳动和外包用工制度,应将船厂的固定工、合同工和外包工统一在同一个劳动用工制度内。对企业内部,在关键性技术和管理岗位上设立相对固定的工种;在一般性技术和管理岗位上设立合同工种;辅助岗位则使用外协人员,通过相应的技术培训,使他们成为动态优化的外包工。政府应协调各个地区(产业板块)指导成立南通船舶海工劳务外包公司,政府为技术工人培训提供财政补助,政府劳动管理部门配合公司及时为技术工人统一办理劳动保险,解决工人的后顾之忧。各船舶海工企业要提前向劳务外包公司提出劳务需求,劳务外包公司根据各船舶海工企业的劳务需求合同提供用工服务,同时加强工人劳动纪律教育。各船舶海工企业利用精干的生产管理人员队伍,组织、带领劳务外包工人从事生产,努力解决人浮于事、消极怠工等不良劳动作风,切实提高劳动质量,提升劳动生产效率,降低劳务成本。

二是提供专业设计服务,提升技术创新水平。目前,南通船舶海工主要骨干企业的专业技术人员、设计人员少则拥有百人,多则拥有千人,其中拥有高级职称的人员偏少而且分散,难以组建 LNG/LPG 等高附加值项目的设计团队,不具备海洋工程装备关键部件的研发能力,这制约了南通船舶海工产业的发展。南通市政府应协调有关企业进行设计人员、专业技术人员从相关企业分离,组织设计人员、专业技术人员分别成立南通船舶工程与海洋工程装备设计院、南通船舶与海洋工程装备技术研究院,政府为重要技术研究课题提供研究经费或财政补助,政府人事管理部门配合两院及时为相关人员统一办理劳动保险,解决相关人员的后顾之忧。设计院根据企业要求有偿提供船舶与海洋工程装备设计服务,技术研究院为企业提供适当的有偿技术开发服务。与此同时,在政府资助下鼓励技术研究院和设计院与国内有关研究机构合作,重点开展自升式、半潜式平台结构物和 FPSO、大型起重船、半潜运输船、导管架下水工程船、深水铺管作业船、物探船的研究,努力提升技术创新水平，共同打造世界级船舶海工产业基地，为江苏省成为造船大省、造船强省做出重要的贡献。

三是加强管理人员业务培训，以提高管理效率。大多数船舶海工企业都拥有一定数量的管理人员，按层次分为高层、中层、低层管理人员，按其所从事管理工作的领域及专业不同分为综合管理人员、专业管理人员，按部门分为生产管理人员、营销管理人员、研发管理人员、财务管理人员、人事管理人员。基层的生产管理人员、营销管理人员、研发管理人员、财务管理人员、人事管理人员是一线管理人员，常常是从一线员工中提拔，主要职责是给下属作业人员分派具体工作任务、直接指挥和监督现场作业活动、保证各项任务的有效完成。高层、中层的各类管理人员主要是从引进的专业技术人员中选聘，主要职责是领导中层、基层各类管理人员，完成企业各项工作。显然，企业各类管理人员由于缺乏专门的管理技能培训，在具体管理工作中常常重视微观方面的工作而轻视宏观方面的工作，只着眼于本专业岗位的工作而忽视其他专业岗位的工作，结果是企业效率下降，成本上升，利润减少，制约了企业的健康发展。南通市政府应指导有关政府部门协调有关企业对各类管理人员进行现代管理知识培训，让其学习有关管理软件的使用，实地参观科学管理模式，认真研讨有关管理案例，切实提高本企业、本岗位管理效率。

四是强化发展规划，谋求又好又快发展。积极推动成立依托于南通科协的南通船舶工业发展规划研究协会，设立研究基金，利用国内外船舶科研机构、高等学校等单位的科研人员为南通船舶工业发展出谋划策，尤其是着眼于产、学、研结合，推动高新技术船舶及海洋工程方面的研发。现阶段应组织有关单位、专家学者研究上海自贸区建立对南通船舶工业、海洋工程装备的影响，并提出应对策略。

五是建设海洋工程装备学科，培养海洋工程装备领域的中国工程院院士。南通市政府应积极推动南通中远船务工程有限公司和江苏科技大学或南通大学合作，建设海洋工程装备学科，通过提升学术水平，扩大学术影响，培养相关专家成为南通市海洋工程装备领域的中国工程院院士，为南通拥有海洋工程装备领域的话语权而奋斗。

六是开发人才资源，加大对船舶海工专业人才的引进与培养工作力度。大力实施“柔性引才”，实行人才柔性流动。充分挖掘科技资源，以优惠政策诚招人才。组织企业外出招聘人才，重点引进行业或学科带头人、工程技术骨干、高级设计人才、优秀的市场开发人才、熟悉国际船舶贸易规则的复合型人才。加强船舶工业人才培训基地建设，充分利用南通大学、南通职业大学和南通航运职业技术学院等高等教育资源，培养船舶设计、制造、生产管理等人才，在人才总量、结构和素质上适应世界级船舶海工产业基地发展的需要。积极鼓励国内外海事学院、船舶工程学院、科研院所等单位来南通合作办学，建立船舶高级人才培训基地。积极鼓励职业院校开办船舶、轮机、水声、海洋工程专业或培训班。积极扶持船舶企业和社会力量建立一批船舶电焊工、装配工、管工等技术工人的培训基地。

南通大学理学院　林道荣
江苏熔盛重工有限公司　周国胜
江苏熔盛重工有限公司　程建华
南通中远川崎船舶有限公司　季永生
南通市人民政府法制办公室　陈四维
南通大学理学院　于志华

（本研究报告为2012年江苏沿海沿江发展研究院招标课题《经济危机背景下南通船舶产业的困境与出路研究》研究成果）

着力推进港口物流园区建设　加速区域产业集聚

港口物流园区的规划建设是促进现代物流发展的突破口。南通港口物流园区已有起步,但尚处于规划层面,且服务功能有限。其主要原因是推动主体缺位、港口后方陆域偏小、临港工业不发达等。为此,本文认为一要深化港口物流园区的规划及建设,二是强化港口物流园区的基础设施建设,三是突出港口物流园区建设发展的主体作用,四是增强政府在港口物流园区建设中的协调推动作用。

在发展现代物流业、建设物流中心进程中,港口以其大进大出的集疏运能力和物流网络中的组织作用,成为发展的主导和重点。凡是有港口的城市都把兴建物流园区的政策和物力集中在港区,这既能支持港口的发展,也能促进现代物流业的发展。

港口物流园区是指以港口为依托建设发展的物流园区;是在政府规划指导下,由多个物流组织、现代物流设施设备或专业化物流企业在空间上集中布局,具有规模化、功能化、信息化的特点。它除了一般的仓储、运输、加工等功能外,还具有与之配套的信息、咨询、维修、综合服务等服务项目。现代化的港口必须有先进的物流园区。

南通港口物流园区发展相对滞后,与作为国家主要港口的地位不符,与所具有的港口资源优势不符,与经济腹地的发达水平不符。为进一步拓展港口功能、提升港口发展水平、促进区域经济转型升级,必须着力推进港口物流园区建设。

一、南通加快建设港口物流园区的必要性

港口物流园区的规划建设是促进现代物流发展的突破口,是加速物流甚至是地区经济发展的重要因素。

1. 有利于城市国际化程度的提高

港口物流园区具有综合多种物流方式和物流形态的作用,为加工制造业提供及时供应、适时生产、工厂零库存的全程服务,极大降低企业生产流通成本,为本地区承接先进制造业转移创造条件,使国际贸易中原材料、零部件、产成品快速流动,加快国际贸易的发展,促进城市国际化程度的提高。

2. 有利于区域经济的跨越式发展

一是增强港口企业竞争力。港口物流园区能够吸引汇集更多的物流,以快速地实现物流等诸多功能,从而吸引更多的企业入驻物流园区,为港口提供稳定的货源。同时,有助于港口功能的进一步拓展,从根本上改变传统的经营模式,加速港口从单纯的装卸运输港向贸易物流港转变。

二是促进产业集聚。港口物流园区可用其先进的物流基础设施系统及先进的物流信息平台,整合规模小、功能单一、分布不集中的物流小企业,使其与货主、代理、航运公司、港口以及政府进行信息沟通,实现高质量的物流服务。这就为各种物流资源的整合创造了条件,它将区域内外众多物流企业的服务信息和商贸企业的物流需求信息汇集在一起,有利于物流公共信息平台建设,从而实现对区域内货源的集散进行统一管理和调度、合理配载,提高货车装载率。同时,通过将物流设施和不同类型的物流企业在其空间上集中布局,有效节约土地资源,促进土地资源的合理利用,缓解土地供给紧张的问题。

3. 有利于推动社会发展

一是从世界各国港口物流园区发展史上看,港口物流园区能够有效地促进区域经济和社会的发展。据测算,每万吨港口的吞吐量对 GDP 贡献为 100 万元~120 万元,可以创造 20~30 个就业岗位。

二是促进主城区交通顺畅。港口物流园区的建设,使得原有的港口大

型仓库、配送中心、货运站必须迁出主城区,从而减轻对城市交通和环境的压力,有效解决港城矛盾。

二、南通港口物流园区发展现状

2011年,全市物流总量2.42亿吨,同比增长19.3%。港口吞吐量1.73亿吨,同比增长15%。从物流量看,港口占全市物流总量比例较大;同行业比较,在沿江港口中吞吐量排第二。但对照国际上港口发展阶段的划分,南通港口处于传统物流阶段,港口物流服务功能有限。大多数港口物流企业业务单一,基本上还是以装卸、仓储、运输为主,货物加工、包装、配送服务还显不够,未能形成以信息技术为支撑的运输、仓储、加工、包装、配送等一体化的现代物流产业链,港口物流产业增值服务比较薄弱,缺乏价值链增值效应,影响了物流服务的质量,企业综合效益不高。作为港口物流载体的园区建设更是落后,总的来看有以下特点:

1. 已有起步

沿江几个港区只有如皋港区的如皋港现代物流园区有实质性进展,2011年该园区成为首批南通市现代服务业集聚示范区之一。如皋港现代物流基地中的综合物流园、石油化学物流园区、船舶物流园、钢贸物流园和散货物流园五大板块初具规模,共有102家物流贸易企业落户,46家第三方物流公司进驻园区。

2. 基本上处于规划层面

一是南通港口综合物流园区。早在21世纪初编制的《南通市物流业发展规划》中,就已明确选址在狼山港区后沿规划建设南通港口综合物流园区,其功能定位为国际货运枢纽、区域运转及各项服务功能配套的综合型物流园区。此规划依据于该区域港口码头企业及相关服务企业较集中,矿石、粮食、集装箱等已形成一定的物流量。但由于种种原因,该园区没有启动。二是洋口港物流园区、吕四港物流园区、通海港区物流园区。这几个都是有待发展的港口物流园区。洋口港现代物流园区规划建设的天然气、成品油、煤炭能源物流基地,液体化工原料及产品物流基地,石材,矿石,粮食等五个专业物流园的专项规划正在进行中。吕四港物流园区、通海港区物流园区规划已完成,相关项目正在建设中。

南通港口物流园区发展不快的主要原因是:港口物流管理运行的体制、机制不健全,推动主体缺位,运营主体不强;沿江港城矛盾突出,港口后方陆域偏小,集疏运不畅;临港工业不发达,产业集聚度差;沿海港口及临港产业发展正在起步中,沿海港口物流园区的建设发展依赖于沿海大开发、大发展。

三、南通发展港口物流园区的定位

(一)定位依据

1. 依据于城市发展定位

南通港口物流园区的目标定位必须对应于城市发展定位,即对应于“江海交汇的现代化国际港口城市”。

现代化国际港口城市一般具备以下特征:一是以深水良港为依托。二是港口推动型产业高度集聚。以港口为中心展开生产力布局,形成以港口功能链为主线的产业结构——直接产业(装卸等)、共生产业(航运、物流、仓储等)、依存产业(钢铁、石化、船舶修造、粮食加工等)和关联产业(金融、保险、商贸、旅游、娱乐等)。三是经济发展处于核心和领先地位。具有较强的自主增长能力,贸易、金融、信息、科研等高端服务业极为发达,在全球或区域范围内发挥着重要的影响和带动作用。四是港、产、城一体化发展。通过港口带动港口物流、临港工业等兴起和腾飞,促进城市的发展和繁荣。五是与国际充分接轨。最先参与国际交流、国际分工,在世界范围内吸纳和集聚生产要素、优化资源配置,接受全球性经济中心和市场中心的辐射,港口国际化的程度和城市外向型经济的发展水平较高。

2. 依据于经济腹地发展特点及趋势

强大的经济总量催生巨大的物流需求。南通位于经济发达的“长三角”经济区,港口经济腹地主要集中在“长三角”和沿江经济带。随着国务院《物流业调整和振兴规划》《长江三角洲地区区域规划》等规划的出台与实施，“长三角”流域的物流规划进一步衔接。南通市将全面融入“长三角”经济循环体系，分享物流市场，是上海国际航运中心北翼的物流中转基地最佳选择地。沿江七省二市聚集了我国45%以上的经济总量，沿江工业带中电力、钢铁、石化、机电、汽车、建材等产业规模庞大，其中钢铁产量占全国38%，石化产量占全国30%，水泥产能和汽车产量占全国50%。全国500家最大规模的企业中，长江流域占40%。以渝、汉、宁、沪为核心的长江经济走廊，成为物资流、信息流、资金流最为通畅的大枢纽、大市场、大通道。预计到2020年，“长三角”货运量将达到50亿吨；长江干线货运量将达到13亿吨，其中大量矿石、煤炭、建材、集装箱将给沿江港口带来稳定的货源。南通经济的快速发展，也增加了较大的物流需求。

3. 依据于港口资源优势

南通港口资源优势明显，有江有海，这样的条件中国大陆除了上海只有南通具备。南通沿海特别是正在开发建设的通州湾港区具有可建30万吨级码头的良好资源，且滩涂面积丰富；南通沿江港口积累了相当的运营经验，为提升现代物流功能打下了良好的基础，特别是在矿石、油品、液体化工、粮油等货种方面，南通港区、狼山港区、江海港区等重点港口的企业，对其货种整个运输过程涉及的托运人、货主、船东、货代、船代等都熟识，形成了稳定的供需网络。江海联动是南通港口的最大优势。在加快实施江海联动战略的同时，南通正在加快内河航道网的建设，努力打造通江达海、干支相连、运力匹配的内河水运体系，促进江海河联动。

从码头泊位角度看，南通江港、海港、河港兼有，综合型港口、专业性港口兼有，大、中、小泊位兼有，干散杂货、液体化工、集装箱泊位兼有。

（二）目标定位

根据以上依据，参照国内外先进地区的经验，南通港口园区的目标定位应为：一是具备国家主枢纽港功能的，具有现代化、国际化特征的港口综合物流园区（类似鹿特丹港）；二是为沿江企业服务的江海中转物流园区；三是为本地服务的城市配送中心型物流园区及加工增值型临港工业物流园区。即南通建设发展港口物流园区，应既有综合型，又有专业型。

综合型港口物流园区所对应的是综合性的港口，即能够进行多种货物装卸作业的港口。园区功能主要是以集中仓储、配送加工等为主，把需要出口的货物运输到综合性港口或是从港口中将进口货物运输到内陆。在南通物流业发展规划中，原定的在崇川区狼山港区后沿建设的南通港口综合物流园区，由于港城矛盾等因素，现在看来已不可实现。根据目前港口建设及功能布局、码头陆域、集疏运等相关情况，定位于通海港区后沿较为现实，近期可启动。最有潜力的大手笔之作应在通州湾港区。该港区的高起点运营是实现现代化国际港口城市的关键。鉴于目前该港区正在起步阶段，只能作为后备资源和未来的发展方向。

专业性港口物流园区所采用的设施和服务主要是以集中仓储、配送为主，将这些货物运送至所需业主。初步考虑，依托江海港区及化工加工区，在其后方规划建设液体化工品物流园区。整合沿江港口功能后，将煤炭运输专业码头合并搬迁至横港沙港区，在其后方建设煤炭物流园区，也可在吕四大唐电厂后方建煤炭物流园区。依托粮油接运码头等，在适当地方建粮食物流园区。据了解，该园区的相关工作正在启动。依托船舶修造产业及南通港区件杂货码头，建设以配送为主的钢铁物流园区。

四、南通建设发展港口物流园区的重点工作

借鉴国内外港口物流园区建设运营的经验，在政府及有关部门的组织下统一规划，并通过政策等手段，将港口物流园区作为一个类似于目前的工业开发区、经济开发区或高新技术开发区的项目进行有组织的开发和建设。然后，通过政策引导，利用市场化手段对物流资源和产业资源进行合理有效配置，吸引依托物流环境发展的制造业企业、商业企业、港口企业入驻，进而逐步实现物流产业的聚集。

（一）港口物流园区的规划及建设

1．规划

港口物流园区要发展，关键要科学规划、合理布局。规划分两个层面：一是发展战略层面。它具有指导性、方向性和系统性，并明确布局和功

能。必须符合城市的总体规划和布局,符合城市产业空间布局和产业结构调整需要,符合城市的功能定位和发展战略。物流园区的规模要合理,既要满足现在的物流需要,又要充分考虑未来国民经济的发展,留有适当的发展空间。

到目前为止,南通尚未有《南通港口物流园区总体规划》,这是不应该的。有关方面要高度重视,抓紧编制。现有沿江港区基本没有闲置岸线和陆域,已很难适应港口物流园区的建设需要,而沿海港口正在起步,因此,结合江港资源的整合及新港区的开发,统一规划港口物流园区就成为发展港口物流的当务之急。

二是空间规划层面。在符合《南通港口物流园区总体规划》的前提下,根据功能定位,按照相关条件的满足程度,可以选择相对成熟的货种,做好某些专业性的港口物流园区详细规划,如液体化工品物流园区、粮食物流园区等。

这一层面上的规划,目前已有所进展,有的已有文本,但大多停留在概念上,离可实行还有差距,而有的还仅仅是设想。因此,必须抓紧启动并推进相关工作。

2. 建设

港口物流园区形成和发展大体上可以分为规划阶段、建设阶段和运营阶段。

港口物流园区的建设是一个巨大的系统工程,同时又是投资庞大的工程,包括征地、拆迁、市政基础设施配套等,所需资金十分巨大。因此,在确定了港口物流园区的空间布局后,要创新港口物流园区投资模式,鼓励以多种方式进行物流园区的建设,借鉴国内外成功的运作经验,通过制定相应的优惠政策,积极吸纳包括外资、园区客户在内的多种投资进行分期建设,并与多方合作共同组成独立的经济实体,进行园区的建设和管理。

(二)强化港口物流园区的基础设施建设

1. 码头建设

港口建设向大型化、专业化和现代化方向发展是当今世界国际大港的发展趋势。改建或建成14米以上甚至18米以上的深水泊位,才能满足国际集装箱船舶大型化、超大型化的需求。因此,对南通来说,一是要加快沿海港口的建设。沿海港口体量大,可建10万吨级、20万吨级、30万吨级码头,沿海港口处于国际物流与国内物流的交汇点,是全球物流网络的重要枢纽。二是码头专业化建设。加快通海港区的开发建设,启动横港沙港区的开发研究和相关工作。通过资源整合,调整码头功能,以现有港口装卸特色为基础,重点建设金属矿石专业码头、非金属矿石专业码头、煤炭专业码头、粮油专业码头和件杂货装卸专业码头。三是仓储规模化。作为现代港口物流基础的仓储业,是港口物流体系中的重要组成部分。合理协调港口建设和港口货物仓储之间的管理也是港口在仓储管理方面的重要课题。随着港口吞吐量的提升,港口仓储已处于越来越重要的地位。四是设施、设备先进化。以国际、国内一流的标准,进一步引导码头企业提高机械设施、设备的现代化水平,逐步淘汰落后产能。要迅速改变目前南通港口设施设备老化的现状。

2. 信息化建设

信息化是现代物流区别于传统物流的最重要因素,无论是物流资源、物流设施的整合,还是供应链管理,都必须借助于现代信息技术,必须建立满足现代物流需要的信息平台。

南通港口物流园区的建设发展,构筑物流信息平台是关键。作为港口物流园区管理信息系统,首先应布局在各大小码头及园区内的物流企业内。其次,应通过互联网或EDI系统辐射腹地区域的广大物流客户,为客户提供货物跟踪、单证办理、提货、通关、联运、仓储等多样化服务,用户可以直接在网上与公司开展商务活动。再次,与水路运输、公路运输、铁路运输涉及的各类企业网络以及有关单位网络实现互联、互通,形成一个统一的EDI信息网,通过该EDI信息网传输有关统计信息和提供其他增值服务,并将之建成南通区域性现代物流中心的信息网络和数据交换平台。第四个层次为跨区域共享层。通过互联网或EDI系统与上海、长江三角洲地区物流信息平台互联互通,形成一个更大范围的统一的EDI信息网,提供跨区域的信息网络服务和数据交换服务。

3. 集疏运体系建设

世界先进港口均拥有发达的多元化集疏运网络。比如：德国汉堡港的各类货物可以经由公路、铁路、驳船、支线船、航空等不同运输方式运往欧洲各主要市场和腹地，荷兰鹿特丹港的货物运输干线通过莱茵河、高速公路、港口铁路与国内外交通网相连。

目前，南通沿江港区道路、疏港道路等级都较低，严重制约港口发展。因此，在码头、航道、口岸设施、园区等方面建设的同时，要考虑集疏运体系的建设。按照资源整合、功能完善的要求，切实改变港区的集疏运方式单一、缺少快速疏港道路、港口货运与城市交通交织、港城互扰的现状，重点形成以公路、水路和铁路为主的综合集疏运体系。建设专用的疏港高速公路与周边高速公路相通，使港区与交通干线紧密、快速连接；结合港区功能调整，规划建设如皋港区、通海港区的铁路专用线。利用长江航道整治的契机，巩固江海联运的传统优势地位；实施疏港航道升级，实现与干线航道联网，加快推进锚地、引航基地等建设；构建以四级及以上高等级航道为主干，五、六级航道为补充的干支相通、层次分明、通江入海、连城达港的内河航运体系。沿海港口在港区规划建设的同时，要同步考虑集疏运体系的建设，港区通铁路是拓展港口腹地、促进港口物流发展、港口做大做强的重要保证。

（三）突出港口物流园区建设发展的主体作用

港口物流园区的开发建设一般离不开政府和企业这两个大主体。作为两大主体，政府和物流企业在物流园区的开发建设中作用各不相同。两大主体应各司其职。

政府包括相关职能部门、发改委、经信委、港口管理局、交通运输局、规划局、商务局等，企业包括与港口物流有关的港口码头、货代和船代、公路铁路航空运输及船公司等物流企业或第三方物流企业。

在发展港口物流的过程中，两大主体的作用体现在以下方面：

1. 政府部门

一是从规划入手，为港口物流园区建设发展创造条件。

二是在土地使用、集疏运设施、供电、供水、信息、环保等方面根据物流活动需要予以充分保障，从而为港口物流服务的开展提供良好的条件。

三是培育港口物流运营主体。通过政策措施，一方面引进、培养港口物流管理人才。另一方面，整合物流企业，促进传统物流企业拓展功能，延伸服务链，并吸引物流企业进驻园区发展。要扶持引导中小物流企业健康发展，着重培育一批具有竞争力的国家 A 级物流企业和省重点物流企业。要突出抓好物流企业规模和品牌培育工程，尽快形成一批规模总量较大、竞争能力较强、参与“长三角”乃至全国物流产业链分工的第三方、第四方物流企业集群。

2. 企业

一是港口企业。以现代物流的理念和营运模式来改造现有的港口主业和企业组织。要将港口纳入到供应链中，营造以港口为核心的港口服务供应链，以发挥港口作为巨大货流中心的优势。注重港口物流建设的软硬件同步发展。

二是航运企业。随着航运行业的发展，航运公司在国际供应链物流中扮演着越来越重要的角色。航运公司积极参与港口以及港口物流园区的建设。航运公司可与其他企业合作参与建设物流园区，稳定货源，并且提供先进的物流服务。

三是工商企业。工业企业和流通企业加快内部物流资源整合，分离组建专业化、社会化的物流企业，或实行物流业务外包，促进第三方物流企业的快速壮大。

四是现有运输、仓储、货代、快递等物流企业加快功能整合，主动延伸服务，切实向现代物流企业转型，并通过兼并联合、资产重组，不断壮大规模、增强实力。

五是现有物流企业要加快一体化运作、网络化经营，在专业服务领域做大做强。

(四) 推进港口物流网络建设

现代物流业的发展表明，港口企业的竞争将主要体现在企业联盟和供应链的竞争上，港口应与相关企业建立战略联盟关系。

要充分发挥物流行业协会作用，通过物流论坛、招商会、展览、项目合作、参观考察、培训等合作形式搭建区域合作平台，为区域内物流企业加快资本、技术、服务的流动与合作创造良好的外部环境，加强港口物流业国内外战略联盟建设。不仅要有港口与港口之间的相互投资合营的联盟，而且要有港口与铁路的“港铁联盟”、港口与船运公司的“港航联盟”等模式，进一步扩大和丰富港口战略联盟的内涵。

（1）扩大港口腹地范围，建立以港口为中心的业务辐射面，取得与社会各类物流资源全方位的整合，以核心业务运输为立足点，发展与铁路、公路、航空、管道运输及内河航运等组织的合作与联盟。

（2）开展国内与国际物流业务相结合，与国际优秀物流企业建立战略合作关系，提升港口物流的技术和管理水平，规范港口物流业运作。

五、强化政府在港口物流园区建设中的协调推动作用

政府在物流园区经济发展中发挥的重要作用，不仅体现在园区建设中，而且体现在园区发展中。为此，必须强化政府在港口物流园区发展中的协调推动作用。

1. 大力发展临港产业

港口物流是临港工业的基础。当初日本港工业兴起，就是由于国际海运业出现大吨位低运价的时代。没有低廉的运费，港口工业就失去了依托。

区域经济与港口发展相辅相成。港口物流的发展依赖腹地经济的发展及临港产业的集聚。大型钢铁企业、炼化企业为港口提供了稳定的货源，开放型经济的发展尤其是先进制造业的发达为港口提供了集装箱货源。2002年国务院决定建设上海国际航运中心，上海市委、市政府即开始考虑在上海的临港地区依托洋山深水港建立临港产业区。上海临港产业区做的第一件事情就是建设18平方千米的物流园区。

长期以来，南通沿江港口主要是长江中上游地区物资运输的重要中转港，港口生产与本地产业关联度不大。临港工业点小面散，不成规模，加工、商贸、物流、金融等功能发育缓慢，与现代化港口的差距较大，港口的集聚作

用还不明显,对经济增长拉动力小。为改变这一局面,南通应充分发挥江海组合港的优势,以现有的产业为基础,加快完善产业布局,积极打造重点产业带、集聚区。沿江产业带应以沿江港区为依托,连线片状开发,重点发展高档纸业、冶金、新材料和电子信息、精细化工、船舶海工、船舶修造、港口机械、粮油加工、大型发电等临港型产业。同时,要加快苏通科技产业园、锡通科技产业园等园区建设,进一步实施港区联动战略。沿海产业带应重点发展大型石化、炼油、能源等必须依托大港口而发展的大产业。

2. 着力培育临港专业市场

临港专业市场是指临近港口依托港口物流而建立的大型专业市场,是港口物流与专业市场功能结合的产物。这类市场主要是指大型的生产要素市场和消费市场,具有巨大的物流源。选择本港进出的具有广泛市场需求的货种,或者选择目前经本港进出不多,但是具有开发前景和潜在市场的货种,在临港区域形成临港专业市场,这对稳定和拓展港口生产业务同样具有积极的成效。

临港专业市场在南通尚未形成。应考虑以矿石、煤炭、油品、粮食、液体化工等货种为重点,或选择与本地生产生活相关性大的货种,大力引进商品交易商,培育交易中心。努力推进矿石中转贸易基地、煤炭中转加工配送基地、油品中转贸易储存基地、粮食中转加工配送基地、液体化工品中转储运加工贸易基地、集装箱中转运输基地建设。

3. 优化港口物流发展环境

(1) 政策环境。

千方百计争取设立保税港区。根据国际经验,世界上搞得好的自由贸易区,绝大多数都与港口连在一起。实行区港联动,开展一体化经营管理,目的是把自由贸易区的功能延伸到港口,把港口的功能扩大到自由贸易区。

纵观世界港口城市发展,都把港口经济与保税区的功能加以配套,如香港、新加坡、鹿特丹和釜山都是如此。

(2) 加强口岸协调力度,深化港口物流的服务理念。

(3) 实施优惠的税收政策和宽松的航运管理政策吸引船公司。设立港口现代物流业发展专项资金。专项资金主要用于扶持大宗物流项目引进、港口物流园区（中心）建设、物流龙头企业培育、港航联动拓展、物流服务体系创建、公共物流信息平台建设等。政府应采取贴息、补助、奖励等方式给予现代港口物流企业财政支持。制定现代港口物流业专项资金管理办法，切实强化绩效评估，更好地发挥专项资金的作用。

南通市港口管理局　王世秀

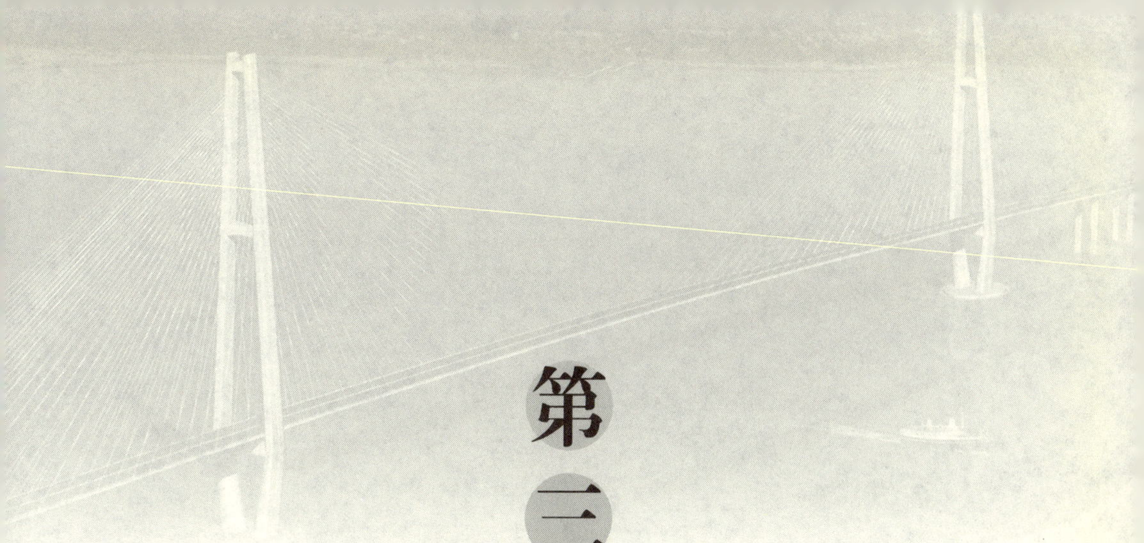

第三编

启东发展研究

启东与上海现代农业全面对接的思路、路径与对策研究

依据现代农业、农业产业链的定义，结合对启东农户、经纪人以及上海市场管理者的调查资料，启东与上海现代农业全面对接分为农业生产基地、启沪农产品对接以及上海市场三个环节。在发展战略、生产要素上，启沪农业具有很好的互补性，利用资源禀赋，启沪对接能获取相对优势。目前，启东与上海现代农业全面对接发展态势良好，区位、地理以及人文等优势给予启东的农产品特别是叶菜类、海产品在上海市场具有包括定价权在内的垄断优势。但在对接过程中农业生产基地环节存在生产不能满足市场需求、新品种缺乏技术指导、生产布局不合理以及生产性补贴政策不完善等问题。生产基地的问题会传递至下游的对接和市场环节，制约下游环节的发展。在启沪农产品对接环节中，存在启东特色产品品牌影响力不强、品质安全追溯体系不健全、推进对接政策难以奏效等问题。启东与上海现代农业全面对接，需要准确定位，理清思路，制定切实可行的对策。

上海地处长江三角洲前缘，北接长江入海口。全市面积 6340.5 平方千米，90% 以上的面积用于非农产业，交通便利。上海这样一座拥有 2300 多万人口的国际大都市，农副产品消费量巨大，但本地农产品生产不能满足消费需求，每年需从其他地区调拨大量的农产品。资料显示：上海市场上有 70% 以上蔬菜、80% 畜禽、75% 水果以及 60% 鲜切花的需求由非上海本地生产来满足。这给其他地区农产品进入上海市场以巨大的空间，就好像一块

巨大的蛋糕摆在农产品生产者面前。农产品弹性较小的特点更给上海周边农产品生产者提供了更多分享上海市场蛋糕的机会。启东位于长江入海口北岸，是东海、黄海、长江三水交汇处，与上海隔江相望，直线距离仅53千米，在这个分享蛋糕的盛宴中，具有天然的优势。启东利用天然地理优势，与上海现代农业全面对接，不但能分享市场蛋糕，发展农业经济，更能拓展启东农产品的利润空间，提高在上海市场上农产品的话语权。学界对现代农业的研究有很多，卢良恕、周应恒提出现代农业的内涵，柯炳生提出现代农业发展特征、目标，进一步细化了现代农业的内涵，虽然各自的表述不一，但都认为现代农业不但包含农业生产本身，还涵盖了为农业生产提供服务的各个环节。李炳坤研究了现代农业的发展战略，张红宇、胡恒洋分别从不同的角度分析了中国发展现代农业的可能性及基础，万宝瑞分析了现代农业实现所需要的制度环境，农业部农村经济研究中心课题组以无锡为例构建了现代农业指标体系，马晓河也阐述了可能面临的问题，裴淑娥认为在农业的服务支撑体系方面还有待强化，还有些专家提出大力发展农业产业化经营，促进现代农业的发展。就启东和上海现代农业的对接，南通市农委2011年6月开展调研，并形成了调研报告，情况罗列较为全面，但缺少基于理论层面的分析，提出的观点较为单薄。

这些研究为本研究提供了很好的参考。周应恒认为现代农业突破了传统农业局限在种养殖范围的狭小空间，通过食品加工业、农产品运销等途径向农业产前部门、农业产后部门广阔延伸，从而形成了横跨第一、二、三产业的产业组织体系。结合启东农业以及上海市场实际，本文研究借鉴有关现代农业的观点，从产业链角度来看，认为现代农业主要包括生产、流通、服务以及市场等环节。本课题的调查资料部分来源于启东市农办、农委组织的全市农产品经纪人座谈会、启沪农产品对接座谈会的内容，还有部分来自于农户的调查。经纪人一般都是启东当地人，常年在上海市场上闯荡，他们一手连着市场，一手连着农业生产，掌握基地和市场的信息。对他们展开调查，就可直接了解到市场和基地的信息。

本研究的目标是在对启东生产、启沪对接以及上海市场充分调查的基础上，运用现代农业理论、比较优势理论、供给需求理论以及政策学等理论，分析启东全面对接上海现代农业在启东生产、启东与上海的对接以及上海市场三个环节中的现状特别是存在的问题，阐述各种原因，提出在对接中启东农业的定位、思路、路径，并进一步提出加强对接的对策和措施。

一、启沪两地农业发展的互补性

1. 战略上的互补性

根据上海建设“四个中心”、实现“四个率先”的目标和启东市“领跑沿海、融入上海、包容四海”的战略定位，启东与上海两地农业发展战略具有较强的互补性。战略一词最早是军事方面的概念，是筹划和指导全局的方略，发展战略是指一种科学勾画的积极的全局性的蓝图。上海在长江三角洲经济一体化进程中，将致力于建设国际经济、金融、贸易和航运中心。上海农业结构调整的方向将转向发展都市型现代化农业，通过“抓两头、放中间”，大力发展种源农业、装备农业、创汇农业和生态农业；充分利用上海的区位、金融、科技、信息、航运等优势，把上海农业建成国内外农业提供周转服务的农产品流通服务平台、展销服务平台、信息服务平台、科技服务平台和检测认证服务平台。按照上海农业的这一发展战略，上海会把更多的精力放在建设农业服务中心的工作上，而把大量农副产品的生产和加工等实体经济工作向周边省市转移。这就为启东市主动承接上海农业产业的梯度性转移，为启东市的种养业和农产品加工业比较优势的充分发挥提供了良好的机遇。

2. 资源禀赋上的互补性

任何生产都离不开资源要素的投入。西方经济学理论认为，生产要素包括土地、资本和劳动力三种。就耕地资源而言，启东人均耕地面积约为0.9亩/人，上海市人均耕地面积只有0.2亩/人，上海的耕地资源更为稀缺。从资金来看，上海市是我国的经济金融中心，资金充裕，资本运作能力很强，因而较为适宜发展一些资金和技术密集型的农业产业。对于启东市来说，近年来虽然有越来越多的投资主体和工商资本注入农业，但与上海市相比尚有不小的差距。因此,加快发展劳动密集型农业、适度发展资金和技术密集型农业是现阶段启东农业发展较为现实的选择。启东市2012年国民经济与社会发展统计公报显示:全市户籍农业人口80.33万人。抽样调查资料显示:2012年农村劳动力转移率达78.9%。按此计算,启东直接从事农业生产的劳动力大约有17万人。在现代农业接轨上海的背景下,这些唯启东有而他地无的独特优势,以及启沪经济资源的互补性,可使启东在接轨上海方面具有独特的比较优势,并为启东现代农业接轨上海奠定基础。

3. 农业科技水平上的互补性

农业科技是农业发展的第一推动力,凝结农业技术的载体主要是农村劳动力、农业设施与装备、种子化肥农药等农资。上海市在依托高科技手段培育和推广具有自主知识产权、优质、高产、适应市场需求的各类新品种及农业设施与装备的研发等方面具有相当的实力。而启东则在部分农产品的种养及加工技术等方面形成一定的优势。因此,开展两地农业技术的合作与交流,将对提高各自的农业现代化水平有很大的促进作用。

二、启东全面对接上海现代农业的现状和问题

(一)启东全面对接上海现代农业的现状

依据周应恒有关现代农业的观点,结合启东对接上海现代农业的实际,本课题从产业链角度分析,认为现代农业主要包括生产环节、启沪农产品对接环节以及上海市场环节三个部分。下文分别从上海市场环节、启沪农产品对接环节和生产环节三个层次来阐述现状、问题和原因。

1. 从上海市场环节来看,启东农产品在上海市场上占据一席之地

上海市及各区政府推进农业产业梯度外移,加大力度吸引外地农产品进沪,大力扶持规模较大、市民反响好的农产品销售商。启东农产品市场反响好,"启东三宝"供不应求。据统计,2011年启东农产品销往上海的销售额达28.98亿元。其中,批发市场销售额为20.40亿元,超市销售额为4.57亿元,加工企业销售额为2.35亿元,其他销售额为1.66亿元。启东的农产品销售在上海市场主要有四种形式,分别是直销、超市、餐饮业及农贸市场。

一是直销。按世界直销联盟的定义，直销是指以面对面且非定点之方式销售商品和服务，直销者绕过传统批发商或零售通路，直接从顾客接收订单，这样可以减少流通环节，降低交易成本。对于农产品来说，直销不仅缩短了销售渠道，为上海市民提供了新鲜蔬菜，有利于促进上海农产品的稳定供应，平衡产销关系，稳定农产品价格，同时也使启东市蔬菜等农副产品种养基地实现了产品与市民的直接对接。目前，启东市在上海设立直销门店十余家。例如，位于上海市杨浦区的"苏合·启东"农副产品直营店、上海市闵行区的"阳升果蔬"直营店、上海世纪联华和大润发的"嘉仕农机蔬菜"分销店、上海双林"第六要素果蔬"分销店、上海闸北区的"卫东农产品"直销店等。吕四渔区100多家水产品加工企业30%左右在上海设立了直销窗口，年销沪海产品5000多吨，销售额近5亿元。

二是进超市。农产品进超市，实行农超对接，以拓宽企业产品销售渠道，减少流通成本，扩大产品影响，实现优质优价，打响企业品牌。启东绿源水产公司生产的外塘养殖甲鱼，在农贸市场上每五百克只能卖三四十元，而卖到超市不仅售价更实惠，而且还有一些客户会按图索骥找上门来，主动联系业务，企业的品牌影响力在超市内无形中得到提升。启东吉云肉制品公司的产品已打入上海华联等多家商场和超市，在沪年销售额达2300多万元，占公司销售收入的60%。

三是进餐饮业。大型餐饮通过订单式的规模生产农产品，减少原材料价格上涨带来大的波动。资料显示：餐饮业通过集中砍价，原材料进价可降低10%～20%。对农业生产者而言，通过订单式的规模生产，可以提高规模效应，农民的收入预期明确。订单式的规模生产对生产者和大型餐饮业都有利。启东乐源蔬菜基地的400多亩结球生菜满足了上海肯德基等大型餐饮连锁企业的需求，而且全部实行订单式销售。

四是进农贸市场。农产品进入农贸市场销售是一种传统的销售方式，在现代社会，也是一种很好的销售方式。有调查显示：消费者在超市和在农贸市场选购农产品的比例差不多，但是老年人因为长期的生活习惯、休闲、节约等偏好，选择在农贸市场购买农产品的比例高达80%。经过启东市人民政府牵头，启东市与上海市两个农贸市场管理公司签订长期供应蔬菜瓜果的协议，在上海农贸市场内设立启东农产品专销区。统计资料表明：2011年启东南阳镇与上海的北郊、中山西路、江桥等七个蔬菜批发市场订立协议，并建立了特约销售点，各类蔬菜年销售额达8000多万元。

以上这四种形式只是研究的总结，实践中启东很多农产品在上海市场上的销售在这四种形式中都有体现。哪几种形式能够满足市场需求，就采取哪几种形式。经营形式可根据实际需要进行不断优化。启东京升农产品配送有限公司刚进入上海市场时，进驻的是农贸市场摊位，并为各个蔬菜销售网点进行配送，现在已实现摊位、直销与超市相结合。到目前为止，该公司在上海21个农贸市场设立了启东农产品直销点，其中摊位销售18个，超市形式3个。

2. 从启沪农产品对接环节来看，发展态势良好

2011年，启东共建"四青作物"加工、速冻保鲜的冷库38所，库容能力达5.2万吨，农产品加工流通企业200多家；拥有农民经纪人队伍5万人，其中销售额达100万元以上的农民经纪人500多人；拥有320多个农业合作经济组织。这些为农产品的加工增值、加快流通、提高效益创造了有利条件。总体上看，在启沪农产品对接方面，发展态势良好。

启东具有天然的区位优势。启东位于长江入海口北岸，素有"上海的后花园"之称。崇启大桥通车后，从启东出发只需7分钟就可进入上海市的崇明岛，到达浦东仅40分钟，进入市中心仅需一个小时。因此，启东在地域上纳入了上海一小时经济圈、一小时生活圈、一小时核心圈。调查中经纪人普遍反映，启东任何一地的鲜活农产品在一小时内就可以从田头进入上海菜市场，抑或进入上海市民餐桌。蔬菜、海产品等农产品从田头到餐桌的运输时间短，意味着新鲜，这些区位优势可直接转化为成本优势，还带来更为可观的经济优势——产品的定价权，拓展产品的利润空间。这种区位的经济效应是上海周边其他地区无法比拟的。

启东与上海的联系紧密，合作项目众多。资料表明：启东有80%的家庭在上海有亲戚朋友，80%的企业依托上海市场，上海80%的高校和科研机构

与启东有技术合作。为促进启东与上海现代农业的全面对接，启东农委与上海农科院蔬菜研究所在启东设立了新品种种子直销门市部，方便群众引种果蔬新品，增加收益。在加大科技合作的同时，从2005年开始，启东主动承接了上海农业产业的梯度转移，把上海作为农业招商引资的第一平台，采用展销会、恳谈会、投资环境推介会等多种形式，积极进行农业招商引资活动，取得了明显成效。据统计，2005年至2011年上半年，启东共从上海引进500万元以上的农业项目73个，在引进的73个项目中一产项目52个、二产项目11个、三产项目10个。2005—2008年，启东从上海引进的项目主要是上海养殖产业梯度转移，从2009年开始逐渐向休闲观光农业方向转移。通过这些对接项目，启东可直接了解上海市委、市政府在农业产业方面的宏观调控目标，掌握上海市场的需求动向，为启沪农业的全面对接提供信息。

3. 从农业生产环节来看，农产品种类丰富

至2012年年底，启东以“四青”“蔬菜”“特经”为主导的高效作物种植面积达57万亩，占总耕地面积的55%。四青作物面积50万亩，形成了规模化生产、区域化布局、产加销一体的产业模式，被列为江苏农业百项投入工程项目。全市蔬菜常年播种面积已发展到50多万亩，设施农业20万亩，形成了南阳千亩大棚设施、近海近农设施等基地。启海小辣椒、四色豆等特色经济作物面积已发展到20多万亩。一些经济实力雄厚的龙头企业拥有了冷冻厂、保鲜库，对“四青”作物和其他蔬菜产品（如荠菜）分别进行速冻冷藏和贮藏，适时进行反季节销售。

启东的自然条件优越。启东属北亚热带湿润气候区，海洋性季风气候特征明显，四季分明，光照充足，气温温和，雨水充沛，无霜期长。境内地势平坦，沟河纵横，属沿江海低平地区，进排水畅通。土壤肥沃，土壤有机质含量在1.4%以上，速效氮磷钾含量丰富，pH值在7.8～8.5之间，土壤理化性状好，适宜于各种农作物的生长发育。

启东是农业大市。启东是一个拥有1200多平方千米的农业大市，面积相当于上海崇明岛大小，拥有独特的土地资源、海洋资源、江河资源、生态资源等与农业相关的自然资源。农业主要以蔬菜、瓜果、林业、花卉等经济作

物为主产品，土壤不适宜种植水稻，是城市天然的菜篮子基地。例如，启东市龙阳水产品有限公司的各类保鲜蔬菜年销售额达5000多万元，直接销往上海的占40%。启东每年新增滩涂面积数万亩，拥有我国最大的淡水河口湿地保护区。

启东是全国著名的“海洋经济之乡”。吕四渔场是全国四大渔场之一，吕四渔港是全国六大中心渔港之一，每年全市海产品捕捞量占江苏省捕捞总量的1/3。

从以上三个环节现状来看，启东与上海现代农业对接处于良好的发展态势中。理论分析认为：这种对接是基于优势之上的。经典的西方经济学理论认为，完全竞争的市场是一种特例，市场的常态是处于不完全竞争中。商品的特异等因素能造成市场的不完全性。这种不完全性能带来市场垄断优势，获得超额利润。在与上海现代农业全面对接的过程中，和其他地区相比，启东生产农产品具有区位、地理、人文优势，农产品易腐易烂的特性决定这些优势给予启东农产品特别是叶菜类、海洋产品很高的新鲜度，新鲜的农产品直接带来成本领先的经济优势特别是市场定价的垄断优势。启东生产叶菜类产品对接上海市场能取得高于正常利润的超额利润。

（二）启东全面对接上海现代农业存在的问题及原因

启东在与上海现代农业全面对接中还存在问题。下文继续沿用前文既定的分析框架，从农业生产环节、启沪农产品对接环节和市场环节三个方面加以分析。

1. 从农业生产环节来看，问题比较多

在调查中，各类经纪人对农业生产基地方面存在的问题反响最强烈。农业生产基地的问题主要表现在以下几个方面。

基地生产与市场的需求难以匹配。农业生产的特点决定了农产品的供求不同于一般工业品。工业品可以根据市场需求态势立马组织或停止生产，而农作物生产具有周期性，农产品只能根据上一期的需求决定后一期的生产。这种滞后性给生产者分析市场需求带来难度。农产品市场接近于完全竞争，单个农产品生产极难根据自身的产品量决定市场需求。在调查中，经纪人普遍反映：市场需要的产品，生产上没有，或者货源供给不稳定，很多农产品在供应一两次后就断了货，无法长期稳定供货，也难与大超市、大卖场对接；市场不需要的产品，却大量供给，即供给与市场的需求不匹配。部分经纪人知道上一期的市场需求信息，但没有及时地传递信息，或者缺乏传递信息的意识。农民作为生产者，不了解前一期产品的市场需求信息，缺乏专业知识，不可能准确地预测下一期市场需求，只能按照自己的决策生产。

缺乏技术、流程指导。上文分析部分经纪人缺乏信息意识，但部分经纪人因为长期在上海市场上闯荡，对信息比较敏感，知道信息的经济价值，更会用信息指挥农民生产种植适销对路的新型品种，实现信息的价值。农民依据经纪人的信息组织农业生产，但产品不能达到市场要求，特别是市场需要的、启东没有的一些新品种，连种子都很难找到，产品"歪瓜裂枣"现象比较严重，卖不出好价钱。这主要是因为种植过程缺乏专门的技术指导和规范的操作流程。农户调查问卷显示：农户急需的技术指导很难找到，而普通的蔬菜种植、鱼类养殖技术，农民不需要。山东寿光的蔬菜品种有 2/3 来自国外，每年菜农购买进口种子的花费就达 3 亿元。

种植或基地规划布局不到位。家庭承包的农村基本经营体制决定了中国土地的细碎化现象比较严重，在人均只有 8 分耕地的启东，细碎化现象更为普遍和严重。在对市场信息进行分析预测的基础上，搞好布局规划，连片种植能提高田间的作业标准、种植质量，在同样的条件下市场认同度高；同时连片还能带来乡村旅游。调查中 64.7% 的农户想统一连片种植，也愿意接受统一的规划布局，但是总是遇到一户两户不同意。调查中 90% 以上的经纪人认为，连片种植能减少他们的信息搜寻成本，提高农产品的新鲜度，提高市场价格话语权，但想要的和实际总存在偏差。分析各种原因，还是政府及相关部门农业生产基地的种植规划不到位。

政策性补贴不合理。调查中发现，政策性补贴不合理表现在两个方面：一是农业补贴。根据政策，江苏享受粮补、直补的对象是具有承包权的农户。这种补贴机制激励农户产生不种地也有补贴的思想和行为，而真正通过流转经营农地的农户却得不到补贴，江苏的补贴政策有奖懒罚勤的倾向，也影响未来农户承包权的退出机制实施。二是启东的气候温暖，设施农业的补贴与启东的气候特点不匹配，利用率低，而且是万金油式补贴。这造成很多农户为得到补贴而造大棚，而对真正需要大棚的热带作物，补贴很少，甚至因为亏损而退出农业市场。

2. *从启沪农产品对接环节来看，障碍不少*

基地生产上的问题具有传递效应。前文提及的农业生产基地与市场需求不匹配，带来基地货源不稳定。同时基地货源不稳，还给扩大启东农产品销售规模、拓展上海销售门店、提高上海市场占有率、建设启东农产品品牌带来约束。调查中经纪人认为，在上海农产品市场上，普遍存在产品的总量优势掩盖了个体劣势、营销群体的数量优势掩盖了规模劣势的现象。典型的就是山东寿光的蔬菜，山东寿光蔬菜的数量给销售商们带来了优势。启东的经纪人也希望通过扩大启东农产品的数量，规避他们个体的不足。

启东特色产品品牌影响力不强，产品缺少价格竞争优势。上海人对启东这个地方已有所了解，但对启东农产品知之甚少，这主要是因为启东农产品中著名品牌不多。不少农产品在上海市场上与其他地区产品相比，有些是在外观上，有些是在品质上，还有的是在加工水平上有差距。启东缺少像海南冬瓜、山东蔬菜、东台西瓜、内蒙古土豆、射阳大米等在上海叫得响的产品。

品质安全追溯体系不健全。上海市对当地生产的农副产品都建立了动态的产销信息“档案”，一旦出现质量问题，就可以快速追溯问题出在哪个环节。同时，上海市对外来的食用农产品实施指定道口准入制度，如明确外地进沪畜禽及其产品必须经指定的8个市境公路道口入市，并对其实施强行检测。除了对进沪的外地农产品进行严格把关外，上海市还对外地供应该市的农产品生产基地实行认证制度。进沪食用农副产品必须出示“进沪专用验讫标志”。特别是在近几年食品安全不断出现问题的背景下，上海市各级政府加大了品质安全追溯体系建设。而启东在推进品质安全追溯体系方面，明显落后于其他地区。

推进对接政策难以奏效。部分启东农产品经纪人认为，启东农产品对接上海市场政策效果不明显：一是推进政策在部门间运行不畅，最明显的是有关对接的农业政策难以落实，各个分管市长间意见不一；二是推进对接的政策不对路，推进效果不大。

3. 上海市场环节

调查座谈会上，部分上海市场的监控人员、政府官员一致欢迎启东的农产品进军上海市场，而且对启东农产品及其销售表示满意，一些区政府的分管领导还亲自打电话给启东的经纪人，热情地邀请他们到农贸市场设点销售，但同时也给农产品销售提出要求，必须遵循上海市各级政府有关要求以及市场的优胜劣汰机制。启东的经纪人也普遍认为上海市场机会多，同时也比较公平。

三、启东全面对接上海现代农业的定位、思路和对策

（一）定位

启东市正面临"长三角"一体化发展和江苏沿海开发两大战略叠加的历史机遇，有着崇启大桥建成通车、吕四大港加快开发的战略优势。因而其农业发展应围绕"发展都市农业、建设美好乡村"主题，加快转型，全力打造都市现代农业，为率先基本实现现代化奠定基础。

（二）思路

基于启沪两地农业发展的互补性和启东的区位优势、农业接轨上海的实践和现代农业发展战略的定位，启东与上海现代农业全面对接的总体思路是：在坚持家庭经营的基础上，调整农业生产结构，突出优势和特色农业产业的发展，加强连片农产品基地、农业园区、农产品质量安全和农产品品牌建设，推进农业规模经营，以社会化服务为主要手段，通过政策引导扶持，将农业的产前、产中、产后诸环节连接为一个完整的现代农业产业系统，促进启东与上海现代农业全面对接，并成为带动启东农民收入增加的"发动机"。

（三）路径及对策

一是面向上海市场需求，科学制订启东现代农业对接上海规划。上海

是一个拥有2300多万人口的特大型城市，年消费农产品价值达1200多亿元。根据启东的农业资源，重点要主攻鲜活的绿叶菜、水产品和农业旅游产品。为此，启东市要成立专门机构，统筹协调启东农业产品接轨上海的各项工作，要在对上海市场进行详尽调查的基础上，制订对接上海现代农业规划。重点突出以蔬菜为核心的鲜嫩农产品、以水产为核心的鲜活水产品、以瓜果为核心的时鲜果品和以生态农庄为核心的休闲农业等对接规划。把启东纳入上海菜篮子工程基地，实行政策共享机制。以“基地园、产业带、生态区”为平台，实行土地向规模经营集中，科技、劳动力向农业组织化集聚，建立农业产、加、销一体化体系，以新的视角、新的理念、新的方式实施现代农业对接规划。

二是在农业生产基地建设方面要花大力气。在主要的生产基地设立电子信息牌，通过联网，把上海主要批发市场的价格在信息牌上展示，让农民及时掌握价格行情。定期召开经纪人座谈会，加强横向信息沟通。政府要邀请专家专门预测农产品价格行情，供农户家庭参考。农业技术部门要深入田头，了解农户种植技术需要，加强新品种的种植技术指导。每年秋播前做好种植或基地规划布局，并把规划布局情况在网上公布。建议相关农业行政管理部门把农业补贴按照土地的经营者补贴，提高他们的种植积极性。在做好调查的基础上，把设施农业补贴给那些真正需要大棚的作物，并加大补贴力度。

三是提升启东特色产品品牌影响力。品牌是企业主要的无形资产，是区别于其他产品的重要标志。品牌的塑造会使消费形成一定的忠诚度、信任度、追随度，具有很强的经济价值，是市场竞争的有力武器，会给企业带来意想不到的收获。目前，最适合树立品牌的产品是“启东三宝”，它在上海市场上供不应求。可请专门的管理咨询公司来具体策划实施“品牌营销”，即通过别人的嘴来树立启东自身的品牌。

四是健全品质安全追溯体系。启东是上海的农产品供应基地，是上海的“菜园子”。消费者对农产品的质量、品种、服务等方面的要求越来越高。随着农产品保鲜技术和运输效能的提高，越来越多周边省市的农产品将输入到上海市场，启东农产品要巩固和提高在上海市场的份额，就要在农产品质量和卫生安全标准体系建设等方面下功夫，提升启东农产品的产品质量与技术含量。

五是积极推动启沪两地农业的全方位合作。一要加强与上海的对口交流工作。以启东市政府的名义，广泛与上海对口单位进行接触，建立稳定有效的对话机制，形成共同的农产品市场准入制度，减少贸易壁垒及壁垒摩擦。二要组织相关的农业龙头企业、农场、农产品基地等，到上海市定期举办有组织、有声势、有规模的招商会、洽谈会、产品展销展示会，扩大启东农产品的知名度。三要避免启东农产品在上海市场的互相挤压和盲目竞争，各地在空间布局上要有所错位，在区域特色上应有所分工。与此同时，还必须加强两地的学术交流、技术合作和产业合作。对合作、对接进程中有关农业的相关重要议题要组织专家进行深入的分析和探讨，引导沪上企业移师北上，实行产业对接，产、学、研合作和市场共享。通过多方面的经济、技术、文化合作，推动启东农业进一步融入上海、服务上海，实现两地都市现代农业一体化发展。

南通大学商学院　张　娟
南通大学商学院　席　群
南京审计学院经济学院　张笑寒
南通大学商学院　王利荣
南通大学商学院　吕　佳
南通市农业委员会　吴九林

（本研究报告为2012年江苏沿海沿江发展研究院招标课题《启东与上海现代农业全面对接的思路、路径与对策研究》研究成果）

启东建成“上海服务外包承接地”对策研究

本文深入分析了启东服务外包的发展现状和承接上海服务外包转移面临的环境条件，并对上海服务外包的发展态势以及启东与上海服务外包全面对接的原则、思路、主要目标进行了详细的研究，进而找准启东承接上海服务外包转移的重点领域，最终提出启东建成“上海服务外包承接地”的对策与举措。

近年来，启东坚持以科学发展观总揽全局，积极抢抓“长三角”一体化发展和江苏沿海开发两大国家战略叠加融合的历史机遇，围绕“领跑沿海、融入上海、包容四海”的战略定位，主动接受上海辐射，大力推进“两个率先”，全市工业经济保持又好又快发展的良好态势，现代服务业也取得了可喜的成就。但我们也应看到，启东现代服务业尤其是服务外包产业还比较薄弱，仍存在一系列问题。因此，深入分析启东服务外包的发展现状、存在问题及上海服务外包产业外溢的态势，进而提出启东对接上海、承接上海服务外包转移、建成“上海服务外包承接地”的对策与举措，对提升启东服务外包产业竞争力和整体发展水平，促进产业转型升级，具有十分重要的意义。

一、当前国内外服务外包发展的特点和趋势

（一）服务外包的概念及分类

1. 概念及特征

服务外包是指企业将基础性的、共性的、非核心的 IT 业务和与 IT 业务

相关的业务外包给专业服务商来完成的经济活动。

服务外包作为基于现代IT技术的新兴产业，具有信息技术承载度高、科技附加值大、资源消耗低、环境污染少、国际化程度高等特点。在国际分工不断深化的大背景下，服务外包已与国际直接投资共同构成了国际产业转移的主导模式。

2. 服务外包的基本分类

从业务领域来看，服务外包可分为信息技术外包服务（ITO）、业务流程外包服务（BPO）和知识流程外包服务（KPO）。从地域范围来看，服务外包可分为离岸外包和在岸外包两大类，前者是指外包业务由境外服务商提供，后者则是指外包业务由本地服务商提供。

（二）服务外包市场发展概况

一是世界服务外包市场空间进一步扩张。2012年，全球服务外包市场规模达近万亿美元，市场空间仍很庞大。二是ITO占据了60%以上的全球服务外包市场份额，KPO扩张较快，年均增长率达30%～40%。三是发达国家主导产业发展。美国占全球外包市场需求的64%，欧洲占18%，日本占10%。四是印度、中国等发展中国家拥有大量廉价优质劳动力，成为全球外包重要承接方。

（三）产业发展格局

1. 国内初步形成各具特色的布局

国内基本形成环渤海、“长三角”、“珠三角”等主要区域。环渤海区域依托软件业基础，发展相配套的ITO以及面向东北亚地区的外包服务。“长三角”区域主要依托上海“四个中心”的建设，发展金融后台和制造业配套外包等。“珠三角”区域面向香港地区及东南亚地区，主要发展ITO业务。

2. 区域产业链逐步形成梯度分工格局

北京、上海及其周边区域中心城市成为离岸外包的第一层级战略要地，主要承接较高端的服务，如嵌入式软件开发、金融服务、医药研发等。而周边其他城市也根据自身条件，发展呼叫中心、数据处理等服务。

（四）主要发展趋势

在业务模式上，出现了物联网外包（如在供应链管理服务中的远程仓储管理服务，通过物联网二维码等获取的大量数据所进行的计算资源处理服务等）等新兴领域。在交付模式上，出现了全球交付模式和云计算模式。

二、上海服务外包产业发展现状

上海服务外包从20世纪90年代末开始起步，2006年以来得到了快速发展。2012年，上海服务外包合同金额和离岸金额分别达51.98亿美元和32.67亿美元，在全国21个示范城市当中，已经是连续三年名列第一。上海从事离岸服务外包的企业超过1100家，从业人员超过20万人。主要特点如下：

1. *点面结合，覆盖全市*

上海已形成5个服务外包示范区（浦东、原卢湾、长宁、闸北和漕河泾）和12个专业园区（张江金融信息园、张江生物医药园、南汇生物医药园、卢湾人力资源园、陆家嘴信息技术园、浦东软件园等），127家重点企业分布在全市大部分区县。

2. *专业集聚，联动发展*

上海5个示范区集中了全市74%的服务外包执行金额，有127家服务外包重点企业和255家技术先进型服务企业，还有11个软件出口（创新）园区和23家“上海市软件和信息技术服务出口重点企业”，基本形成了专业集聚、联动发展的格局。

3. *结构优化，来源广泛*

2011年，上海服务外包中ITO、BPO和KPO分别占68.3%、13.9%和17.8%，KPO占比明显提高。服务外包业务来源广泛，居发包前5位的国家或地区为美国、日本、瑞士、中国香港和法国。

4. *落实政策，环境优化*

落实财政支持政策。组织企业申报国家服务外包专项资金，修订和审核市级服务外包专项资金管理办法；支持企业海外设点，开展“到岸服务”。

落实离岸外包的营业税免税政策。

5. 打造平台，夯实基础

建立服务外包交易促进中心、服务外包企业协会、服务外包人才培训中心、服务外包知识产权保护平台、服务外包公共技术服务平台等服务平台，进一步夯实服务外包的基础工作。

三、启东服务外包产业的发展现状

近年来，启东针对重点服务外包企业进行招商引资，取得了一些进步，但总体来讲还处于起步阶段，与昆山等较早承接上海服务外包转移的地区相比，还存在差距。

1. 起步晚，产业规模明显偏小

启东服务外包发展的基础较为薄弱，由于历史原因，2010 年才开始起步发展，2013 年全市服务外包业务合同额为 7000 万元，执行额为 6000 万元，与周边的先进城市相比，总量明显偏小。

2. 规模企业明显偏少

目前，启东服务外包规模企业明显偏少。2012 年，南通地区共有服务外包企业 607 家，其中崇川区有 306 家，海安有 69 家，启东有 25 家。启东的 25 家企业大多是注册资金 500 万元以下、规模较小的中小型软件类外包企业。

3. 初步形成规划布局，但载体和配套还不完善

启东已初步形成"一园三区"的产业布局。"一园"，即启东创新型经济园；"三区"为吕四港口商务区、新城区中央商务区、滨海工业园科技商务区，但大多处于工程建设或规划阶段。目前只有启东科创园、启东开发区科创园两个较为成熟的载体，但都面临建筑体量小、配套不完善的问题。

4. 扶持力度还不够大

启东于 2013 年年初出台了专项扶持政策，每年设立不少于 1000 万元的专项资金，主要用于企业在办公用房、税收奖励、人才引进和培训、公共平台建设、资质认证等方面的扶持。但也应看到，上海周边其他地区的扶持政

策不仅出台得早，力度也更大。昆山、太仓每年由市财政列出1亿元专项扶持资金，各园区还有相应的配套资金进行补贴。

四、启东承接上海服务外包转移具备的环境条件

（一）条件和机遇

随着沪崇启大通道的贯通，启东已全面融入上海一小时经济圈，区位优势、产业优势、投资洼地优势进一步凸显。这为启东承接上海服务外包转移、建成“上海服务外包承接地”提供了优越的条件。未来几年，启东承接上海服务外包转移将迎来新的机遇：一是“长三角”正在成为吸引国际服务外包转移的主要地区之一，将有越来越多的国际服务外包向上海集聚；二是“长三角”地区交通网络、信息网络的建设，为“长三角”服务外包的快速发展营造了硬件基础；三是上海推进自由贸易区试点，为离岸服务外包带来新的历史机遇；四是上海企业的转型升级以及“主辅”分离，将形成越来越多的服务外包业务；五是江苏加快东部沿海地区服务外包业的规划及布局。

（二）具备的优势

启东承接上海服务外包转移具备以下优势：一是启东具有相对优质的职业教育资源，二是启东具有相对廉价的一般技术工人，三是启东具有相对低成本的服务外包基地，四是启东具有特色的优势产业集群，五是启东具有相对完善的集疏运网络。另外，启东对服务外包非常重视，逐渐加大了政策扶持力度。《关于进一步加快发展现代服务业若干政策的意见》（启发［2012］46号）和《关于进一步加快发展服务外包产业的实施意见》（启政发［2013］19号）都明确了对服务外包实施全方位的扶持政策。

（三）挑战与问题

启东建成上海服务外包承接地也面临着挑战：一是周边地区（如苏州等）纷纷加大了与上海服务外包对接，形成了巨大的竞争压力；二是启东与上海服务外包发展阶段存在明显差异，可能形成“马太效应”；三是启东服务外包发展的规划及制度环境建设相对滞后；四是启东服务外包企业规模偏小，整体水平不高，承接业务大多属于低端业务。

五、启东与上海服务外包对接的原则、思路及目标

启东要建成上海服务外包承接地，就必须准确把握上海服务外包的发展现状及扩张态势，找准与上海服务外包对接的切入点，实现与上海服务外包的全面对接。

（一）启东与上海服务外包对接的原则

启东与上海服务外包对接需把握以下三个原则：

一是互惠互利原则。启东服务外包的发展要立足于“长三角”城市群的产业发展，致力于构筑“长三角”产业发展生态群。

二是资源共享原则。启东要充分利用“南接北带”枢纽地位的优势，形成资源共享的服务外包发展平台。

三是凸显优势原则。启东要充分发挥自身的比较优势，建成特色的服务外包基地。

（二）启东与上海服务外包对接的思路

启东与上海服务外包对接的思路：

一是基于产业链拓展和融合发展的服务外包对接。启东要与上海企业转型升级有机融合，引进上海企业的流程外包业务。例如，将上海大型银行的数据处理中心落户启东，发展金融后台外包。

二是基于上海自由贸易区的服务外包对接。启东距离上海自由贸易区仅 40 分钟车程的独特优势条件使启东直接面对国际市场。上海自贸区的服务贸易、离岸外包等功能必将对启东发展服务外包产生积极的影响。

三是基于聚焦上海“四个中心”建设的服务外包对接。启东要充分挖掘上海“四个中心”建设的辐射效应，利用“四个中心”建设带动、强化、承接国际服务外包转移。

四是基于补充上海服务业发展缺口的服务外包对接。启东要充分利用自身的产业特色，形成具有独特集群效应的服务外包基地，弥补上海服务外包发展中的不足。

（三）启东与上海服务外包对接的主要目标

通过与上海服务外包对接，形成重点突出、层次分明的服务外包产业发展框架，创建一批特色鲜明、优势互补的服务外包集聚区，培育一批拥有自主知识产权、自主品牌、高增值能力的服务外包企业，将启东打造成为上海服务外包产业的重要承接地。具体目标如下：

1. 产业推进目标

产业规模在服务业中的占比逐年增加，发展质量显著提升。到2015年，服务外包合同总金额将突破1亿元；在软件开发、工业设计、金融服务、医药研发、物流与供应链管理等领域取得突破性发展。

2. 企业发展目标

服务外包企业数量进一步增加，到2015年，服务外包企业累计数将突破50家，涌现出1～2家年营业收入超过1000万元的企业。

3. 载体建设目标

以启东创新型经济园为龙头，进一步完善吕四港口商务区、新城区中央商务区、滨海工业园商务区等重点园区的建设及配套设施。

4. 人才发展目标

鼓励开展多种形式的人才培养，扶持服务外包企业设立专门人才培训机构，出台吸引服务外包人才的政策与措施。到2015年，服务外包从业人员数量将比2012年翻一番。

六、启东建成上海服务外包承接地的对策

根据上述启东与上海服务外包对接的原则、思路及目标，基于启东的现状、条件和优势，启东应首先找准承接上海服务外包转移的重点领域，进而出台针对性强的具体对策举措。

（一）找准重点领域

启东应重点选择信息技术外包（ITO）、业务流程外包（BPO）以及部分知识流程外包（KPO）作为自身的发展方向。其中，ITO将重点发展软件开发等业务，BPO将重点发展企业内部管理数据库服务、运营数据库服务以及

供应链管理数据库服务等业务，KPO 主要集中于海工船舶、电动工具等行业的产品技术研发、工业设计等领域。重点领域包括：

1. 软件开发外包

以启东创新型经济园为重要载体，加强与上海张江高科技园、浦东软件园等园区的合作，重点发展针对用户的运营、生产、供应链、客户关系、人力资源和财务管理、计算机辅助设计等业务，进行软件开发，包括定制软件、嵌入式软件、套装软件、系统软件和软件测试等，还包括应用软件集成、测试以及维护管理等。

2. 金融后台服务外包

围绕上海国际金融中心定位和上海自由贸易区试点的契机，加强与上海虹口区、陆家嘴、北斗产业园等的合作，将启东创新经济园打造成金融后台服务中心，重点发展与金融业相关的数据中心、结算中心、呼叫中心等。

3. 供应链管理外包

随着长江深水航道的建设，崇启大桥的通车，宁启高速、宁启铁路、沿江沿海的开发，启东从交通的终点变为重要交通节点，这为启东供应链管理外包物流业发展提供了良好的机遇和条件。要围绕“上海北翼工业主产区、‘长三角’大宗货物和大宗石化中转基地、江苏沿海重要新材料产业基地、工业物流商贸渔业旅游多功能综合产业区”的发展定位，发挥江海桥、疏港铁路、疏港公路多体联运的优势，重点引进国际采购中心、配送中心、物流中心等现代物流外包企业，发展物流外包。

4. 工业设计外包

依托滨海工业园、滨海医药化工园、海工船舶工业园等载体，加强与上海开展产业链合作，发展以工业设计和研发设计为核心的服务外包产业集群。结合城市发展方向，重点发展海工船舶设计外包、医药研发外包、电工工具设计、新材料和新能源研发设计、海洋工程设计、化工设计等工业设计研发外包。

5. 游戏动漫设计外包

加强与上海张江等园区的合作，扶持和吸引一批技术领先的游戏、动漫设计企业，加快发展动漫游戏创意设计服务和动漫衍生品开发，培育一批从事创作、制作、发行、授权以及延伸品开发的高端动漫外包企业。

6. 职业教育培训外包

加强与上海产业发展和职业培训类机构对接，针对与上海有产业分工和密切合作的领域，开展相应的职业教育培训外包服务。

（二）制定具体对策

根据上述启东承接上海服务外包转移的重点领域，为成功建成上海服务外包承接地，启东可采取以下实际对策：

1. 建立服务外包产业发展的全面对接机制

加强在服务外包产业上的行政对接。成立由启东市领导担任组长的启东对接上海服务外包工作领导小组，任命市相关部门负责人为成员，专门负责启东与上海服务外包的发展对接。瞄准上海5家服务外包示范区（浦东、长宁、原卢湾、闸北、漕河泾），探索建立市区合作互动、互补的对接机制，签订市区服务外包对接备忘录，定期召开联席会议，每年共同举行若干场对接会、推介会和招商会。

加强启东与上海专业园区的对接。围绕发展重点，进行定点对接。在信息技术软件外包方面，与浦东软件园、陆家嘴软件园、天地软件园对接；在金融后台外包方面，与上海银行卡产业园、财大科技园对接；在医药研发外包方面，与张江生物医药、南汇生物医药等对接。加强两市园区对接互补，形成相互支撑的合作关系，使技术、信息、人才、政策以及相关产业要素能够充分共享，提高产业竞争力。

加强启东与上海相关行业协会的对接。建立相关领域行业协会对接机制，利用各自行业协会的影响力，广泛开展上海与启东服务外包企业的合作与交流，增加产业研究的深度与广度，提升企业层次，切实推进启东服务外包企业发展。

2. 加大政策支持力度

一是完善财政资金扶持政策体系。在已出台的《关于进一步加快发展服务外包产业的实施意见》（启政发[2013]19号）的基础上，启东各服务外包集聚区要以市财政服务外包发展专项扶持资金为基础，给予服务外包企业一定比例的配套资金支持，对落户启东的软件开发外包、金融后台服务外包、供应链管理外包、工业设计外包等符合启东重点发展方向的企业，以及拥有研发中心、自主外包服务品牌、国内外接发包网络的企业要优先给予资金支持。

二是健全投融资政策体系。鼓励银行等金融机构加大对服务外包企业的支持力度，鼓励以创投、股权投资、担保等形式支持服务外包企业发展，加强扶持资金的使用审核和管理，支持符合条件的服务外包企业通过上市、发债等形式筹集发展资金，不断完善区域产权市场，引导社会资本积极进入服务外包领域。

3．加快编制服务外包产业发展规划

坚持规划引领，突出产业支撑。尽快编制启东服务外包产业规划，出台启东发展服务外包三年(2013—2015)行动方案。按照以创新型经济园为主导、各集聚区错位发展的“一园三区”产业布局，进一步促使各集聚区编制园区专项规划。启东创新型经济园重点招引上海的软件开发、金融后台、数据处理、文化创意等产业落户；吕四港开发区重点吸引上海的港口物流、第三方物流等产业落户，发展江海联运、桥港互动的物流服务外包；新城区中央商务区发展软件研发、电子商务、船舶海工研发设计等业态；滨海工业园科技创业园以上海外高桥(启东)产业园为平台，大力招引游戏动漫、工业设计等外包龙头企业。

4．加大服务外包产业招商力度

突出重点，瞄准启东服务外包发展方向，进行产业专题招商。把金融后台外包作为建成上海服务外包承接地的重要抓手，以“金融上海、后台启东”为主攻方向，发挥临近上海的区位优势、江苏的政策优势、启东的成本优势，主动承接上海服务外包外溢。一是积极发挥“沪启同城”的区位优势和投资洼地优势，把金融外包作为服务外包招商的重点方向。瞄准陆家嘴金融贸易区，大力招引上海地区银行、证券、基金、保险、期货等大型金融机构的数据处理中心、财务结算中心、呼叫中心等金融后台落户，着力打造金融后台外包之谷。二是瞄准上海的跨国服务外包发包企业进行招商。把落户在上海的国内外500强企业的BPO项目作为招商重点，着力吸引其来启东设立共享区域服务中心、结算中心或数据处理中心，力争在引进跨国服务外包龙头企业上取得突破。三是在境内外招商活动中加大对服务外包龙头企业的招引力度，坚持把IAOP（国际外包专业协会）全球外包100强、中国服务外包百强企业等国内外知名企业作为主攻方向，开展招商。

5. 加快专业人才引进与培养

一是以实施“东疆英才计划”“产业人才发展1233行动计划”为契机，在启东人才引进规划和年度计划中优先安排引进上海地区的服务外包专门人才，注重引进熟悉国际外包业务流程管理、能与国际外包客户进行业务沟通的中高级技术人才和管理人才。二是建立柔性人才交流体系，积极参与上海服务外包人才库建设，实现信息共享、人才共用，鼓励企业聘请领军型服务外包人才，对高级人才实行住房补贴和个人所得税减免等各项资金扶持制度。三是优化人才扶持政策体系。鼓励以校企合作、校地合作等方式培养服务外包人才，加大对人才培训机构的资金支持力度，发布启东服务外包人才需求导向目录，出台高端人才、创新人才、领军人才认定标准，对人才在住房、创业、落户、办公等方面给予优惠和支持。四是加快人才公寓建设，完善服务外包集聚区的医疗、学校、商业、休闲设施等生活配套，创造宜居创业环境，使人才引得进、留得住，增强人才的归属感。

启东市发改委　石光辉

启东商务局　高　鹏

（本研究报告为2012年江苏沿海沿江发展研究院招标课题《启东建成“上海服务外包承接地”对策研究》研究成果）

启东在江苏沿海开发中的战略定位以及功能研究

本文简要分析了江苏沿海背景情况,通过比较江苏沿海13个县市的综合经济实力、消费投资出口对经济的贡献、经济外向度、产业结构情况,得出了启东市在江苏沿海县市处于领头地位的结论。通过举例分析启东与苏南地区的城镇化差距,提出了启东发展的机遇与挑战,并结合启东的实际区位情况,提出了“领跑沿海,融入上海,包容四海”的战略定位。在这样的背景下,本文最后提出了启东经济跨越发展的路径选择:进一步发挥港口资源优势,科学合理地进行产业布局,促进区域经济互动合作,进一步加快城市化进程。

一、启东在江苏沿海地区经济发展的分析比较

江苏沿海除南通、盐城、连云港市辖区外,共涉及启东、海门、海安、如东、东台、大丰、射阳、滨海、响水、赣榆、东海、灌云、灌南等13个县市,启东在经济发展方面一直位于江苏沿海县市中的第一梯队。

(一)综合经济实力分析

2011年,沿海13县市共完成地区生产总值4348亿元,地方一般预算收入354亿元。启东、海门两市无论地区生产总值还是地方一般预算收入均占到沿海13县市的约1/4,人均地区生产总值分别达53629元、65396元,按2011年12月汇率计算分别达8472元、10331美元,综合经济实力处于江苏沿海13县市中的第一梯队。处于第二梯队的有东台市、海安县、如东县、

大丰市。其中，东台市不论从经济总量，还是地方一般预算收入，都明显高于其他三县市，处于第二梯队首位。第三梯队为以射阳县为首的苏北沿海县市，实力相对薄弱。2010年，该梯队各县市的地区生产总值在300亿元以下，人均地区生产总值多在5000美元以下。近年来，虽然苏北地区发展较快，但综合经济实力与苏中地区的其他沿海县市相比还存在较大差距。

（二）消费、投资、出口对经济增长的贡献分析

消费、投资和出口是拉动经济增长的“三驾马车”，反映一个地区经济发展的水平和活力。从相关数据可以看出，启东市独树一帜，处在第一梯队。2011年，启东市出口额为18.2亿美元，占沿海13县市出口总额的25.6%，在投资和消费方面亦处在第一或第二的位置。处于第二梯队的县市有：海门市、如东县、海安县、东台市。其中海门市从消费、投资、出口总量上看，都明显高于其他三个县市，如东县与海安县情况基本一致，东台市主要依靠投资来拉动需求。其他8个沿海县市的消费市场相对较小，2011年社会消费品零售总额的完成量都在100亿元以下；出口额也比较少，均在4亿美元以下。

（三）经济外向度分析

本文选取出口依存度和外商直接投资额两个指标来对江苏沿海13县市进行经济外向度比较分析。启东市外向型经济程度最高，2011年出口依存度为22.25%，远远高于其他县市；2011年实际利用外资4.1亿美元，位居沿海13县市第一位。如东县、海门市、海安县、响水县，2011年的出口依存度比较接近，均在10%～15%，其他县市出口依存度都在10%以下，实际利用外资量大多在3亿美元以下。

（四）产业结构分析

表1　江苏沿海13个县市2011年第一、二、三产业占比

县市	第一、二、三产业占比
启东	10.7 : 53.3 : 36.0
海门	7 : 59 : 34

续表

县市	第一、二、三产业占比
海安	10.0 : 53.1 : 36.9
如东	11.9 : 52.4 : 35.7
东台	15.9 : 45.9 : 38.2
大丰	16.7 : 44.2 : 39.1
射阳	22.1 : 40.9 : 37.0
滨海	19.1 : 43.8 : 37.1
响水	20.2 : 49.4 : 30.4
赣榆	15.3 : 51.0 : 33.7
东海	18.5 : 47.4 : 34.1
灌云	23 : 47 : 30
灌南	18.83 : 50.12 : 31.05

从表1可以看出,江苏沿海13县市大多处在工业化的中后期,对工业经济的依赖程度均较高,三次产业比重呈二、三、一格局分布。2011年,第二产业增加值占GDP比重均在40%以上。

与综合经济实力同处第一梯队的海门相比,启东市第一产业的增加值比重较高,这是由于启东市的海洋渔业资源特别丰富,境内的吕四渔港为全国六大中心渔港,海产品捕捞量占江苏的1/3。启东市、海门市、如东县、海安县同处较发达的南通地区,产业结构较为相似,第二产业增加值占比均超过50%,处于工业化的后期,产业结构趋势呈现“退二进三”;苏北盐城、连云港的沿海县市第一产业增加值占比均超过15%,产业结构中一产占比偏大。

二、启东经济发展的机遇与挑战

(一)发展机遇

1. 机遇之一:江苏沿海开发战略的实施

2009年,国务院审议通过了《江苏沿海地区发展规划》,提出把加快建设新亚欧大陆桥东方桥头堡和促进海域滩涂资源合理开发利用作为发展重点，着力建设中国重要的综合交通枢纽、沿海新型工业基地、土地后备资源开发区和生态环境优美、人民生活富足的宜居区，将江苏沿海地区建设成为中国东部地区重要的经济增长极。启东拥有丰富的沿海土地资源，拥有建设大型深水海港的天然条件，为国内能源的区际调动和国外资源的进口提供了便利通道。启东的吕四港作为南通港的重要港区，通过推进港口、产业和城镇三位一体联动开发，将成为实施江苏沿海开发战略的要地，支撑和带动江苏沿海港口群和临港产业发展。全球一体化和江苏沿海开发的大背景呼吁启东提高其在江苏沿海区域中的竞争力、影响力。

2. 机遇之二："长三角"一体化发展的带动

"长三角"一体化不但为启东发展提供了得天独厚的条件，还提供了要素支持、产业支撑和政策保障。"长三角"地区的经济增长很快，国际经济地位正在不断攀升。启东的发展可以借助"长三角"整体实力的国际地位和国际影响，强化其经济地位，努力提升启东经济国际化水平。启东要在拓展与"长三角"经济合作的同时，全面整合区域内的社会资源，着力推进社会建设和文化交流，强化教育、卫生、体育事业，提高科技创新与服务能力，构建覆盖城乡的完善的公共卫生体系、医疗保障体系。国家提出的"长三角"一体化战略，既有以中心城市为主体的城市群建设，也包括城镇发展和城乡统筹。因此，加快特色小城镇的发展速度，协调城乡发展，不仅是沿海开发的重点，而且是启东经济社会发展的一次重大机遇。启东应借此机会加强与"长三角"其他地区城市、城镇、乡村的交流和沟通，学习借鉴，发挥同城效应，全面促进城乡一体化发展。

（二）发展障碍分析

1. 产业结构不合理

传统产业在整个工业体系中处于主导地位，附加值不高的化工、机械等产业占产业总值的比重高；产业趋同现象较为明显，区域经济特色产业尚未形成。现代服务业在服务业中的比重、服务业集群水平偏低。

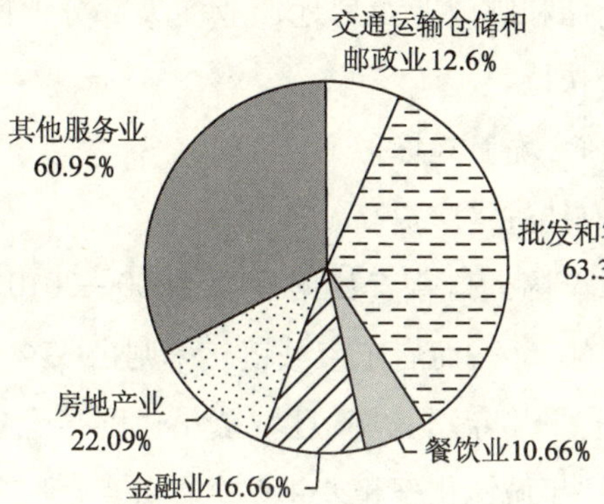

图1　2011 年启东市服务业各产业产值占产业总值的比重

由图 1 可以看出，与传统服务业相比，从启东市服务业内部行业结构看，传统服务业仍占主导地位，金融业等知识密集型现代服务业相对传统服务业增速优势不明显。2011 年，启东市金融业产值仅占服务业产值的 16.66%，房地产业产值仅占服务业产值的 22.09%。

表 2　2011 年南通地区服务业各行业区位商

服务业、各行业	南通市区	通州	海安	如东	启东	如皋	海门
交通运输仓储和邮政业	1.04	1.19	1.38	0.84	0.68	1.39	0.62
批发和零售业	0.94	1.19	0.82	0.95	1.26	0.81	1.31
住宿和餐饮业	0.96	0.72	0.85	0.67	1.17	1.21	1.14
金融业	1.16	0.79	1.09	0.76	0.82	0.95	0.78
房地产业	1.09	0.94	1.05	0.88	0.76	1.06	0.92

注：区位商大于 1 表明集聚程度大，小于 1 表明集聚程度小。

表 2 数据表明，启东市有 2 个产业区位商大于 1，3 个产业区位商小于 1，其中最大值为批发和零售业，最小值为交通运输仓储和邮政业。以目前能统计到的数据（见表 2），批发和零售业及住宿和餐饮业为启东的优势产业（区位商均大于 1），产业集聚程度相对较高，表明传统服务业在启东市的服务行业中还处于“领头羊”的位置；金融业的区位商为 0.82，较接近 1，表明该产业具有一定的发展潜力，反映出启东市开始重视金融等新兴服务业

的发展；而交通运输仓储和邮政业及房地产业在大部分地区中都显示为弱势产业，需要加以大力扶持。

2. 城市化水平较低，质量不高

(1) 城镇化速度有待进一步提高。

江苏省第五、六次全国人口普查数据显示：2000—2010年，江苏省城镇化率由41.5%提高到60.6%；而启东市城镇化率则由37%提高到49.5%。启东年增长率低于全省平均年增长率，且城镇化速度与全省城镇化速度的差距逐渐拉开，从2000年城镇化率相差4.5个百分点，到2010年相差10.8个百分点。与苏南地区相比，2012年，启东城镇率达51.1%，低于2010年苏南地区的70.3%及苏南地区2000年的59.6%。

表3　启东与全国工业化率和城镇化率的比较

年份	城镇化率(%)		工业化率(%)		城镇化率/工业化率	
	全国	启东	全国	启东	全国	启东
1980	19.4	4.8	43.9	33.8	0.44	0.14
1990	26.4	11	36.7	34.2	0.72	0.32
2000	36.2	20.8	40.4	37.6	0.90	0.55
2005	43.0	42.6	42.2	40.0	1.02	1.07
2011	51.27	50.6	46.8	42.1	1.10	1.20

从纵向看，启东城镇化进程滞后于自身的工业化进程。国际经验表明，衡量一个国家或地区工业化和城镇化协调发展的指标是城镇化率和工业化率的比值。据著名的钱纳里发展模型，无论人均GDP处在哪一个阶段，城镇化率和工业化率的比值均应在1.4~2.5的合理范围内，若明显低于1.2，则说明城镇化相对于劳动就业的非农化来说，呈滞后状态。从改革开放后的数据看，全国工业化率基本达到国际标准，而城镇化率仍与国际标准有较大的差距，城镇化与工业化的发展有脱节。启东的城镇化虽呈阶段性飞跃发展，但仍远远滞后于工业化，并非理想的“两化”（工业化、城镇化）协调发展。2000年前，启东工业化与城镇化的协调发展情况明显落后于全国；2000

年后，启东超过全国平均水平（见表3）。

（2）城镇化质效有待进一步提升。

从横向比较看，与苏南发达地区的县级市相比，启东市不仅城镇化进程滞后，而且城镇化发展各项指标均有较大差距，特别是人均GDP、财政总收入、城镇居民人均可支配收入等涉及城镇化建设质量的关键指标（见表4）。在2013年中国社科院城市发展与环境研究所联合发布的《中国城镇化质量报告》中，江苏省苏州、南京、常州、无锡入选前20位。将启东与排名第9的苏州市下辖的常熟、张家港、昆山、吴江、太仓对比，可以看出启东的城镇化建设质量不高，主要是因为仍受制于经济总量不大、结构不优、人均不高等问题的影响。

表4　启东与苏州市下辖区市的城镇化建设质量比较

项目	人均GDP（元）	财政总收入（亿元）	非农产业产值比重（%）	城镇居民人均可支配收入（元）	城乡居民收入比	城镇居民人均居住面积（m^2）	城镇居民恩格尔系数（%）	建成区绿化覆盖率（%）
启东	53629	103.56	89.24	23889	1.91:1	39.31	36.0	39.90
常熟	113133	352.09	98.03	35041	2.03:1	无数据	31.4	44.40
张家港	148727	413.04	98.65	35128	2.04:1	39.78	29.9	45.48
昆山	147186	602.20	99.09	35190	1.74:1	40.89	33.4	44.06
吴江	93417	325.00	97.40	35212	2.05:1	42.00	34.7	63.02
太仓	121656	226.45	96.44	34887	2.03:1	无数据	34.4	42.00

三、启东的战略定位

在江苏省沿海地区13个县（市）中，启东的区位优势和资源优势得天独厚。如何转化启东的优势？怎样定位启东的未来？如何实现启东的差别化发展？为迎接桥港新时代，勇当江苏沿海开发排头兵，“领跑沿海，融入上海，包容四海”的战略定位成为彰显启东特色、助推启东腾飞的新启东发展之路。

“领跑沿海，融入上海，包容四海”的战略定位，坚持以创新驱动为核心，以沿海开发为龙头,以社会和谐为根本,以人民幸福为追求,以党的建设为保证,奋力开创桥港新时代,建设美好新启东。

1. 领跑沿海

沿海开发保持全省领先,开发体制、管理机制不断优化,发展活力全面激发。挖入式港池及配套泊位工程投入使用,深水航道及支线航道正式通航,宁启铁路通车运行,江海河联运、公铁水配套的港口集疏运体系全面建成。“两沿两区一中心”发展框架全新打造,集聚能力显著增强,一批龙头型、基地型重特大项目建成投产。启东成为江苏沿海开发排头兵,率先融入苏南“第一方阵”,跻身“长三角”先进城市行列,在全国百强县(市)中的位次明显前移。

2. 融入上海

充分发挥融入上海一小时都市交通圈的优势,更加注重发展思路、建设规划、基础设施与上海的全面对接,更加注重政策措施、市场体系、产业发展与上海的深度衔接,全方位推进经济、文化、技术、人才等领域的互动交流。进一步依托上海、服务上海,主动错位发展、差别化发展,建设具有启东特色的现代产业集聚区、创新成果转化区、农副产品供应区、旅游休闲度假区,促进海派文化与本土文化同滋共长、相得益彰,国际城市与现代城镇和谐融合、交相辉映,都市经济与特色产业优势互补、共赢发展。

3. 包容四海

包容性发展理念牢固确立,“引进来”与“走出去”战略积极实施,国际、国内两个市场、两种资源充分利用,江海联动开发和区域合作发展深入推进,在更宽领域、更高层次上参与国际、国内经济竞争与合作,发展空间不断拓展。坚持科学发展,加快转变发展方式,更加注重以人为本、全面协调可持续发展,统筹兼顾,保障和改善民生,实现经济发展、生态环境、社会文明、和谐稳定的统筹兼顾、相互协调,真正让经济社会发展的成果惠及全体人民。

启东围绕上述“三海经”的战略定位,提出了近期及远期的发展战略目标(见表5)。

表5　启东市战略目标一览表

序号	指标名称	单位	近期(2015)	中期(2020)
1	人均地区生产总值	元	89000	150000
2	服务业增加值占 GDP 比重	%	36	39
3	规模工业占全部工业产值比重	%	70	80
4	城市化水平	%	60	68
5	现代农业发展水平	%	80	90
6	研发经费支出占 GDP 比重	%	2.5	2.8
7	高新技术产业产值占规模以上工业产值比重	%	41	45
8	自主品牌企业增加值占 GDP 比重	%	10	15

四、实现启东跨越发展的路径选择

(一) 进一步发挥港口资源优势

吕四港是南通港的重要港区,拥有小庙洪天然航道,其航道水深最深处为-23米,平均水深-16米,可满足5万吨级轮船自由进出港,开挖疏浚后10万吨级轮船可乘潮进港,可建设码头50余个。吕四港岸线37千米,其中深水岸线21千米,此外开发利用冷家沙等多个紧贴深水通道的辐射沙脊,还可建多个岸外人工岛屿。启东拥有滩涂面积60万亩,滩涂通过围垦可变成宝贵的后备土地资源。大量的规划建设无需占用农田等有限资源,为发展临港工业、港口物流创造了有利条件,为启东市在宏观调控下化解土地瓶颈制约,实现经济健康、快速和可持续发展提供了广阔空间,同时也为承接上海等地的产业转移提供了得天独厚的条件。

表6　江苏沿海建港条件比较

港址	等级规模	港口设施	通航条件	海岸稳定性	前景开发条件	开发优势	制约因素
吕四港	5万吨级	向海围填3千米+3.4千米引桥	乘潮通航,无需开挖	港口依托的小庙洪水道有整体缓慢南移的趋势,近岸表现为微弱侵蚀,航道水深长期相对稳定	远期建设10万吨级,需开挖小庙洪水道,平均开挖1~3米,开挖长度10多千米	深水区距离较近,岸滩相对稳定,有利于港池水深保持,浅滩宽阔,后备土地资源丰富	建设大型港口,需开挖小庙洪航道
洋口港	10万吨级	向海围填2.5千米,11千米引桥的陆岛通道,西太阳沙人工岛	乘潮通航,无需开挖	所依托的烂沙洋北水道长期存在,航道浅段水深多年无显著变化,在多水道影响下,水道—沙洲系统的动态较为复杂,大浪引起的短期冲淤变化明显	按照20万吨级散货乘潮通航的要求需开挖航道,平均深度2~3千米,长度19千米	水深和乘潮条件良好,满足10万吨级以下大型船舶乘潮通航。浅滩宽阔,后备土地资源丰富	深水区距岸较远,动力泥沙环境复杂,滩槽
大丰港	5千吨级	向海围填2千米,3千米的堤,2.6千米的引桥	无需乘潮,航道无需开挖	岸滩处于淤长状态,港口所依托的西洋水道长期存在	如按照满足5万吨级散货船乘潮通航的要求,则需建设约10千米的码头引堤、引桥工程	已有5000吨级码头的建设基础,外航道水深条件较好。浅滩宽阔,后备土地资源丰富	海岸处于淤长状态,浅滩宽,码头运行区域大
射阳港	5千吨级	射阳河口内现有5千吨煤码头和3千吨级集装箱码头	5千吨浅吃水自航船舶乘潮通航	河口拦门沙最浅点有缓慢冲深的趋势,且受净流量变化影响较大	对拦门沙实施整治与疏浚相结合的整治工程后可满足5千吨级船舶乘潮通航	已有码头建设和运行基础,河口内水深条件较好	河口区含沙量较大,拦门沙开挖、整治和维护工程量相对较大
滨海港	10万吨级	拟通过两道长约2千米的防波堤建设掩护式港池,并开挖2.4千米外航道	外航道开挖后,无需乘潮可满足10万吨级船舶通航要求	位于废黄河口附近,岸线向海突出,海岸处于侵蚀状态,但侵蚀强度趋缓,岸线后退已得到有效控制	贴岸的深水岸线较长,可开发港址多	深水贴岸,港口建设的工程量相对较小,且无需乘潮。海岸缺沙,淤积概率较小	海域开敞无掩护,宜采取掩护式方案

续表

港址	等级规模	港口设施	通航条件	海岸稳定性	前景开发条件	开发优势	制约因素
灌河口	5千吨级	目前灌河口内已有多座5千吨级以下码头	3千吨级以下船舶可乘潮通过	河口拦门沙浅段相对稳定,但受到径流量季节性变化的影响	要满足2万吨级或3.5万吨级散货船乘潮通航,拦门沙需开挖和整治的浅段长度约15千米	内航道水深条件好,深水岸线长,通达度高,具有与内河联运的水运条件	河口拦门沙碍航线段长,水深小,整治和维护工程量较大
连云港港	10万吨级	已拥有万吨级以上泊位近30个	满足10万吨级船舶乘潮通航	航道所在海域海床较稳定	现有航道基础进一步浚深后,15万吨级散货船可乘潮通航,10万吨级集装箱船可全天候通航	海港开发历史悠久,规模较大,为进一步开发建设提供了良好的基础	需开挖航道长度较长和开挖深度较大,港区陆域面积较小

良好的建港资源和崇启大桥的通车将促使启东吕四港成为经济最发达、技术最先进、活力最充沛、门类最齐全、产业转移对港口码头岸线资源与港口陆域资源需求最旺盛、受辐射作用最直接的港区。港区的发展将是启东经济发展的一个重要增长极。

(二) 科学合理进行产业布局

1. 依托港口,大力发展石化产业

“长三角”地区是我国石化产品的主要消费地和石化工业的重点聚集区,国家将实施石化工业的集中布局,在条件较好的地区开辟石化工业区,注重发挥上下游结合的一体化优势;对已有一定基础或具备一定资源、技术优势的产品,将建立大型产品基地,如化纤原料、橡胶、聚烯烃产品基地等,改善石化产品的出口结构,培育新的经济增长点。石化工业具有产业链长、带动能力强的特点,与汽车、造船、钢铁、装备制造等产业关联度很高。通过发展石化工业,可以充分发挥对关联产业的带动效应,有助于构建大规模、协调发展的临港产业带。化工产品之间的上下游关联性大,有利于企业降低成本,实施以上游带动中下游,以中下游促进上游的双向推动战略,带动石油化工、合成材料、有机化工、精细化工、化学建材等石化行业的快速发展。大石化产业的发展需要良好的港口资源和土地资源,而目前的吕四港正具备这样的资源优势。吕四港经济开发区已经引进中国化学工程集团有限公司和浙江华峰集团,以加快建设石化新材料产业园,利用区位优势和港口优势,建设石油化工产业基地。

2. 抢抓机遇,打造能源产业基地

考虑到国家对石油战略储备的日益重视,对商业储备的日益关注,吕四港可充分利用自身优势,依托港口资源优势,积极争取区域性石油储备基地建设,并以此为基础,加快物流基地建设步伐。吕四港引进的新疆广汇实业投资有限公司是新疆最大的民营企业,其在启东吕四港建设大型能源综合物流基地,拓展以"长三角"为中心的华东能源市场,并依托吕四港口的资源优势,建设以液化天然气、煤炭和石油等能源成品为主,具备仓储、分销等功能的能源综合物流基地,项目总投资50亿元。商业石油储备基地必须是一个进出方便的储运分配系统。储备基地应布置在靠近炼油厂、交通便利的地区并相对集中,并与各大石油公司管输中转站相连,形成以储存设施、管输中转站、炼油中心和输油管道为组成部分,依托大中城市的储运系统。吕四港可以此为契机,大力发展以大唐电厂的电力能源、新疆广汇的石油天然气为主的能源产业,并加快建立高效完整的物流配套服务体系。

3. 提升内涵,夯实重装备制造业

按照"深水深用,浅水浅用,集约开发"原则,启东市专门规划利用沿江从三条港至连兴港约18.3千米的中深水岸线建设船舶工业带,规划建设陆域面积约35.8平方千米。目前,整个船舶工业带基础设施基本成形,已有进驻企业20多家,使用沿江岸线17000多米。启东尽管海工造船业已取得显著发展,但仍受船舶企业规模优势较弱、重大装备制造业基础薄弱、船舶配套产业不健全、企业订单下滑等不利因素的影响。因此,需通过调整结构,择优扶强,强化科技,夯实基础,提高全市船舶制造业的整体水平,增强抵御市场风险能力;通过提升一批、引进一批、合作一批船舶配套企业,做大全市船舶配套市场,拓展延伸船舶产业链条;通过吸引重大装备制造企业投资落户,培育发展一批专、精、特的中小型支持企业,做大做强重大装备制造产业,力争在长江入海口形成一个较大规模的现代船舶、配套产业及重大装备制造修理服务基地。

4. 接轨上海,快速发展现代服务业

现代服务业作为衡量一个地区生产社会化程度和社会经济发展水平的重要标志,对经济社会持续快速发展具有重要作用。近年,启东服务业得到了迅速发展,但随着崇启大桥的通车,启东服务业存在层次较低、服务质量和水平低等问题,作为上海一小时经济圈的区域性城市,需快速发展现代服务业。

(1) 迅速发展宾馆餐饮业。崇启大桥通车以来,启东的汇龙以及吕四成为上海市民放松休闲的新去处,特别是周末及节假日,汇龙的宾馆业和吕四的餐饮业根本不能满足人们日益增长的物质文化需求。

(2) 做大做强休闲旅游业。充分挖掘丰富的江海文化旅游资源,打造集观光、旅游、休闲、度假、养生、购物等功能于一体的复合型旅游体验区。一是在推进资源整合上实现突破。坚持“规划引导,区域联动,主打品牌”,形成全市旅游发展“一盘棋”的格局。二是在创新体制机制上实现突破。积极推进旅游管理体制改革和深化旅游运营机制改革,通过联合、兼并、收购等形式组建专业公司,整合优质旅游资源,尽快做大做强。要引进有实力、品牌响的大企业、大集团参与旅游资源开发经营和旅游设施建设,带动全市旅游发展整体水平快速提升。

(3) 依托区位优势,整合提升传统商贸业。充分发挥上海一小时经济圈的区位优势,整合提升商业业态,调整优化网点布局,加快形成业态多样、布局合理、运营高效、管理规范的现代化商贸流通服务体系。一是完善商贸网络布局,提升城市整体商贸服务水平。城市中心区要继续巩固以人民路、江海路、公园路为重点的商贸功能区建设,形成专业特色街与大型商场互补发展的格局。二是培育壮大专业市场。抓好对传统市场的改造提升,引导天汾电动工具城等专业市场规范发展。三是大力发展连锁经营,积极引进大型超市、电器商场、连锁餐饮等商业连锁企业,积极推广电子商务,支持商业企业应用现代商业信息化系统发展网上交易。

（三）促进区域经济互动合作

当今世界经济的发展趋势已不是一城一池的单极发展，而是区域经济协调进步的多极发展，在区域城市群分工协作、优势互补的基础上，携手带动区域经济共同前进。由于历史的原因，江苏沿海各市的发展较多立足于本市自身的发展，未能从宏观的角度考虑到“大沿海”的发展，使沿海开发长期徘徊于较低的层次与水平。因此，要转变发展方式，走区域经济合作之路，完善沿海区域经济布局，避免各自为政，做到既互补又错位发展，形成共同发展、互动并进的新局面。沿海地区的互动合作，有利于调动区域内资源的综合效应，有利于实行区域内资源的最佳整合，有利于区域内的科学合作分工，以推进国家战略的有效实施。

1. 区域联动

沿海区域经济合作要培育和完善开放的区域性要素市场，促进各种生产要素在区域内自由流动、优化配置，推动城市、市场、企业三环联动。沿海三市要树立区域整体意识，共同为区域系统的要素流通创造畅通的渠道，促进地区间人流、车流、信息流、资金流的互动；强化信息公开、透明，实现信息资源互通共享；建立长期的、专门的、时效性很强的信息交流平台，促进人才、资源、信息、技术的深度融合。要大力促进沿海微观经济领域中的各种经济活动，鼓励企业跨地区发展、兼并、收购、联合。在这个过程中实现企业集中、市场集中和产业集聚，增强欠发达地区企业的自我积累、自我发展能力。

2. 联合营销

江苏沿海地区要从区域经济未来发展趋势出发，树立区域经营与经营区域的理念，打破传统的以“竞争”和“零合”为基础的区域竞争思想，建立以“共赢”和“协同”发展为核心的区域经营理念和经营区域的新思想；树立“打破藩篱，加速合作，放大产业版图，做大区域经营”的新理念，把江苏沿海地区作为一个整体，科学规划、经营与管理。江苏沿海区域要联合打造属于自己的名片品牌，不断增强区域的影响力，联合吸引世界的关注。

（四）进一步加快城镇化进程

城镇化是我国现代化建设的历史任务，也是扩大内需的最大潜力所在。党的十八大提出要积极稳妥推进城镇化，走中国特色新型城镇化道路。面对城镇化建设的新要求和建设更高水平小康社会的新任务，新型城镇化必须更加突出统筹城乡发展和构建城乡经济社会发展一体化新格局，加快形成以中心城区为主体、城市副中心和中心镇为依托、小城镇为纽带、新型农民集中居住区为基础的城乡空间布局，结构完善、布局合理、均衡配置、覆盖城乡的公共服务设施体系，特色鲜明、功能互补、和谐相融的现代城乡形态，生态宜居、环境优美、舒适便利的城乡人居环境，进一步推动全市经济社会全面、协调、可持续发展。

江苏启东吕四港经济开发区管委会　沈　捷

（本研究报告为2011年江苏沿海沿江发展研究院招标课题《启东在江苏沿海开发中的战略定位以及功能研究》研究成果）

提升启东市城市化水平的对策研究

启东市城市化发展存在的问题主要体现为城市化发展水平偏低、城市化滞后于工业化、土地利用效率低和城市化推进存在制度障碍等几个方面。提升启东市城市化发展水平，可有针对性地采取促进土地城市化与人口城市化的均衡发展、大力有选择地发展城市(镇)工业经济、完善小城镇发展规划、强化城镇基础设施建设、建立多元化投融资机制和加快启东市农村城市化进程等对策措施。

城市化是我国现代化进程中面临的一个重要的社会结构转换过程。在目前和相当长的时期内，经济失衡和收入差距将是困扰中国发展的两大难题。而解决这两大问题最为根本和有效的途径是大力提升城市化水平，这一思路正得到我国政府和越来越多的专家学者认可。在这样的背景下，深入研究启东市城市化发展中存在的问题并采取相应措施加快城市化进程显得十分必要和迫切。此外，工业化与城市化作为经济发展的两个重要指标，存在紧密联系。工业化是城市化的经常内容，城市化是工业化的空间落实，是工业化的必然结果。鉴于此，本课题组先从实证角度，根据反映工业化阶段的主要指标对启东市工业经济发展所处的阶段进行综合评估；同时引入因子分析方法，将人口城市化、经济城市化、社会生活城市化和环境城市化四个方面13个指标作为城市化发展水平的测度指标体系，对江苏各县市的城市化发展水平进行分析，从而准确定位启东市城市化发展水平。本文主要对提升启东市城市化水平问题进行分析，并结合启东市城市化发展现状与存在的问题，提出相应的政策建议。

一、启东市城市化发展存在问题分析

当前,启东市城市化发展存在的问题主要体现为以下三个方面。

(一)城市化发展水平偏低

以工业化为特征的城市化的发展是经济社会发展的客观规律。工业化发展阶段与城市化率之间有着一定的数量对比关系。根据钱纳里等经济学家针对城市化率与工业化之间的互动关系的研究,参照全国、江苏、南通和启东历年城市化率的变动情况,启东市城市化率一直低于30%,2011年仅达28.25%,这表明启东市城市化率对应于工业化初期水平。南通自1996年开始,城市化率达到了30%以上,但尚未超过70%,表明南通城市化水平进入中期阶段,对应于工业化中期阶段。江苏省和全国分别从1998年和1996年开始,城市化率达到了30%以上,进入工业化中期阶段。对照2011年数据,启东城市化水平低于全国、江苏和南通平均发展水平。

2009年至2011年,在江苏各县市城市化水平综合因子得分和排名表中,江苏50个县市根据综合因子得分可分为四个层次,其中启东市综合因子得分始终介于0和-0.2之间,属第三层次。启东市城市化发展水平在2011年排名第24位,在2009年和2010年分别排名第21位和第22位。综合上述两方面,可以认定启东市城市化发展水平总体偏低。

(二)城市化滞后于工业化

反映工业化阶段的主要指标有人均GDP的变动、三次产业产值结构和就业结构的变动、工业化率及霍夫曼比例的变动等方面。从人均GDP角度来看,启东工业化已进入工业化第三阶段;从GDP三次产业结构来看,启东工业化进程已进入中期阶段;从第一产业就业结构来看,启东工业化进程处于工业化中期;依配第—克拉克定理,启东市已进入配第—克拉克工业化进程的第4阶段与第5阶段之间;依工业化率,可以认定启东工业化处于钱纳里半工业化初期阶段。因此,从这几个方面看,启东市工业化进程处于工业化中期阶段。

城市化进程一般分为初期、中期和后期三个发展阶段,分别对应于工业化前期、中期和后期三阶段。根据钱纳里等经济学家针对城市化率与工业化之间的互动关系的研究:在工业化的前期阶段,城市化率介于10%~30%之间;在工业化初期,城市化率在30%左右。参照启东历年城市化率的变动情况,启东市城市化率2010年和2011年都维持在28%以上,但不到30%,表明启东市城市化进程处于初期发展阶段,对应于工业化初期阶段。结合前面已认定启东市工业化进程处于工业化中期阶段的结论,可以判断启东市城市化发展滞后于工业化发展。

(三)土地利用效率低,城市化推进存在制度障碍

近年来,启东市"土地城市化"速度要大大快于"人口城市化"的速度。由于经济利益的驱动,土地管理存在一定问题,城镇性质和功能定位不准,城镇建设贪大求全,以及土地利用总体规划和城市规划不相协调等诸多原因,启东把推进城市化等同于城市市政建设,在编制城镇规划时,在设置开发区、乡改镇的过程中,片面追求、盲目攀比城市化速度,不顾实际地拉大城镇框架,扩大城镇占地面积,使得城市化水平快速提高。启东城市化率的提升,不是主要由农村人口进入城镇实现的,而在一定程度上是行政区划调整、变动的结果,导致假象的城市化。此外以人口城市化为核心的城市化推进仍然存在制度障碍。从政策方面看,启东同江苏其他地方一样,虽早已全面推进户籍制度改革,农村人口向城镇流动相对自由,但与之相配套的社会保障、医疗、教育、就业以及城镇基础设施等方面的改革并没有完全到位,城乡分割的体制并没有彻底打破,各有关政策之间缺乏必要的呼应和配合,致使进城农民难以及时转为城市居民。从城市基础设施建设看,城镇还没有建立起接受农民定居的机制。由于受现有财政体制的影响,很难将农民转为市民,或多或少地存在着不支持农村富余劳动力及人口向城镇转移的制度。

二、启东市城市化水平提升对策

提升启东城市化水平的对策建议主要体现为以下三方面。

（一）促进土地城市化与人口城市化的均衡发展，扎实提升启东市城市化发展水平

所谓“土地城市化”，泛指城市在空间上的扩张。实际上，即通过具有垄断性的征地制度，农村集体土地被转化为国有土地后，得以按市场价格交易，地方政府获得巨额土地级差收益，但仅按不合理的极低标准给予农民征地补偿。在这样强大的利益驱动下，城市（镇）面积快速扩张。所谓“人口城市化”，是指城市吸纳农村人口进入，为他们创造就业机会、提供社会福利，使得这些农村人口最终转变为城市人口，这是城市化水平提高的真正手段。但为城镇新增就业人口提供社会福利和保障，把市民享受的权利和福利、保障扩展到非户籍人口，这不但需要在行政管理体制上有所创新，也会给地方政府造成巨大的财政压力。如此一来，地方政府在城市空间上的扩张动机与在提供就业机会和社会福利方面的动机叠加在一起，导致了土地城市化与人口城市化的不均衡。表现为城市建设和空间扩张速度快，但是所吸纳的就业和常住人口增长速度相对较慢。可有针对性地采取以下几点对策：

（1）加大对第三产业的投资力度，加快第三产业发展，提升启东市城镇就业水平。启东市第三产业发展滞后，不仅阻碍了农业剩余劳动力的转移，还制约了居民消费需求的扩大，影响了经济增长质量的提高。加快启东市第三产业发展可从以下两方面着手：① 地方政府的产业政策应引导更多的民间投资进入第三产业部门，拓宽民间投资参与的空间和领域。凡是鼓励和允许外商投资进入的部门领域，应首先向民间资本开放。放开个体私营企业对诸如教育、电信、金融、旅游、医疗、中介以及进出口贸易等行业的投资限制，尤应鼓励民间资本参与基础设施等的建设。只要社会资本尤其是民间投资的重点转向这些第三产业部门，三次产业投资和发展的相对规模就会逐渐趋于合理。② 强化现代服务业对制造业的支撑作用。大力发展现代物流、金融保险、信息服务、科技研发、工业设计等生产性服务业，积极为制造业提供配套服务。加快推进现代物流基地建设，以沿海沿江港口、交通枢纽、开发区、大型批发市场为依托，大力发展综合物流中心、专业物流中心和配送分拨中心,促进批发交易与物流配送一体化发展,加快发展第三方物流,培育一批大型现代物流企业。积极发展专业性技术服务业,大力发展电子商务、特色专业市场和会展业,积极培育文化创意、策划咨询、检测检验等服务行业,力争这些新兴行业的发展快于其他服务业,加快形成一批生产性服务业龙头企业,逐步实现生产企业的服务外包,全面提高生产经营效率。

(2) 加快人口城市化配套保障建设,打通城乡土地市场,加快人口城市化进程。要提高人口城市化的水平,除了扩大新增就业外,还需要把市民享受的权利、福利和保障扩展到在城镇就业的移民上,让他们能够在城镇定居,改变农民工"有来有去"的模式。可逐渐放开中小城镇户口,推进公共服务均等化,保障农民工无论在什么地区就业都能享受到与该地区户籍居民大致相同的基本公共服务。此外,城乡分割的土地市场使得城乡土地价值出现了巨大的差异。这种土地价值的巨大差异,不但不会成为改革的阻力,反而会为城乡统筹提供资金后盾。因为一旦打通城乡土地市场,那么城乡土地之间的土地级差,可被用来改善农村面貌、提高农民生活水平,而城市土地供应的紧张也可以得到缓解。因此,在土地制度改革方面,一方面可通过市场化改革,打通城乡土地市场,提高存量建设用地的使用效率,减缓土地城市化,防止城市面积无序扩张;另一方面,通过产权改革,让农民从农村的土地和房屋获得财产性收入,并具有抵押融资等权能,帮助农民工市民化,加快人口城市化的进程。

(二) 大力发展城市(镇)经济,以工业化推动启东市城市化水平的提升

工业化是城市化的基本动力,城市化水平从根本上取决于经济发展水平尤其是工业化水平,基础薄弱的工业化发展水平是启东市城市化滞后的经济根源。因此,要加快启东市的城市化进程,必须继续加快工业化进程,着力提高工业化质量,为推进城市化奠定坚实的经济基础。当前,可实施工业结构高度化和高级化发展策略,加快装备工业发展带动工业结构升级。① 利用信息化技术和先进适用技术改造传统产业,推进信息化与工业化的融合。启东市信息化发展已具备一定基础,在一些传统产业特别是装备制造业的产品中,信息技术产品的价值占成套产品价值的比重越来越高,不少企业已开始实施 ERP 等信息系统。但总的看,启东工业化和信息化融合才刚刚起步。现阶段推进信息化与工业化融合应重点加强的关键环节有:一是推进企业研发设计信息化,积极应用嵌入式系统等技术,改造提升传统产品,促进信息技术与传统产业的融合。二是推进生产过程自动化,支持工业企业根据行业特点和本企业实际,采用计算机辅助制造、柔性制造系统、先进控制技术等信息技术,改造工艺技术和装备,提高制造过程的自动化、智能化水平。三是推进企业管理信息化,大力推动管理信息系统在企业财务、物流、营销、人力资源等管理环节的应用,实现管理的集成化、信息化和智能化。② 大力发展机械、船舶、新能源装备及电力设备等先进装备制造业。机械工业重点发展精密高速数控机床、多轴联动加工中心、港口机械、农业机械、机电一体化装备、节能环保机械、汽车及零部件等。船舶产业重点发展大型远洋运输和高技术船舶、海洋工程装备、豪华游艇、高附加值配套产品及船用钢材深加工物流配送等服务业。新能源装备及电力设备产业重点发展风能、太阳能、生物质能、新型高效能量转换和储存、高效发电设备、核电配套产品、输变电成套设备和节能产品。

此外,可进一步完善产业政策的实施机制,营造良好的体制和政策环境。① 通过体制改革促进市场化和工业化的协调发展。市场化滞后的一个重要表现是各种要素市场的发育程度低,民间企业和民间资本难以进入很多第三产业部门。这既影响了工业化演进的市场条件,又影响了投资需求扩大对工业化进程的支持作用。因此,要加快市场化和第三产业的发展,减少产业结构偏差导致的需求制约,必须通过推进体制改革,大力发展各种要素市场,特别是鼓励和引导民间企业和民间资本进入大多数第三产业部门。② 加强政府对产业政策转型的支持。对确立的主导产业和重点项目,政府应从财力、物力上给予大力支持,明确各级政府的责任,采取积极有效的扶持政策,推进重点产业发展。③ 逐步建立起有利于促进工业化主导产业发展的投融资体系和规范化的企业直接融资机制,继续促进工业领域的对外开放,不断为提高工业的国际竞争力创造条件。

（三）完善小城镇发展规划，强化城镇基础设施建设，建立多元化投融资机制，加快启东市农村城市化进程

提升启东市城市化发展水平，除上述几点外，推进农村城市化也是相当重要的一个方面。农村城市化的发展，不仅有助于促进农村经济全面发展，实现城乡一体化，而且有助于加快农业现代化进程。当前，启东市农村城市化进程中主要存在空间布局混乱、城市化水平低、建设资金不足等问题，鉴于此，可有针对性地采取以下几点对策：

（1）更新思想观念，提高对农村城市化的认识。当前，必须提高对农村城市化的认识：一是树立“小城镇，大战略”思想，把农村城市化放在推进城市化、实现现代化和城乡一体化的战略高度来认识，以现代化城市为标准来建设小城镇。二是加快农村城市化建设需要更新思想观念，确定正确的农村城市化发展思路，即坚持用人本观念、城市公共管理观念、创新观念和可持续发展观念四种观念来推进农村城市化建设。三是农村城市化建设是一项政治、经济、社会、文化综合作用的系统工程，是实现社会公平的重要途径，必须有规划、有重点地分步实施。

（2）完善城镇发展规划，强化城镇基础设施建设。科学、合理的城镇规划和完善、配套的城镇基础设施建设是农村城市化的必要前提。具体应做好以下几点：一是健全城镇建设规划体系，做好总体规划的编制，同时城镇规划应具有超前性、科学性、合理性和可操作性，注重城市发展的一般规律。二是各城镇的规划应因地制宜，有自己的特色，并注重分阶段、有重点地推进。三是规划应注重与周边其他城镇及所在区域内中小城市的协调发展，做到资源共享、分工协作、共同繁荣。四是强化城镇基础设施建设，主要加强供水、供电、供气、交通、通信、住宅、医疗、商业、餐饮、金融等基础设施和服务设施的建设，为居民提供基本的生存环境；同时加大污水、垃圾处理建设，加强城镇绿化建设，为居民提供健康、舒适的生活环境；此外，应加强学校、文化娱乐、体育等公用设施建设，为居民提供广阔的交流与发展环境。

（3）拓宽投融资渠道，为农村城市化进程提供资金支持。解决农村城市化推进中的资金问题，可采取以下措施：一是各级地方财政要加大城市基础设施投资力度。二是涉及城市建设的收费要集中专项用于城市基础设施建设,地方开发建设项目中的基础设施配套费要集中由地方财政统一管理,专项使用。三是要充分利用市场机制,扩大直接融资比例,用于推动农村城市化建设。四是实现政府投资职能的转换,一般竞争性项目的投资主体要由政府转换为企业和个人,引导民间资本进入城市基础建设领域。五是激励和引导企业与个人向市政建设投资,要进行制度创新,按照"谁投资,谁受益"的原则,调动各类投资者向市政建设投资的积极性,拓展农村城市化融资渠道。

南通大学商学院　苏　辉
南通大学商学院　郭　建
南通大学商学院　储晓同

(本研究报告为2011年江苏沿海沿江发展研究院招标课题《提升启东市城市化水平的对策研究》研究成果)

后　记

2013年以来，江苏省沿海沿江开发的形势和背景都已发生了新的变化。除了江苏沿海开发和“长三角”地区区域一体化两大国家战略外，国家和江苏省还陆续出台了长江经济带、新型城镇化、陆海统筹等与沿海开关密切相关的发展战略。此外，经过5年的发展，江苏省的沿海开发已经由初步开发进入了深度开发阶段。

南通大学江苏沿海沿江发展研究院也根据沿海沿江发展的新需要，组织了高水平、多层次的系列课题研究。这本《2013年江苏沿海沿江发展研究报告集》共收录了本研究院的相关研究成果22篇。这些研究成果针对江苏沿海沿江经济社会发展中的重大理论和现实问题展开研究，充分体现了南通大学“服务社会”的办学功能。

在此，谨向相关作者以及关心、支持研究院工作的单位、部门、同行表示衷心感谢！

南通大学江苏沿海沿江发展研究院

2014年6月18日